墨香财经学术文库

城乡融合发展视域下农村社区养老服务能力建设研究

A Study on Capacity Building of Community Care Service for the Elderly in Rural China from the Perspective of Urban–rural Integration Development

赵秋成 著

东北财经大学出版社 大连
Dongbei University of Finance & Economics Press

图书在版编目（CIP）数据

城乡融合发展视域下农村社区养老服务能力建设研究 / 赵秋成著. 一大连：东北
财经大学出版社，2024.4
（墨香财经学术文库）
ISBN 978-7-5654-5140-9

Ⅰ.城…　Ⅱ.赵…　Ⅲ.农村-养老-社区服务-研究-中国　Ⅳ.F323.89

中国国家版本馆 CIP 数据核字（2024）第 042503 号

东北财经大学出版社出版发行

　　大连市黑石礁尖山街217号　邮政编码　116025
　　网　　址：http：//www.dufep.cn
　　读者信箱：dufep @ dufe.edu.cn
大连图腾彩色印刷有限公司印刷

幅面尺寸：170mm×240mm　　字数：220千字　印张：15　插页：1
2024年4月第1版　　　　　2024年4月第1次印刷
责任编辑：时　博　王　斌　　责任校对：刘贤恩
封面设计：原　皓　　　　　　版式设计：原　皓
定价：75.00元

教学支持　售后服务　　联系电话：（0411）84710309
版权所有　侵权必究　　举报电话：（0411）84710523
如有印装质量问题，请联系营销部：（0411）84710711

前言

　　随着人口老龄化不断加剧，农村老年人口不仅数量持续增加，而且高龄、独居及失能半失能人口越来越多，与此同时，农村家庭养老功能的弱化及劳动力人口的大量外流，也使原本趋于严峻的农村养老服务供求矛盾愈加突出。如何通过加强农村养老服务体系建设，特别是加强社会和社区养老服务供给，来弥补日趋加大的农村养老服务供求缺口，满足农村老年人对养老服务特别是基本养老服务的层次化、多样化需求，是当今政府、社会和社区面临的重要课题。

　　本书系在笔者主持的国家社科基金一般项目基础上结合评审专家意见修改完成的。在研究过程中，笔者从讨论农村社区、农村社区养老服务能力及其建设和城乡融合发展等核心概念入手，结合实际，探讨了中国农村社区的存在形态及特征，以及农村社区养老服务能力及其建设等概念的内涵，并建构了农村社区养老服务能力体系构架，回溯并讨论了城乡关系从"城乡对立"和"城乡分割"到"城乡融合"的演变历程，在此基础上，结合全国及省域农村经济社会资料，描述并分析了中国农村社区养老服务能力建设现状，进而通过建立基于农村社区养老服务能力框架的指标体系，运用基于主成分分析法的多指标综合评价方法，对中国31个省、自治区、直辖市（以下简称"省（区、市）"）2013—2020年农村社区养老服务能力建设情况进行了综合评价及聚类和比较分析，并结合2013—2020年省域尺度面板数据研究了影响农村社区养老服务能力建设的因素。为了探寻农村社区养老服务能力建设的"着力点"或"抓手"，本书专门讨论农村社区治理体系重构和治理机制创新问题，探讨了农村社区组织建设与乡村振兴和农村社区养老服务能力建设之间的关系，研究了以"公共服务"为认同基础的农村社区治理体系重构和治理模式选择问题，提出了基于"一核一轴双轮"共性特征的中国"一村一社区""多村一社区""一村多社区"的农村社区治理体系和治理结构的重构思路，以及城乡融合发展视域下农村社区养老服务能力建设思路、机理及城乡社区养老服务协同发展中可能遇到或存在的问题。

本书的主要成果和创新之处表现在如下方面：一是讨论并界定了农村社区养老服务能力及其建设等概念，首次提出并建构了农村社区养老服务能力体系框架。二是从理论上对城乡融合发展进行了类型划分，并对中国城乡融合所处发展阶段进行了研判。三是从省域尺度对中国31个省（区、市）农村社区养老服务能力建设情况进行了综合评价及聚类和比较分析，并从宏观层面实证研究了影响中国农村社区养老服务能力建设的因素。四是基于"一核一轴双轮"理念，提出并构建了以"公共服务"为认同基础的三种类型的农村社区治理体系和治理结构，探讨了农村社区治理机制创新问题。五是从城乡融合发展角度研究了农村社区养老服务能力建设的思路和机理，探讨了同一行政区域和跨行政区域的城乡农村社区养老服务协同发展问题。

农村社区养老服务能力建设是一项由政府主导、以农村社区为主体的系统性民生工程，需要在党的坚强领导下，以基层党建和农村社区组织建设为"抓手"，以乡村振兴特别是组织振兴和产业振兴为突破口，全面提升农村社区治理能力和农村集体经济实力，通过城乡互学互鉴、互促共进，政府、社区、居民、企业和社会组织等勠力同心，共同推动农村社区养老服务能力建设及城乡社区养老服务协同发展，化解农村养老服务供求矛盾，助推城乡基本养老服务均等化。

值此专著付梓之际，对为本项目研究和调研做出贡献的周雪、郭钧阳等研究生及为本研究成果提出宝贵意见的国家社科基金项目鉴定专家表示诚挚谢意！

赵秋成

2024 年 3 月

目录

第 1 章　绪　论

1.1　选题背景和研究意义

1.1.1　选题背景

20世纪90年代，特别是进入21世纪后，随着人口老龄化持续加剧和人口跨城乡、跨区域流动，农村老年人养老问题愈加凸显。第七次全国人口普查（以下简称"七普"）资料显示，2020年中国农村60岁及以上人口12 135.63万人，占农村总人口的23.81%，65岁及以上人口9 035.29万人，占农村总人口的17.72%，80岁及以上高龄老年人口1 667.25万人，占农村总人口的3.27%，占60岁及以上人口的13.74%，与1982年"三普"以来历次人口普查结果相比，无论是60岁及以上人口，还是65岁及以上人口，抑或80岁及以上高龄老年人口，及各自占农村总人口比重均呈快速升高之势，尤其是"六普"至"七普"10年间，60岁及以上和65岁及以上人口占农村总人口比重更是分别提高了

8.83 个和 7.66 个百分点，年均增速分别达到 2.03% 和 3.09%，远快于
"四普"至"五普"间和"五普"至"六普"间的年均增速；而且，"三
普"以来，农村 80 岁及以上高龄老年人占 60 岁及以上人口比重也在持
续升高，农村老年人口呈现出"加量"（老年人数量增多）和"加重"
（人口老龄化程度加重）同步"双加"特征。1982 年"三普"以来中国
历次全国人口普查农村老年人数量变化情况见表 1-1。

表 1-1 1982 年"三普"以来中国历次全国人口普查农村老年人数量变化情况

全国人口普查	农村总人口（万人）	60岁及以上人口			65岁及以上人口			80岁及以上人口		
		人数（万人）	占总人口比重（%）	相邻两次人口普查间年均增速（%）	人数（万人）	占总人口比重（%）	相邻两次人口普查间年均增速（%）	人数（万人）	占60岁及以上人口比重（%）	相邻两次人口普查间年均增速（%）
"三普"	79 760.48	6 197.78	7.77		3 990.72	5.00		399.88	6.45	
"四普"	83 436.55	7 283.76	8.73	2.04	4 787.81	5.74	2.30	575.16	7.90	4.65
"五普"	78 384.12	8 556.81	10.92	1.62	5 880.88	7.50	2.08	818.00	9.56	3.58
"六普"	66 280.53	9 930.33	14.98	1.50	6 667.29	10.06	1.26	1 195.42	12.04	3.87
"七普"	50 978.76	12 135.63	23.81	2.03	9 035.29	17.72	3.09	1 667.15	13.74	3.38

资料来源：中国 1982 年、1990 年、2000 年、2010 年和 2020 年人口普查资料。

而从农村养老负担和家庭养老服务供给情况看，一方面，中国农村
老年人口赡养比[①]自 20 世纪 90 年代以来一直呈升高之势。2020 年"七
普"时中国农村 60 岁及以上老年人口赡养比为 41.82，65 岁及以上老年
人口赡养比为 28.13[②]，分别是城镇 60 岁及以上老年人口赡养比（23.69）
和 65 岁及以上老年人口赡养比（14.68）的 1.77 倍和 1.92 倍，分别是
"六普"时农村 60 岁及以上老年人口赡养比（15.74）和 65 岁及以上老
年人口赡养比（14.21）的 2.66 倍和 1.92 倍。可见，农村劳动年龄人口

① 老年人口赡养比，也称老年人口负担系数、老年人口抚养比，指平均每 100 名劳动
年龄人口所赡养或负担的老年人口数。
② 60 岁及以上老年人口赡养比是指每 100 名 15～59 岁劳动年龄人口所赡养或负担的 60
岁及以上老年人口数；65 岁及以上老年人口赡养比则指每 100 名 15～64 岁劳动年龄人口所赡
养或负担的 65 岁及以上老年人口数。

的养老负担无论与城镇相比，还是与"六普"时相比，均在显著加重。另一方面，农村家庭规模呈快速减少之势。1990年"四普"时中国农村家庭户均人口4.18人，到2000年"五普"时减至3.65人，2010年"六普"时进一步减至3.34人，2020年"七普"时农村家庭户均人口为2.70人。另外，从"七普"时65岁及以上老年人婚姻状况看，其中无配偶者（包括未婚、离婚和丧偶）占32.18%，虽比"六普"时（39.59%）有所下降，但农村无配偶老年人特别是孤寡、丧偶和空巢老年人的精神慰藉，以及农村失能、半失能和残疾、高龄老年人的养老服务保障，已经成为中国农村愈益突出和棘手的问题。

进入21世纪特别是近几年来，随着政府管理体制机制改革持续深化以及公共服务特别是包括养老、医疗卫生等在内的基本公共服务向基层政府和社区下沉，一方面基层政府和社区的工作压力在增大、挑战在增加，另一方面基层政府和社区集聚、整合和调配基本公共服务资源、供给基本公共服务能力不足的问题逐渐暴露出来，特别是农村地区，其基本公共服务能力不足问题尤为突出。本书正是基于上述现象，专门针对基本公共服务中的养老服务，来研究城乡融合发展视域下农村社区养老服务供给及其能力不足问题，探寻乡村振兴和城乡融合发展背景下破解农村养老服务供给不足的路径，助推农村社区养老服务能力提升及"老有所养，老有所医，老有所乐，老有所为"目标尽快实现。

1.1.2 研究意义

1）学术价值

（1）弥补国内现有研究对社区养老服务能力特别是农村社区养老服务能力建设研究之不足。纵览国内现有文献可以发现，有关农村养老服务的成果大多集中在农村养老服务体系建设、农村养老服务需求和供给、农村养老服务模式选择，以及农村互助养老和农村居家养老等方面，专门研究社区养老服务能力的成果很少，针对农村社区养老服务能力建设的成果更为鲜见。正如国内有关研究所指出的：中国养老服务的"难点在农村"，但中国养老服务体系建设的重点却在城市！党的十九大将"全面建成覆盖全民、城乡统筹、权责清晰、保障适度、可持续的多层次社会保障体系"作为今后一段时期中国社会保障体系建设的奋斗目标，将建立健全"城乡融合发展体制机制和政策体系"及"自治、法治、德治相结合的乡村治理体系"作为促进乡村振兴及城乡融合、协调发展的重要"抓手"，这是中国在全面消除绝对贫困后、在奋力实现社会主义现代化强国"百年目标"过程中必须首先完成的任务。鉴于此，尽快将社会养老服务体系建设特别是社区养老服务能力建设的重心向农村倾斜，切实将以城带乡、城乡互促与农村社区养老服务能力建设有机结合起来，取长补短，优势互补，这对城乡社会养老服务体系一体化发展不仅必要，而且迫切。从上述意义上讲，本成果既可弥补国内农村社区养老服务能力建设研究之不足，也可为中国农村社区养老服务能力建设及城乡融合发展提供理论框架及理念和理论指导。

（2）充实中国特色社会保障理论和农村社区治理理论。农村社区养老服务能力建设既是社会养老服务体系建设的重要组成部分，也是中国特色社会保障理论的建设成果，而作为农村社区养老服务能力建设基础的农村社区治理体系、治理机制和治理能力建设，则是中国特色农村社区治理理论不可或缺的重要内容。本书以农村社区养老服务能力建设为着眼点，不仅研究城乡融合发展视域下农村社区养老服务能力建设问题，而且探讨作为农村社区养老服务能力建设基本前提的农村社区治理体系建构和治理能力建设问题，因此，它既是对中国特色社会保障理论的充实与完善，也是对中国特色社区治理理论的有益补充和发展。

2）应用价值

（1）为农村社会养老服务体系和社区养老服务能力建设实践提供理论指导。农村社区养老服务能力是农村社区为辖区老年人提供养老服务，满足老年人养老需求的物力、财力、人力、技术、信息及服务和管理能力等的综合体现，如何科学规划、开发及有效整合、调配好有限的养老服务资源，实现养老服务的精准配置和有效供给，最大程度满足辖区老年人对养老服务的多样化、个性化和层次化需求，是一项看似简单、实则非常复杂和有难度的工作。本书通过对农村社区养老服务能力建设框架、机制和措施等的研究，可以从理论上为农村社区养老服务能力建设及社区养老服务精准、有效供给提供思路和方法指导。

（2）满足农村快速增长的养老服务需求，促进社会公平。20世纪90年代特别是21世纪以来，中国农村老年人口已进入快速增长期，这种快速增长既意味着农村老年人口绝对量的增加，也伴随着老年人口相对量的提升及其高龄累积，这一过程所带来的一是高龄老年人口增多，二是失能半失能老年人口也相应增多①，从而使原本供不应求的农村养老服务供给更加雪上加霜。面对与日俱增的农村养老服务需求，特别是特殊化养老服务需求②，如何在加快农村养老服务社会化、市场化进程的同时，尽快提升农村社区养老服务能力、完善农村社会养老服务体系，既是大势所趋、形势所迫，也是社会发展和国家战略使然。基于此，本书可从一定程度上助力中国农村社区养老服务能力和社会养老服务体系建设，推动基本养老服务普惠化和均等化，使越来越多农村老年人有机会、有权利享有中国社会保障事业发展及社会养老服务体系建设成果，切实让基本养老服务惠及每一个农村家庭和每一位农村老年人，将社会公平原则落到实处。

（3）为农村社区治理体系建构和农村社区养老服务平台建设提供思路和决策参考。农村社区养老服务能力建设必须以社区治理能力提升为基础，原因是农村社区养老服务能力建设不可能完全靠政府和社会，只有社区自身具备了一定的经济能力及养老服务资源的动员、整合、组织调配和管理能力，才能在政府领导、协助及社会组织和企业等参与、配合下，切实发挥社区在引导、集聚、配置、监督管理乃至服务供给中的作用，因此，无论从加强社区养老服务能力建设角度，还是从促进乡村振兴角度，均需要农村社区在国家有关法规制度框架下，对自身的组织结构、治理机制和治理模式进行检视和重建，不断推动农村社区治理体系和治理能力的现代化和数智化，以适应新时代乡村振兴及农村、农业现代化的需要，为农村社区养老服务能力和平台建设奠定坚实的组织基

---

① 在健康老龄化理念仍未完全根植于人们思想观念的情况下，"小病拖，大病扛"，缺乏防未病意识，仍是当今中国农村社会见怪不怪、习以为常的现象，由此所导致的结果是：随着年龄增大，老年人中因病、因老失能失智者有增无减。
② 所谓特殊化养老服务需求，主要指需要提供病床或家庭护理、日常生活照护（包括起居、助餐、助洁、助行、助浴、助急和助聊等）和康复训练等服务的情况。

础。正因如此，虽然本书的着眼点和落脚点是农村社区养老服务能力建设，但农村社区治理体系、治理机制和治理能力建设也是本书关注的焦点之一。而且，通过对农村社区治理体系、治理机制和治理能力建设的研究，还可为农村社区治理体系建构和农村社区养老服务平台建设提供思路和决策参考。

1.2 国内外文献综述

社区养老服务是社会养老服务体系的重要组成部分，而社区养老服务能力则是确保社区养老服务得以有效和可持续供给的基本力量。基于本书研究内容，这里从农村社区养老服务及其能力建设和城乡融合发展两方面对国内外相关文献进行梳理和分析。

1.2.1 国内相关文献综述

1）农村社区养老服务及其能力建设相关文献综述

纵览国内现有文献，专门探讨农村社区养老服务能力及其建设的成果十分鲜见。在中国知网以"农村社区养老服务能力"作"主题"搜索，仅发现1篇相关论文，而作"篇名"搜索的输出结果则为无；以"社区养老服务能力"作"主题"搜索，输出文章虽有49篇，但筛选后，与社区养老服务能力相关的论文约30篇左右，而作"篇名"搜索，仅有1篇论文符合要求。以"农村社区养老服务"作"主题"搜索，约有345篇相关论文，作"篇名"搜索，输出文章76篇，筛选后仅剩60篇左右。以"农村社区养老服务供给"作"主题"探索，输出文章10篇，筛选后仅剩6篇，作"篇名"探索，筛选后仅有4篇相关论文。以"社区养老服务供给"作"主题"探索，输出相关文章185篇，经筛选后剩余164篇，而作"篇名"探索，经筛选后剩92篇。最后以"社区养老服务"作"主题"搜索，输出文章5 280篇，而作"篇名"搜索后，输出文章1 987篇。从文章发表时间看，中国知网收录最早的社区养老服务方面的文章为吴国卿（1999）、熊必俊（1999）分别发表在《中国社会保险》和《市场与人口分析》（现《人口与发展》）等期刊的论文，而收录较早的有关农村社区养老服务的文章为叶军（2005）、徐志文和谢方（2005）等的论文，这些论文多为呼吁性文章，缺乏对相关问题系统而深入的探讨。2005年后，国内有关社区养老服务的研究虽逐渐增多，但大多集中在对城市社区养老服务的讨论上，只是到了2018年，有关农村社区养老服务的论文才首次超过10篇。当然，其中原因可能是多方面的，不过，由此可以窥见，时至今日，农村社区养老服务能力建设问题仍未引起国内学界足够重视。

（1）对农村社区养老服务发展困境和出路的研究

社区作为老年人最熟悉的社会生活环境及联结家庭与政府、社会的"桥梁"，其在基本养老服务中的作用不可替代，特别是依托社区开展养老服务，既能迎合老年人眷恋"熟人社会"和亲情的心理，又能使老年人以较低成本获得亲切、放心、方便的养老服务（王树新、亓昕，1999；毛满长、阿尔达克，2010；崔立群、刘红，2013；冯晓娟，2014；汪波，2016）。然而，由于现代意义上的社区建设在中国起步较晚，加之受传统体制机制及长期以来形成的"强政府，弱社区"等因素影响，目前中国城乡社区不仅有着浓重的行政色彩，（俞可平、徐秀丽，2004；郁建兴、李慧凤，2011；陈伟东、许宝君，2016），而且，由于农村经济体制改革导致大多数农村集体经济基础被"掏空"，农村社区治理主体（村民委员会）处于"悬空"或"虚置"状态（项继权，2009；曹海林，2009；李增元，2014），加之20世纪80年代以来农村社会文化逐渐被异化，社会基础日趋薄弱，居民参与社区治理的积极性不高、参与能力不足（郭占锋、付少平，2014；方明，2016；李诗悦，2017；赵志虎、陈晓枫，2019），再加上市场机制引入不充分、政府财政投入不足，以及管理人员和专业技术人员短缺（雷玉明等，2013；江燕娟，2014；乔成邦，2017），不仅严重制约了农村社区治理和社区发展（郭晓鸣、张鸣鸣，2014；李增元、李洪强，2016；闫文秀、李善峰，2017；韩江风，2019），而且严重制约了农村社区养老服务能力建设。

中国农村养老服务供不应求，既与农村人口快速老龄化、少子高龄化、空巢化以及失能半失能人口持续增多有关，也与家庭养老服务功能弱化背景下由城乡二元社会福利体制及政府"缺位"①和社区养老服务缺失所导致的社会养老服务供给不足有关（包先康，2016；杨宇航，2019）。长期以来，中国农村实行的是以家庭为主、以村队集体为辅的养老制度，政府仅对农村"五保户"等特殊老年人群体承担有限养老责任（杨善华、吴愈晓，2003），大多数农村孤寡残障贫困老年人的养老责任或者由家庭及其近亲属承担，或者由村队集体负责，农村集体养老及其服务设施建设较少得到政府支持。实行家庭联产承包责任制后，村队集体的名存实亡，使原本已丧失村队集体支持的农村养老雪上加霜。

进入21世纪后，政府开始重视自身在社会养老服务中的责任担当问题，并着手建设城乡养老服务体系和发展养老服务业，然而，政府在推动城市社会养老服务由"补缺型"向"普惠型"转变的同时，农村养老服务供给的力度却不足（韩艳，2015；张举国，2016；刘二鹏等，2022）。农村养老服务资源供给不足（丁志宏、王莉莉，2011；杜鹏等，2016；丁志宏、曲嘉瑶，2019；韩沛锟、程瑶瑶，2021）、供给结构失衡（姜向群、郑研辉，2015；林宝，2017；李俏、许文，2017；黄俊辉，2019；刘玉雯、聂玉霞，2022）、社区获取、整合和配置养老服务资源能力缺乏（宋言奇，2015；王义保、李宁，2016），以及社会参与度低、服务人员素质差（邹华、马凤领，2015；陈显友，2021），仍然是农村社区养老服务供给面临的突出问题。对于上述问题，国内学者认为，首先应明确各养老服务主体的责任，强化政府的主导作用（姜玉贞，2017；姜玉贞、宋全成，2019；郑军、秦妍，2021），以及社区在养老服务中整合、配置和监督管理的作用（潘屹，2014；景天魁，2015；赵强社，2016；杜鹏、王永梅，2019），同时加大养老服务的社会供给，改革供给侧结构，以满足农村快速增长的养老服务需求（李志明，2016；李俏等，2016；林宝，2017；王进文，2022）。

农村社区养老服务作为家庭养老功能弱化背景下具有一定社会或集

---

① 这里的政府"缺位"，是指在农村经济体制改革过程中，政府作为农村养老服务的责任主体之一，未及时采取有效措施（包括发展公办养老机构、培育和发展社区养老服务中心，以及购买养老服务等），来及时弥补由农村集体经济基础弱化及养老服务能力"虚化"所造成的农村集体养老服务空缺的现象。

体性质的养老服务模式①，近些年逐渐受到国内学界重视。徐志文和谢方（2005）、唐晓英和周溥翯（2010）、熊海强（2015）分别从综合因素合理性和文化合理性角度分析了农村发展社区养老服务的必要性，认为，发展农村社区养老服务不仅具有舆论环境和政策依据，而且符合老年人心理，具有人性化、成本低、收益高、覆盖面广等特征，同时还有助于人们对社区的价值认同，并可提高医疗服务的便捷性和可及性，降低老年人心理负担。郑文焕（2016）则从制度整合和社会整合角度，探讨了建设以农村社区为依托的养老服务体系的可行性，认为，村级组织作为国家各种制度和政策的落实者，不仅具有行政合法性，而且拥有互助互惠的传统观念、社会资本及天然低廉的物质和人力资源，既有助于社区凝聚力和组织内生性机制形成，也可降低服务供给成本，同时吸纳农村妇女和大龄劳动者就业，有助于社区和谐与稳定。对于发展农村社区养老服务的必要性、合理性和可行性，虽然国内学界观点较为统一，但对于发展何种类型或以何种类型为主的农村社区养老服务，学者们则见仁见智。

（2）对不同类型农村社区养老服务的研究

目前中国农村常见的社区养老服务形式主要有社区机构养老、社区互助养老和社区居家养老等。这里所说的社区机构养老，不同于通常意义上机构养老，它是指通过社区筹资、政府拨款或赞助及社会捐赠捐助等建设的、由社区主办和管理的具有一定社会或集体福利性质（提供免费和低收费的医疗和养老服务）的社区养老服务机构和设施②。中国民政统计年鉴资料显示，2020年中国农村社区养老机构和设施中，全托服务社区养老服务机构和设施约占4.82%；另外，农村社区互助养老设

---

① 养老服务的本质在于养老服务资金或经费主要由谁负担，即养老服务的主要经济或物质支持者是谁，由此，可以将养老服务划分为家庭养老（包括自我养老或独立养老）和社会养老（包括由政府、社区（村集体）和其他社会组织向城乡老年人提供的免费和低收费的养老服务）两种基本养老服务形式。其他养老服务形式，如居家养老、机构养老、社区养老、公寓养老等，实际均可归于上述两种基本养老服务形式。

② 目前人们论及机构养老时，通常指由政府或社会资本独资及合作建设的公办或民办（包括民办公助）养老机构，如养老院、敬老院、福利院、老年公寓和托老所等，这是对机构养老的狭义理解。实际上，由社区主办和管理的养老服务机构和设施，如社区托老所、社区日间照料中心、社区文体娱乐中心、社区老年大学、社区医疗护理中心（站）、社区病床、社区老年食堂，以及其他可供农村老年人使用的社区医疗养老服务机构和设施等，也具有一定的机构养老性质或特点，依靠这些机构和设施所提供的养老服务，既可提供全托式养老服务，也可提供"走读式"养老服务（即日间在社区活动，晚上居住在家），还可提供社区居家养老（即由社区为居住在家的老年人提供上门服务）。

施中设有社区全托服务床位31.10万张，占农村社区互助养老床位总数的26.25%，2020年有17.42万人享受农村社区互助全托养老服务。但从国内现有文献看，专门研究农村社区机构养老的文献并不多，其原因主要有二：一是目前很多学者将社区机构养老与社区居家养老混为一谈，认为参加社区机构和设施养老的老年人，晚上大多回家居住，只是日间或偶尔晚上在社区接受照料，于是片面地将社区机构养老归结为社区居家养老。这种将社区机构养老简单归结为社区居家养老的做法，明显犯了"一叶障目，不见森林"的错误，即他们只看到了老年人居住在家这一表象，却忽视了社区并未提供上门服务，而是老年人到社区开办的带有一定福利性质的机构接受日间甚至夜间照料这一本质特征。二是将社区机构养老与通常意义上的机构养老混同，论"机构养老"必言之缺少人情味、成本高等弊端，而忽视机构养老具有的优势和特征，更何况此机构养老（如社区托老所、社区老年人公寓等）并不完全等同于彼机构养老（如养老院、敬老院等）。①

社区互助养老是指由社区主办或主导的，以互助服务、群众参与和政府支持为特征的，通过整合社区养老资源，来为辖区老年人提供自助、集体和互助服务的一种养老服务形式（金华宝，2021）。互助养老作为一种体现人性本能和人类社会更高道德基础（克鲁泡特金，2010）的养老形式，因其较好展现了基于血缘、亲缘和地缘的邻里和村民互助精神，既具有悠久历史传统，又具有极强文化适应性（赵志强、王凤芝，2013；张云英、张紫薇，2017；李俏、刘亚琪，2018），因此被视作与中国农村实际相适应的养老服务模式（方静文，2016；刘妮娜，2017，2018；周鹏，2019）。农村互助养老的形式多样，如，有的学者通过分析国内外互助养老研究成果，将互助养老归纳为基于集体经济的互助养老、居家互助养老、集中居住互助养老、邻里互助养老、家族邻里互助养老、"时间银行"互助养老和组建家庭式互助养老七种形式（吴香雪、杨宜勇，2016）。有的学者以组织主体为划分依据，认为中国农村互助养老经历了从宗族互助养老模式到集体互助养老模式，再到社

---

① 相较于通常意义上的机构养老（如养老院、敬老院等），社区机构养老（社区托老所、社区日间照料中心、社区老年公寓等）不仅更具基层普惠性特征，而且管理相对松散，老年人来去更加自由。

区互助养老模式三个阶段（张云英、张紫薇，2017）。有的学者则根据互助养老的推广主体，将农村互助养老划分为政府主导型、民间支持型和精英带动型三类（李俏、刘亚琪，2018）。有的学者专门讨论了集体互助养老，认为集体互助养老是自助、集体与互助的综合体现，从资金来源和组织性质角度可分为纯福利型、纯公益型、"公益+福利"型和"市场+"型，如何激发集体互助养老的"互助"动能、发挥其优势、实现精准供给和网络化运作，是当前中国农村集体互助养老面临的重点和难点问题（向运华、李雯铮，2020）。赵志强和杨青（2013）探讨了制度嵌入，特别是制度环境及政府引导和支持对农村发展集体互助养老的重要性，并通过研究农村互助养老服务模式，指出了政府"硬指标"指令模式下农村互助养老面临的发展困境：一是农村组织为应对政府检查评比而被迫采取敷衍甚至造假、说谎等手段；二是因村干部责任意识不强及政府主体责任缺失，致使农村互助幸福院的日常运行资金或经费缺乏必要保障，有些农村互助幸福院开办不久即关门闭户（赵志强，2015）。杨燕（2018）通过分析居家型互助养老和集中型互助养老，指出了以河北肥乡为代表的农村幸福院集中型互助养老模式的局限性，及其遭遇的"大部分幸福院闲置"的"有场无市"困境。此外，还有研究指出，农村互助养老同时面临现行体制机制匹配度不高、定位不明确、服务责任划分不清、村民参与意识淡薄、基础养老服务不能满足现实需求、保障资金来源渠道有限且不稳定（纪春燕，2018；杨立春，2019；钟仁耀等，2020；文丰安，2021），以及忽视环境建设、缺少村庄社会资本和村庄文化建设、参与主体间"中心—边缘"权力结构固化、多重目标冲突与互信质量低下等问题（贺雪峰，2020；朱火云、丁煜，2021）。基于农村互助幸福院存在的上述困境或问题，有学者指出，中国幅员辽阔，各地各农村情况千差万别，不宜"一刀切"地普遍建设和发展具有生活居住功能的农村幸福院①，而应以居家养老为基础来建设农村社区居家养老综合服务中心，同时为农村老年人提供休闲娱乐设

---

① 农村幸福院是2008年河北省邯郸市肥乡县（现邯郸市肥乡区）前屯村首倡建设的农村互助幸福院养老形式。农村幸福院以"集体建院、集中居住、自我保障、互助服务"的模式运行，资金或经费筹措采取"集体筹一点、个人掏一点、政府补一点、社会捐一点"的办法。该养老服务模式是一种村民或邻里互助形式，农村老年人"离家不离村、离亲不离情"，达到了"老人开心、子女放心、政府省心"的良好效果，因此，民政部倡导在全国农村实施推广。

施，有条件的村可开办老年食堂（高灵芝，2015）。

社区居家养老是指以社区为依托或由社区为居住在家的老年人提供上门服务的一种养老服务形式（童星，2015）。黄宏磊（2012）结合湖北省的情况探讨了农村居家养老服务体系建设问题，认为居家养老在农村虽有诸多优势和特点，但也面临难以市场化、资金缺乏制度性保障、服务人员专业化水平低等问题。周湘莲和梁建新（2013）则从政府责任角度分析了推动农村居家养老服务过程中存在的政府责任缺失、政策法规不健全、服务队伍和设施建设滞后以及财政保障机制不完善等问题。李兆友和郑吉友（2016）研究了农村社区居家养老服务协同供给存在的多元协同供给主体发展不协调、协同供给的普惠性不足、供需结构失衡及协同供给主体间缺乏高效协同等问题，认为应通过培育居家养老服务协同供给主体、激励农村社区资本参与居家养老服务协同供给，并积极推进政府主导的农村社区居家养老服务多元主体协同供给机制，逐渐形成政府、社区、社会和族群（邻里）等"多位一体"的社区居家养老服务多元协同供给格局，以纾解农村社区居家养老服务面临的供给困境。王秀花（2014）、王晓亚（2017）、杜智民和康芳（2020）、张艳霞等（2021）、李海舰（2022）分别从不同角度、结合不同地区情况，探讨了农村发展社区居家养老服务普遍面临的困境或障碍，认为多数农村均面临养老服务经费不足、村干部和村民对社区养老服务认识不到位、村级组织管理能力低下、养老服务社会参与度低、养老服务主体协同供给机制和养老服务对象精准识别机制缺乏，以及养老服务内容和服务形式单一等问题，这些因素直接影响和制约着农村社区居家养老服务的发展。要解决上述问题，一方面应从建立、完善和落实相关法规制度入手，为农村社区居家养老提供可靠的制度保障，另一方面则应发展壮大农村集体经济，同时强化政府和社会组织对农村社区养老的资金支持，加强社区人力资源能力建设（班涛，2017），推动和吸引农村居家养老服务多元主体的良性合作和养老服务的联动供给（王继元、王金元，2020），提高农村社区居家养老服务的精准识别和精准供给能力（杜智民、康芳，2020），并通过互联网赋能，来推进社区智慧养老服务平台建设，整合养老资源，实现社区养老服务供给与老年人养老服务需求精准化匹配，促进农村社区内部养老服务秩序再造（张锐昕等，2021；朱战辉，2022）。

（3）有关农村社区养老服务能力的研究

综上可见，目前国内有关农村社区养老服务的研究，大多将关注点放在对社区养老服务在农村的适应性以及对社区养老服务中某一类型养老服务，特别是社区互助养老服务或社区居家养老服务的研究上，很少有人对支撑农村社区养老服务供给的基础能力及其建设问题进行专门讨论，这是现有研究的明显缺陷或不足。在追求城乡基本公共服务均等化及城乡融合发展的大背景下，通过农村集体经济振兴来建设和发展农村社区养老服务能力，对促进城乡基本养老服务均等化、改变城乡老年人基本养老权利不平等的社会现状，不仅重要，而且必要。对于社区养老服务能力，甘晓成等（2022）将其定义为参与社区养老服务的多方主体能够通过整合、利用、协调自身与相互间资源，来满足老年人养老需求的能力，文章进而构建了包括人力资源、物力资源、组织管理、财力资源和目前社区可提供养老服务项目等五方面能力的社区养老服务能力指标体系，并运用政策网络理论，对社区养老服务环境支持方、服务供给方和需求方的主体互动关系进行了分析。杨宝强和钟曼丽（2020）通过建立基于经济支持能力、医疗卫生服务能力和社会服务能力的指标体系，运用因子分析法，对2018年海南省18市县农村养老服务供给能力进行了综合评价，并通过聚类分析，对各市县农村养老服务能力建设情况进行了类别划分。这是目前鲜见的专门探讨社区养老服务能力及通过建立指标体系来综合评价农村养老服务能力的文献。

党的十九大提出的乡村振兴战略，不仅使长期处于“碎片化”的乡村发展目标得以整合和更加清晰化，而且为农村社区治理及社区养老服务能力建设指明了方向。中共中央、国务院2018年印发的《乡村振兴战略规划（2018—2022年）》，将“加快建立以居家为基础、社区为依托、机构为补充的多层次农村养老服务体系”作为乡村振兴的重点任务之一，不仅体现了中央政府对农村养老服务体系建设的高度重视，而且将引领各级地方政府和社会更加关注乡村振兴和农村社区养老服务能力建设，进而促使政府不断加大财政投入和组织的快速布局，而乡村经济、社会、政治、文化和生态的全面振兴，也将有效增强农村应对养老服务需求挑战的内生动力，这既是对农村集体经济的一种"赋权增能"过程，也是对农村养老服务能力的提升过程（杜鹏、王永梅，2019；张继元，2021）。杜鹏和安瑞霞（2023）基于情境互动理论，探讨了乡村振兴过程中农村养老服务发展的阶段性，认为，各地各村庄因所处经济发展阶段不同，各自面临的养老服务问题不同，因此，各地各村庄应甄别自身所处阶段，从改善养老环境和优化组织队伍两方面着力推动农村养老服务供给。陈显友（2021）认为，基于中国农村养老服务面临的诸多困境和问题，必须以产业振兴带动农村养老服务业发展，同时通过人才队伍建设及文明乡风、孝养家风和社会养老支持系统建设，加强农村养老服务精细化管理，以解决农村养老服务供求失衡问题。

（4）国内相关文献评述

通过对国内现有文献的检索和梳理分析，不难发现，近年来国内学者对农村社区养老服务，特别是社区互助养老和社区居家养老开展了大量研究，取得了丰硕成果，提出了许多具有原创性或新意的观点和看法，这些研究成果及其观点既使读者茅塞顿开，也给人以启迪和思考，同时，这些成果也为本书提供了重要的理念、思路和观点支持及方向和方法指南，是本研究得以开展的理论支点和研究起点。但同时也应看到，现有成果也存在诸多缺失和不足，如，有些成果基本停留在对表面问题或问题表象的分析上，研究深度有待进一步挖掘；有的成果则存在明显的"头痛医头，脚痛医脚"问题，缺乏系统性、全面性和全局性；有的成果脱离农村实际安谈农村社区居家养老或互助养老，忽视中国农村实际情况的复杂性，片面夸大社区居家养老或社区互助养老的适用性和作用。中国地域辽阔，农村数量众多，而且各地农村无论在地形地貌、地理区位、资源环境、气候条件方面，还是在民族、政治、经济、文化及社会发展条件和水平等方面，均有着较大差别，并由此造就了中国农村社区养老问题的多样性和复杂性，加之农村集体经济基础的日趋"虚弱"及人心离散，这些均是在实施或推行农村社区养老服务中不容忽视或难以回避的。单就社区居家养老服务而论，它固然是一种有益、有效且具推广价值的社区养老服务模式，但该养老服务模式的服务供给特征决定了，它主要适用于人口居住相对集中且交通条件相对便利的农村，而对人口居住分散的农村，如牧区、山区和渔区等，却不一定适用，这是由社区居家养老服务模式的局限性决定的。社区互助养老服务模式亦如此。这说明，农村社区养老服务模式的选择和设计必须因地制宜、因村施策，不宜搞"一刀切"。但从满足大多数农村老年人养老服务需求、促进城乡基本养老服务均等化角度讲，通过做强农村基层组织和农村集体经济，以带动农村社区养老服务能力建设，激发社区在农村基本养老服务供给中的平台和"兜底"作用，却是十分迫切而必要的，原因是，只有农村集体具有了牢固经济基础，农村社区养老服务才能获得稳固的集体经济支撑，农村社区养老服务也才可能获得更加充分的物质、资金、人力和技术等的支持，基本养老服务也才能公平公正地惠及每一位有需求的农村老年人，这是由社区在农村养老服务体系中的定位及其担负的责任所决定的，同时，这也是本项目研究的出发点和目的所在。

2）城乡融合发展相关文献综述

（1）文献梳理与综述

"城乡融合"是马克思、恩格斯在论及消灭分工和私有制、实现农业与工业共同发展时提出的一种设想（许彩玲、李建建，2019；傅歆、孙米莉，2019），也是与城乡对立或城乡分割相对应的一个概念。早在20世纪90年代中期，国内即有学者从产业角度讨论城乡融合问题（张敬民、韩俊峰，1995），然而，城乡融合发展这一问题受到国内学者普遍关注，则是在党的十九大提出"城乡融合发展战略"之后。冯雷（2010）结合中国人口城市化趋势及城乡经济社会发展形势，认为在人口城市化水平达到50%左右时，中国即已进入推动城乡融合的最佳时期，同时，他认为中国城乡一体化将面临思想观念、社会经济管理体制、农村劳动者素质和资金投入方式等诸多障碍。刘先江（2013）基于马克思、恩格斯关于城乡关系从对立到融合的论断，认为中国要促进城乡融合发展，就必须改变城市偏向的制度安排，创造出有利于城乡权利平等、资源自由流动的制度条件，并在城乡管理体制、户籍制度、土地制度和公共服务体制等方面做出突破。何红（2018）认为，党的十九大报告中城乡融合发展战略的提出，对于促进农村社会向城市社会转型、带动城乡关系第三次飞跃及推动社会主义现代化强国建设具有重要意义。姜长云（2018）、张克俊和杜婵（2019）等认为，从统筹城乡到城乡一体化，再到城乡融合发展，既是对新时代中国城乡关系的重新定位，也是解决城乡发展不平衡、农村发展不充分问题的战略方向，是解决"三农"问题、引领乡村振兴和建立新型城乡关系的行动指南。城乡融合发展是将城乡作为一个有机整体置于开放、公平、公正的统一环境中，让城乡资源要素双向自由流动、产业联动合作、城乡功能互促互补的一种状态，其目的在于实现城乡生产方式、生活方式和生态环境的融合与一体化，最终达成人的全面发展及人与自然和谐相处之目标（许彩玲、李建建，2019）。城乡融合发展是要素、产业、社会、生态和居住等多层次、多领域、全方位的融合过程，其核心要义是在更高层次上实现城乡良性互动和平衡发展，最终通过城乡开放和融合来推动形成城乡共建共享共荣的生命共同体（文丰安、王星，2020；魏后凯，2020）。国务院发展研究中心农村部课题组（2014）、金三林等（2019）、叶超和高洋（2019）、刘保中和邱晔（2019）、姚毓春和梁梦宇（2020）、邹一南（2020）、蒋永穆和胡筠怡（2022）等基于中华人民共和国成立70多年来经济社会发展历程，探讨了中国城乡关系从二元分割到对立缓和（二元体制部分"破冰"），再到城乡统筹（以工促农、以城带乡）和城乡融合（工农互保、城乡互补）发展的过程，论证了破除传统体制机制约束，重建有利于城乡要素自由流动、城乡资源优化配置、城乡居民权利平等和基本公共服务均等化的新型城乡关系的重要性。蔡继明和李蒙蒙（2019）、蒿慧杰（2019）、叶菲菲（2020）、侯守杰（2021）分析了中国城乡融合发展面临的制度障碍和困境，认为只有突破路径依赖"痼疾"，创新制度设计，促进城乡要素双向自由流动，才能切实形成城乡互补、产业互促的城乡融合发展新格局。曲延春（2020）认为，城乡二元结构是中国城乡社会最重要的特征，乡村振兴和城乡融合发展的根本均在于推动城乡由"二元"走向"一元"，目前的城乡融合发展应把着力点放到改革影响和阻碍城乡要素双向流动的体制机制上，通过促进城乡产业融合和农民增收，以及加强农村基础设施建设和实现城乡基本公共服务均等化，来促进乡村振兴及城乡融合发展。陈姣姣等（2022）从农业农村扩大再生产和可持续发展角度，探讨了造成城乡要素流动性不足的原因，认为，农村土地担保物权和发展权权能缺失导致的农民所掌握的土地不能与金融机构产生对价，是问题的症结所在，因此，文章指出，应从土地确权改革着手推进农村集体经济组织确权赋能，同时提高农民的组织化程度。谭方明（2020）的研究指出，城乡融合发展和乡村振兴均是围绕经济、政治、社会、生态文明和精神文化五方面展开的，这其中，"基层治理融合发展"是实现"城乡全面融合发展"的关键，因此，应通过城乡基层治理体系和治理能力改革，来促进城乡全面融合发展。刘合光（2022）认为，中国经济社会发展在从"乡土中国"转变为"城乡中国"后，城乡融合发展已成为乡村产业发展的时代背景和趋势，这不仅为乡村产业发展提供了更大空间，而且为技术创新提供了新的动力，使乡村产业振兴面临前所未有的良好机遇。田野等（2022）以城乡融合发展为中介效应，研究了数字经济影响乡村产业振兴的内在机理，并结合2010—2020年30个省（区、市）农业农村数据，通过测评乡村数字经济、乡村产业振兴发展水平和城乡融合发展综合指数，实证检验了数字经济对乡村产业振兴的正向作用，得出了数字化赋能有助于乡村产业振兴和城乡融合发展的结论。

（2）文献评述

纵览国内有关城乡融合发展的文献可以看到，随着党的十六大以来城乡统筹战略的提出及其发展演进，国内学者对城乡融合发展的关注在逐渐增多，研究的面域在不断拓展，研究深度也在不断加深，"城乡融合"已不再单单被视作理论上应对"城乡对立"或"城乡分割"的策略，而是演变成引领中国经济社会由"城乡分割"向"城乡融合"、由"二元"走向"一元"的战略和目标，特别是这一战略与乡村振兴和城乡基本公共服务均等化等的有机结合与融合，所促发出的发展动力和活力也是巨大和空前的。城乡融合发展并不以消灭乡村为目的，也不以完全城市化为目标，它是一个城市与乡村相互融通、融合和一体化的过程。城乡融合发展的前提是乡村振兴和城乡基本公共服务均等化，而乡村振兴的必要前提，一是农村体制机制变革和"增权赋能"，即通过打通阻碍城乡要素双向自由流动的路径、破除"重城轻乡""重工轻农"的体制机制和制度障碍，切实发挥城市和工业对农村和农业的引领与带动作用，促进城乡资源优化配置及相互增益和互利共赢；二是着力加强农村基层组织建设，加强党对农村工作的领导，以党建引领农村基层社会和村级组织变革，根本解决农村基层组织普遍存在的软弱涣散及号召力、组织力和战斗力疲弱问题，增强农村村级组织的凝聚力和引领力，全面提升农村基层组织的社区治理能力（樊雅丽、马沁芳，2013；毛铖，2019；杨铭、蒋军成，2021；赵晓峰，2023）。倘若没有一个坚强、有力、有开拓创新精神的村级组织，不仅农村现有资源（本）难以在乡村振兴和农村社区养老服务能力建设中发挥应有作用，而且政府和社会的后续投入也可能因管理不善、利用不当而低效化甚至无效化，"乘数效应"亦无从谈起。

1.2.2 国外相关文献综述

1）文献梳理与综述

在西方国家，社区养老服务是随着社会化养老服务模式由院舍式（即以养老院为主要形式的社会化养老服务模式）向社区照顾模式转变而出现并逐渐盛行的。20世纪50年代，随着院舍式养老服务模式规模小、成本高、程序化和缺乏人情味等弊端日益凸显，一种被认为具有亲民性和人情味的养老服务模式——社区照顾服务（community care service）模式在英国应运而生，并逐渐在欧美等发达国家推广开来。与院舍式养老服务模式不同，社区照顾模式作为福利混合理念下的部门整合（Walsh and Callan，2011），倡导调动正式照顾资源（正规服务机构）和非正式照顾资源（家庭成员、亲朋、邻里和志愿者等），来共同参与老年人照顾，使老年人不出社区甚至家庭即可享受到所需服务。社区照顾有"在社区照顾"（care in the community）和"由社区照顾"（care by the community）两种形式（Baley，1973）。社区照顾模式下的政府不再是社会福利的唯一提供者或公共事务的单一垄断部门，而是由先前的大包大揽角色变成了规划和政策制定者、经费提供者及监管者角色，社区、非营利组织和企业负责服务实施（奥斯特罗姆、帕克斯等，

2000），政府与企业、非营利组织间是一种合作关系（Fortinsky，1991）。社会养老服务由院舍照顾向社区照顾的转变，对20世纪80年代后西方福利多元主义的兴起和多中心治理理论的提出起到了启示和推动作用。福利多元主义思想由 Wolfenden 于1978年最先提出[①]，之后 Rose 对福利多元主义的概念进行了详细论述，他主张福利是全社会的产物，市场、雇员、家庭和国家都要提供福利，认为放弃市场和家庭、让国家承担完全责任是错误的[②]。Evers & Olk（1996）把社会福利的来源归于市场、国家、社区和民间社会（家庭、邻里和志愿者组织等），认为民间社会能在政府、市场和社区间建立起联系纽带，使私人和局部利益与公共利益一致起来。Johnson（1987、1999）强调福利供给的非垄断或多主体性，认可家庭和志愿者组织等非正式组织在福利供给上的重要性。"多中心"理念缘起于人们对市场秩序下公益性资源配置问题的思考，因为市场的"徇私"行为难以解决公益性资源分配对"公平正义"的追求，而寄希望于政府这一"单中心"又会带来市场失灵、权力寻租和效率低下等问题，为了寻求单纯依靠市场或政府均无法解决问题的方案，迈克尔·博兰尼（Michael Polanyi）提出了"多中心性"概念。博兰尼通过分析指挥的秩序（单中心秩序）与多中心秩序在利益追求方面行为机制的不同，指出了指挥的秩序根本无法克服信息不完全或指挥失灵等问题，认为，只有在多中心秩序中，许多行为单位才能既相互独立、自由地追求自身利益，又能相互调适，并在社会一般规则体系中找到各自定位，以实现相互关系的整合。文森特·奥斯特罗姆（Ostrom）等人将"多中心"从经济领域引入到公共领域，并对社会治理模式创新产生了深刻影响[③]。奥斯特罗姆、帕克斯等人认为，"'多中心'意味着有许多在形式上相互独立的决策中心从事合作性的活动，或者利用核心机制来解决冲突"[④]，这无疑可以达到协同治理的效果。多中心治理

① WOLFENDEN.The Future of Voluntary Organizations：Report of the Wolfenden Committee [M]. London：Croom Helm Press，1978.
② 彭华民，黄叶青. 福利多元主义：福利提供从国家到多元部门的转型 [J]. 南开学报（哲学社会科学版），2006（6）：40-49.
③ 李明强，王一方. 多中心治理：内涵、逻辑和结构 [J]. 中共四川省委省级机关党校学报，2013（6）：86-90.
④ 奥斯特罗姆，帕克斯，惠特克. 公共服务的制度建构 [M]. 宋全喜，任睿，译. 上海：上海三联书店，2000：11-12.

理论"通过社群组织自发秩序形成的多中心自主治理结构、以多中心为基础的新的'多层级政府安排'具有权力分散和交叠管辖的特征，多中心公共论坛以及多样化的制度与公共政策安排，可以在最大程度上遏止集体行动中的机会主义，实现公共利益的持续发展"[①]。福利多元主义和多中心治理理论的形成和发展，反过来为西方国家以社区为中心的社会养老服务体系和能力建设提供了理论支持，推动了西方社会养老服务体系由单中心（国家）和"单支柱型"（机构养老）向"多中心"（政府、企业、社区、家庭和非营利组织）和"多支柱型"（居家养老、社区养老、机构养老和家庭养老）的转变。

20世纪70、80年代，西方国家经济衰退在造就大量失业和贫困的同时，也迫使政府大幅削减公共开支，与此同时，社区则因得不到政府的足够经费支持而衰落，严重影响了社区建设和社区服务供给，并由此催生了20世纪90年代后期西方社会的"社区复兴运动"（the community renewal movement）。"社区复兴运动"主张政府在承担有限责任的同时，与社区、企业和非营利组织等建立合作伙伴关系（Fortinsky，1991；Adams & Hess，2001；Connelly，2011），强调社区参与和社区能力建设的重要性（Skinner，1997；Napier，2001），认为社区能力建设是社区建设的推动力（Humm，2005）。社区能力建设作为社区治理的重要目标及反社会排斥的一种政策手段，旨在通过居民共同参与，来以社区成员的集体能力赢得社区发展机会（Kusel，2001）。对于社区能力，目前人们主要从资源导向视角和过程视角[②]来理解和界定社区能力（Mancimi and Bowen，2005），当然，也有学者倾向于从人力资本、社会资本和组织资本间的互动来定义社区能力（Chaskin & Brown，et al.，2001）。Lusthaus and Adrien，et al.（1999）根据个人、组织和制度在社区能力建设中的作用，将社区能力建设分为组织、制度、系统和参与四个层次；Chaskin and Brown，et al.（2001）基于跨地区个案研究，构建了一个包括领导力建设、组织建设、社区组织化和组

---

① OSTROM E, SCHROEDER L, WYNNE S. Institutional incentives and sustainable development: Infrastructure policies in perspective [J]. Canadian Journal of Agricultural Economics, 1996, 44（1）: 102-103.
② 资源导向视角将社区能力视作社区及其成员所拥有的资源、技术和关系网络等；而过程视角则将社区能力视作面对社区问题和居民需求所采取的集体行动力。

织间合作的社区能力建设框架，并在此框架下探讨了社区能力建设的
思路。

社区照顾作为社区服务的项目和内容，其供给能力、供给方式及其
过程和结果必然受社区能力建设的影响，而且，政府由服务供给垄断者
向服务购买者的角色转变和福利混合理念下政府对社区参与的高度重视
（Walsh & Callan，2011），对调动正式照顾资源和非正式照顾资源共同
参与养老服务、使老年人不出社区即可享受所需服务具有积极作用。当
然，福利多元化和多主体合作模式也存在不尽如人意之处，正如
Grudinschi & Kaljunen et al.（2013）指出的，老年人照顾的跨部门合作
虽能创造社会价值、降低养老服务成本，但因面临服务碎片化、资源有
限性和服务质量控制等诸多挑战，需要各部门在相互认同基础上探索有
益的合作方式。Ansari（2015）结合印度的情况探讨了严重失能老年人
面临的照顾困境，子女照顾的减少和社会养老服务的缺乏，使一些老年
人晚年生活变得非常困难。Hlebec & Srakar et al.（2016）研究了正式与
非正式混合照顾方式对满足老年人养老服务需求的价值，认为，相比于
正式照顾方式，混合照顾方式因可变性或可调整性较强，因此能更好吻
合社区老年人的养老服务需求，也更容易赢得老年人认可。而为了避免
非正式照顾可能出现的不专业问题，Chappell & Blandford（1991）主张
重视养老服务提供者的事前培训，让他们在具备一定养老知识和技能后
上岗。Radermacher & Karunarathna et al.（2011）在对澳大利亚多元文
化社区老年人照顾模式研究中，也强调了教育培训对提高社区养老服务
质量和促进社区合作的重要性。Wollscheid & Eriksen et al.（2013）的研
究指出，由于照顾服务中的服务提供者往往任意改变买方-卖方规则，
从而使老年人面临养老服务的制度性风险；不过，通过加强培训和监
督，可促使服务提供者按要求供给服务，同时增强老年人对社区照顾的
信任感（Ellison & White et al.，2011）。Lindeman（2009）则从提高社
区养老服务角度，研究了加强家庭和社区服务监督评估人员职业教育培
训、培养其学习能力和职业认同感的必要性，认为职业教育培训既可使
家庭和社区服务监督评估者更加忠于职守，也可督促养老服务提供者更
认真负责地提供服务，从而提高老年人对社区照顾的信任度。另外，在

社区养老服务能力建设中，逐渐培育和建立起自我反思、循证学习（evidence-based learning）和鼓励实践的社区服务评估文化，同样是必要的，因为社区服务评估文化既是社区文化建设的组成部分，也是社区服务管理能力建设的重要内容，而且，通过社区服务评估文化建设，还可督促社区及其养老服务提供者规范服务行为，不断提升自身服务能力和水平（Mayne，2020）。

另外，近些年西方学者对社区如何在医疗护理中担负更多责任也给予了较多关注。Munoz & Bradley（2021）结合苏格兰5个不同偏远农村地区的情况，探讨了社区参与农村初级护理服务的必要性。Esponda & Larrieta et al.（2022）从墨西哥服务使用者角度，研究了农村社区中影响初级心理保健服务参与的因素，认为，就满足服务使用者的需求和偏好而言，增进服务使用者与保健服务人员的相互了解是必要的。Anderson & Malone（2014）则探讨了多功能服务（MPS）模式对小的村庄和偏远地区老年人护理服务的适用性问题。Longo & Salvatore et al.（2012）基于意大利国家健康中心数据，度量并分析了初级护理和社区照顾对居民医疗护理服务日益增长的重要性，结果表明，被调查者花费在初级护理上的费用约占9%，因此，他们认为，应通过加大投入来增加社区参与初级护理服务的数量。Moran & Nancarrow et al.（2015）分析了社区护理服务中配置及提高专职医疗和社会护理助手的机制问题，认为加强社区专职医疗和社会护理助手的护理服务能力建设，有助于提高社区护理服务（CBRS）中助手与专业医疗护理人员的合作效率。Mirza & Brown et al.（2022）从服务使用者视角研究了老年人初级护理和社区照顾服务的重组问题，认为，从促进医疗护理服务公平地惠及农村老年人着眼，决策者应充分听取城乡老年人的意见，并按这些意见来修改和完善政策及采取行动。Mitchell & Tazzyman et al.（2020）则结合英国城市通过建立综合照顾伙伴关系来整合社区护理与社会照顾服务的实例，定性研究了影响社区护理与社会照顾服务整合的因素，探讨了相互间学习的必要性，为社区护理与社会照顾服务一体化提供了可资借鉴的思路。

2）文献评述

通过对国外近些年来社区能力建设及社区照顾文献的简单梳理可以看到，相比于国内文献，国外文献一是非常关注社区如何在医疗和养老服务保障中发挥最初级、最先期和最基本的医疗护理和照顾作用，从而使老年人在获得积极的先期医疗护理救助的同时，提高老年人对社区的信任感，建立起社区与家庭、社会和政府的更紧密联系，凸显社区在医疗和老年人照顾中的基础地位；二是非常关注社区养老服务人员的素质和服务能力建设，认为加强社区养老服务人员的职业素养和技能培训、强化对服务提供者的监督评估是必要的，因为这可以改变或改进社区养老服务提供者对老年人的服务态度，进而提高服务提供者的责任感和服务质量；三是国外文献呈现出明显的对医疗护理和养老服务"下沉"社区的积极期待和期望，这也应是未来中国医疗、护理和养老服务资源能够更多、更广惠及广大城乡家庭和老年人的可行途径，非常值得学习和借鉴。而且，通过国外文献梳理还可深切感受到，社区作为社会的基本单元，其在中国城乡融合发展中不仅扮演着重要角色，而且在满足老年人生活及养老、医疗、文化、教育、政治和社会参与等需求方面发挥着基础而重要的作用，因此，加强社区及其养老服务能力建设，既是形势所迫，亦是大势所趋。

1.3 研究内容、研究思路和研究方法

1.3.1 研究内容和研究思路

本书在对国内外文献进行梳理和综述基础上，通过对核心概念和相关理论问题的讨论，搭建起本书研究的基本理论框架，并以此为基础展开后续相关研究。在研究过程中，本书从介绍和分析中国农村社区养老服务能力建设和发展状况着手，进而分析和探讨农村社区养老服务能力建设中面临和遇到的困境，并以第2章搭建的农村社区养老服务能力体系框架为基础，搜集资料、筛选指标及对基于省域尺度的中国31个省（区、市）农村社区养老服务能力建设情况进行综合评价，探讨影响农

村社区养老服务能力建设的因素。在前文研究基础上，本书第5章对影响农村社区养老服务能力建设的基础问题——农村社区治理体系建构和治理机制创新等问题进行了讨论，提出了基于"一核一轴双轮"理念的农村社区治理体系和治理结构，探讨了城乡融合发展视域下农村社区治理机制创新问题。第6章则重点研究了城乡融合发展视域下农村社区养老服务能力建设思路和机理，以及基于城乡融合发展的城乡社区养老服务协同发展问题，为接下来的对策研究奠定了框架和理论基础。本书研究思路如图1-1所示。

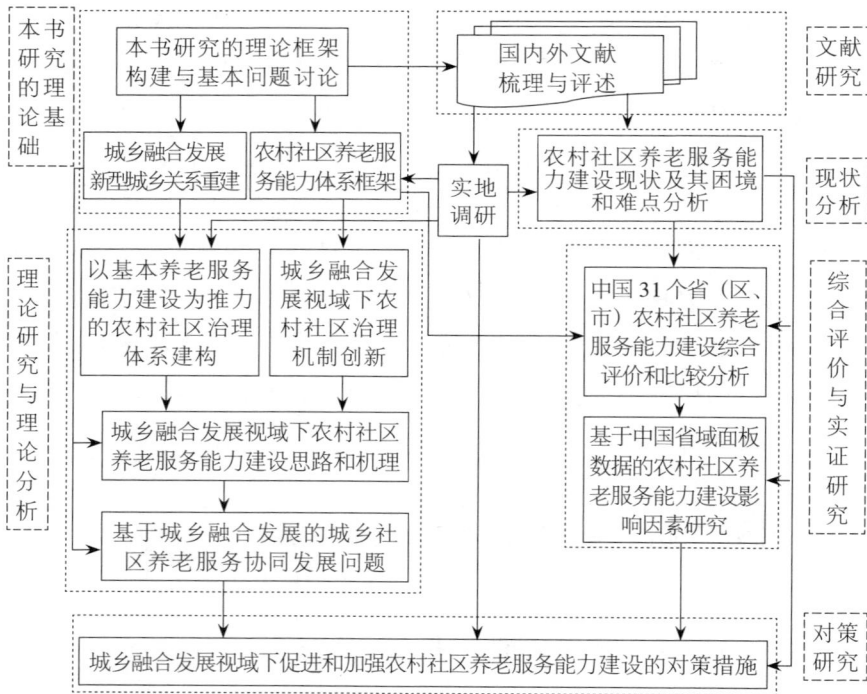

图1-1　研究思路

1.3.2　研究方法

研究过程中本书运用了管理学、社会学、统计学、经济学和系统科学等多学科的理论和方法，其中使用的具体方法有：

（1）实地调研法。为了解农村社区治理及其养老服务能力建设情况，以及在获取第一手资料的同时增强感性认识，在研究过程中，相关人员多次到辽宁、河北、山东、山西、浙江、江苏、福建、湖北、河南、江西、内蒙古、黑龙江、陕西和甘肃等地农村实地调研，与县、乡镇政府从事农村社区管理和养老服务的人员及乡村干部和村民等进行交流，或以电话、微信等形式函询调查，既增进了对农村社区建设、治理及其社区养老服务能力建设情况的了解，纠正了认知偏误，也为本研究提供了大量有价值的数据和素材，使本书成果能更好地贴合中国农村实际。

（2）比较分析法和历史分析法。比较分析法和历史分析法也是本书使用较多的方法。比较分析法被广泛应用于城乡社区比较研究、城乡社区养老服务能力建设差异比较、农村社区养老服务能力建设的地区差异分析、中国31个省（区、市）农村社区养老服务能力建设状况比较分析，以及对不同类型农村社区治理体系和治理结构重构及治理机制创新研究等，对揭示不同研究对象的差异性起到了重要作用。历史分析法一是被用于城乡关系发展演进历史回顾，特别是回溯70多年来中国城乡关系由分割对立到城乡统筹和融合发展的历程；二是用来探讨70多年来中国农村基层社会治理的演变趋势与特征，回溯历史，把握现在，展望未来。

（3）统计分析法。该方法一是用于对经济社会统计数据和由网络获取数据的筛选、整理和统计分析，从杂乱无章的数据中探寻规律性信息，探讨事物发展的趋势与特征；二是用于对中国31个省（区、市）农村社区养老服务能力建设情况进行综合评价和聚类分析，揭示农村社区养老服务能力建设中的问题，为对策研究提供理论依据。

（4）计量分析法。计量分析法是实证研究的重要手段和工具，本书在对中国31个省（区、市）农村社区养老服务能力建设进行综合评价基础上，结合2013—2020年省域面板数据，通过建立计量模型，从宏观层面来实证研究影响农村社区养老服务能力建设的因素。

（5）系统分析法。将农村社区置于农村乃至城乡社会系统之下，或者将农村社区视作农村社会系统的子系统，是本书构思和研究的基本视角和立足点。在本书中，无论是城乡融合发展研究，还是城乡社区养老服务协同发展探讨，抑或农村社区治理体系和治理结构重构及治理机制创新研究，均采用了系统分析法，而且，对策研究也是基于系统论来构思的。系统分析法的使用既增强了本书的研究方法厚度，也使所研究问题更具系统性和整体性。

1.4 研究创新与不足

1.4.1 研究创新

本书的创新之处主要体现在如下方面：

（1）提出并构建了农村社区养老服务能力体系框架。基于农村社区考察及对农村社区养老服务能力相关概念的讨论，本书首次提出并构建了农村社区养老服务能力体系框架，探讨了资源环境条件、经济能力、管理能力、服务（供给）能力、文化宣传传播和养老教育服务能力，以及学习成长和变革创新能力等在农村社区养老服务能力建设中的作用。

（2）对城乡融合发展类型进行了理论界分，研判了目前中国城乡融合所处的发展阶段。在对城乡融合进行类别研究的基础上，首次将城乡融合发展划分为低层次低度城乡融合、低层次高度城乡融合、高层次低度城乡融合、高层次高度城乡融合四种组合类型，分析了不同城乡融合发展类型的特征，认为目前中国处于高层次低度城乡融合发展阶段。

（3）从省域尺度对中国31个省（区、市）农村社区养老服务能力建设情况进行了综合评价和聚类分析，实证研究了影响中国农村社区养老服务能力建设的因素。基于中国农村社区养老服务能力建设现状，通过筛选和建立指标体系，运用基于主成分法的综合评价方法，对中国31个省（区、市）农村社区养老服务能力建设情况进行了综合评价和聚类比较，并通过建立面板数据模型，运用2013—2020年省域面板数据，实证分析了影响农村社区养老服务能力建设的因素，研究结论为后续的对策研究提供了宏观层面的实证依据。

（4）基于"一核一轴双轮"理念，提出并构建了以"公共服务"

为认同基础的三种农村社区治理体系和治理结构，探讨了农村社区治理机制创新问题。这里的"一核"是指以中国共产党及其基层党组织的领导为核心，"一轴"是指由农村社区居民会议、农村社区居民代表会议和农村社区议事会组成的决策层、以农村社区居民委员会为执行层、以农村社区居民事务监督委员会为监督层共同构成的农村社区治理"主轴"结构，"双轮"则指农村社区基层党组织建设和农村社区利益相关者形成的两个驱动轮，"一核"、"一轴"和"双轮"共同构成了农村社区治理体系和治理结构的基本构架，是中国农村社区治理体系重构的基础。

（5）从城乡融合发展视域研究了农村社区养老服务能力建设机理，并对同一行政区域或跨行政区域的城乡农村社区养老服务协同发展问题进行了讨论。

1.4.2　研究不足

本研究的不足之处主要体现在：

（1）本书研究议题是一个涉及面广、内容复杂、各方面问题相互交织影响的命题，其复杂程度超出预期。城乡融合视域下的农村社区养老服务能力建设并非一个单一性问题，延展开来，它既涉及农村社区与行政村力量整合及凝聚力再造问题，也涉及农村社区治理体系和治理结构重构、治理机制创新，特别是农村社区治理能力和农村集体经济能力建设等问题，还涉及城乡融合发展背景下乡村振兴及城乡各方面融合与统一发展问题，这些问题直接影响着城乡社区及其养老服务的协同发展，其中关系的交织复杂性不言而喻。虽然本书初步厘清了各方面问题的大致关系脉络，提出了一些个人见解和看法，但不可否认的是，其中有些问题仍有进一步深入探讨和系统研究之必要。

（2）受宏观经济社会统计指标全面性、统计口径变化及数据连续性、时序长度和数据可获得性等影响，一方面农村社区养老服务能力建设综合评价及其影响因素研究只能用短面板数据做省域尺度研究，一定程度影响了本成果综合评价结果和实证结果的稳定性和可靠性；另一方面，经济社会统计数据的宏观性及反映农村社区养老服务能力的具体微观指标数据的不可获得性，直接影响了农村社区养老服务能力建设研究的深度和细致性，这些均有待在今后研究中予以深入和加强。

第2章 本研究的理论框架与基本问题

本书以马克思主义城乡关系理论、习近平新时代中国特色社会主义思想为指导，运用多中心治理理论、福利多元主义理论、利益相关者理论等，在理论联系实际地研究、探讨和界定核心概念基础上，来建构本书研究的理论框架，并对城乡融合发展与农村社区养老服务协同发展的关系问题进行分析，为下文研究奠定理论基础。

2.1 基本概念与本研究理论框架建构

下面将从剖析和讨论基本概念入手，在厘清本书涉及内容和边界基础上，建构本书的理论框架。

2.1.1 农村社区

1）社区与农村社区

"社区"一词最早由德国社会学家 F·滕尼斯（F.Tonnines）在1987年出版的《社区与社会》一书中提出，德文为"gemeinschaft"。

　　滕尼斯认为，社区是指建立在富有人情味、共同价值认同和较紧密关系基础上的人类生活共同体。社区不同于社会，社区中的人们相互熟悉、有着相同或相近的文化价值观及对特定地域空间的认同感，而社会则是为达到某种目的而建立在交换关系上的人类生活共同体，社会中的人们彼此生疏，缺乏亲密感及对特定地域空间的认同感。19 世纪末、20 世纪初美国城市化浪潮的兴起，人们对城市中通过相对密切人际交往结合而成的生活共同体给予了较多关注，并开始用"community"和"society"来描述和区分滕尼斯所说的"社区"与"社会"。美国社会学家 R.E·帕克（R.E.Park）赋予了社区"地域社会"之含义，并将社区定义为一定地域内具有相互依赖关系的人类群体所构成的生活共同体。之后，社区这一概念的内涵不断被延伸和丰富化，并衍生出诸如"精神社区""虚拟社区"等一系列超出地域空间的概念。国内学者曾对社区的定义做过粗略统计，认为其数量在140 种以上，这些定义大多涉及区域、共同体和社会互动等要素，基于此，这里将社区定义为：具有某种互动关系和文化价值认同的人们所构成的人类活动共同体及其活动区域。在这里，我们不仅赋予社区一定的地域界限（即，社区属于一种"活动区域"），能较好满足诸如村落、城镇、学校、工厂、军营等空间社区的内涵要求，而且也能将宗教社区、民族社区和职业社区等精神社区，以及文化社区、虚拟社区等无明确地域界限的非空间社区囊括其中（即，社区是一种"人类活动共同体"），具有更强、更广泛的解释力。

　　农村社区（rural community）是按人类生产和生活方式及社区的功能、结构特征等划分的一种空间社区类型，是一个与城市社区并行的概念。基于农村社区中人们通常具有的生产方式和生活方式特征以及维持人们之间稳定关系的内在力量，这里将农村社区定义为：具有共同文化或价值认同（包括血缘、地缘和宗族等）且以农业生产为主要谋生手段的地域性社会生活共同体。农村社区强调的是社区的地域空间性，当然，这种地域空间性只是农村社区的外在形态，实际上，决定某一社区是否为农村社区的，主要是生活于其中的人们所具有的生产方式、生活方式及文化价值观念和行为规范等。

2）中国农村社区类型及特征

农村社区与人们常说的自然村和行政村既有区别，又有联系。一般地，自然村是人们在生活和生产实践中经过长期聚居和世代繁衍自然形成的居民点或村落，它通常由一个或几个姓氏的家族、户族和氏族构成，同宗同源，有着相同或相近的血缘关系。行政村则指由政府部门按国家相关法律规定区划并设立的基层群众性自治单位，它通常由一个或几个自然村，或将一个自然村分割成若干个行政区划村而来，它是乡（镇）政府直接管理的基层群众性自治组织，受乡（镇）政府指导。每个行政村均设有与之对应的村民委员会，因此，村民委员会的个数一般与行政村的个数相等，而自然村则不然，为便于集中管理，一个或若干个自然村通常被区划为一个行政村，当然，那些规模较大的自然村也可能区划出两个或两个以上行政村。按照规模大小，行政村通常又划分成若干个村民小组（村民小组既可能以小的自然村为单位，也可能由较大的自然村划分而成）。而从行政管辖角度讲，自然村一般受行政村所设村民委员会和村党支部（党总支）的领导和管理。据中国民政部网站统计资料，2022年中国共有行政村（按村民委员会推算）48.9万个，比2020年减少1.31万个。与行政村不同，农村社区从整合、开发和促进农村资源优势互补及基本公共服务资源有效配置和高效利用角度，对传统的行政村进行了适度归并和划分，从而形成"一村一社区"、"多村一社区"（联村社区）和"一村多社区"三种类型。

"一村一社区"是指以一个行政村为单位所建立的社区。由于中国农村采取的是以行政村为单位的管理体制，这种情况下的自然村实际已失去了独立的政治和行政单位的意义（由单个自然村组建的行政村除外），成为按国家或政府意志划定的行政村的一部分，因此这里所说的"村"主要指行政村（下文如无特别说明，均取此义）。"一村一社区"可分为如下三种亚类：第一种是"一自然村一行政村一社区"型，即行政村是以某个自然村为唯一单位组建，而社区又以该行政村为唯一单位建立起来。在这种亚类下，自然村、行政村和社区三者间有着极高的地域和人口重合性，从而使自然村原有的亲缘、邻里和族群关系自然顺延至行政村和社区，使自然村原有的亲缘、邻里和族群关系与行政村和社区的行政组织关系呈现出较强稳定性，人们较容易形成对社区的认同感和归属感。第二种是"多自然村—行政村—社区"型。这种社区虽然建立在单一行政村基础上，但由于行政村由两个或两个以上自然村组成，人们在自然村模式下形成的亲缘、邻里和族群关系被行政村和社区模式下的人为行政组织关系所凌驾，从而使人们的亲情、邻里和族群关系与人为的行政组织关系间出现一定非同向性，因此，这种亚类下人们对社区的认同感和归属感一般弱于第一种亚类。第三种为"并村社区"。"并村社区"是由两个或两个以上行政村经合并重组后的单个行政村所形成的社区，它不同于由两个或两个以行政村所组建的"联村社区"。"并村社区"又可分为如下几种情况：一是由两个或两个以上相邻行政村经整体合并组建的单个行政村所建立的社区。此种情况下，合并后的行政村与行政村合并前的多个行政村在地域和人口上大致相同，或者说，合并后行政村的地域和人口只是合并前行政村地域和人口的简单加总。二是由两个或两个以上相邻行政村经拆分重组的行政村所建立的社区。此种情况下，合并重组后的行政村的地域和人口与拆分前行政村的地域和人口可能会出现一定差异，就是说，拆分重组后的行政村可能部分地打破了原有行政村的地域界限，过去同一行政村的土地和人口，在拆分后被重组到了两个或两个以上的新组建行政村中。三是由两个或两个以上行政村经易地搬迁和拆分后重建的行政村所建立的社区。此种情况下，重建行政村完全打破了搬迁拆分前行政村的地域和人口界限，是一种全新的地域和人口组合，这是易地搬迁重建社区的常见情况。四是以某一行政村为基础，通过将其他正在或已经萎缩的行政村人口向该行政村搬迁集聚所建立的社区。此种情况下，基础行政村的地域边界保持不变或向四周略有扩展，而其人口则随迁入人口增加而增加，它虽然属于"并村建社"情况之一，但又不同于上述三种情况，它是为提高土地、水等自然资源以及基本公共产品和服务的利用效率、为居民创造更好生活和生产环境而采取的方法，如一些地方对一些人口稀少、居住分散的山区、牧区和林区，以及因人口外迁而日趋"空心化"的农村，所采取的以某一基础较好行政村为基础的搬迁集聚措施，即属此种情况。当然，现实中也可能存在行政村整体搬迁后与其他行政村整体合并建社，或者拆分并入其他行政村后建社的情况，对此，这里不做更多讨论。

"多村一社区"，也称联村社区、跨村社区，是指由两个或两个以上行政村联合而成的社区。在此类社区中，行政村保持其原有的行政权力、管理体制及管理的地域边界，社区发挥的主要是承接与提供基本公共产品和服务的作用。将多村整合为一个社区的目的，一是便于农村资源的整合及优化配置和利用，避免资源浪费，二是便于基本公共产品和服务的统一调配和有效利用，提高服务效率，降低管理和服务成本。联村社区的社区在管理层级上处于乡（镇）政府和行政村之间，但在现实中，由于社区和行政村的定位不清①，社区与行政村并非法定的管理和被管理关系，也就是说，联村社区中的各行政村在行政权限上是相对独立的。因此，一方面导致社区与行政村在事务管理和权益上因无法统合而难以形成合力，而且，行政村还可能囿于自身权益而抵制和妨碍社区建设和社区服务②；另一方面，行政村之间也因存在权益竞争而相互提防，甚至对社区建设和社区服务供给抱着少予多取或只取不予的拿来主义和旁观主义态度，从而使村际合作困难重重，严重影响和制约社区资源的优化配置和高效利用。从联村社区面临的问题看，如何通过管理体制和机制改革，来改善社区的内部治理结构，整合社区内部资源，促进社区与行政村彼此间合作共赢，是当今面临的重要课题。联村社区比较适合那些行政村地域范围较小，人口较少，村与村相邻且道路相通，居民文化、民族信仰及生产和生活方式比较相似的地区，特别是平原、盆地以及地势相对平缓的丘陵地区。

"一村多社区"是将一个行政村拆分建设成两个或两个以上社区的情况。这类社区通常以地域面积较大、人口较多，或者地域较广、村民成多片集中居住的行政村为基础而建立。与联村社区不同，"一村多社区"的社区在层级上位于行政村之下，因此，社区自治及其管理和服务活动等不可避免地受到行政村的影响或干预，而且，如果社区没有独立的法人资格，那么其决策、管理和服务活动还会因缺乏法律依据而无法得到法律保障。另外，在以行政村为正统的中国社会，处于行政村治下

---

① 黄俊尧. 农村社区化：基层治理结构的转型与调适［J］. 新视野，2015（6）：46-52.
② 李勇华. 联村社区治理的若干问题论析［J］. 中州学刊，2014（3）：5-11.

的社区，还可能无法激起人们的认同感和归属感①，这不仅与这类社区的独立法人资格有关，而且与社区的文化凝聚力和外在影响力有一定关系，就如同人们在县域范围内会介绍自己来自哪个乡或镇，在乡镇范围内会介绍自己来自哪个村（多为行政村），而不是告诉别人自己来自哪个村民小组一样。在"一村多社区"的社区中，人们对社区的认同感和归属感势必会弱于人们对行政村的认同感和归属感，这种情形下的农村社区必然像村民小组一样实有若无。

综上可见，农村社区作为一种典型的社区类型，有其复杂性和多样性，并由此决定了社区治理和社会管理的复杂性和多样性，这种复杂性和多样性势必影响农村社区养老服务能力建设和社会养老服务供给。

2.1.2 农村社区养老服务能力及其建设

1）养老服务与社区养老服务

（1）养老服务

养老，在古汉语中系"抚养、赡养、奉养"或"供给生活品"之意，在这里，可将其定义为：借助一定手段或方法，来为老年人提供必要物质和非物质性支持、满足其物质和精神需求的过程。服务（service，或 serve）系指"为他人做事或劳动，并使他人从中受益的一种有偿或无偿的活动"，在现代社会中，通常被定义为"具有无形特征、可为他人带来利益或满足感的可以有偿或无偿使用的一种或一系列活动"。服务通常具有无形性、异质性、不可分割性和易逝性等特征②。养老服务（service of providing the elderly）是指提供给老年人满足其生存、生活、心理或精神需要的所有劳务及心理和情感支持活动的总称。这些劳务及心理和情感支持活动，既包括与老年人基本生存和生活密切关联的衣、食、住、行以及看病就医、疾病和健康护理等劳务支持活动，如日常生活和起居照料（包括助餐、助衣、助浴、助行、助厕、助洁、助购等）、疾病和康复护理照顾等，也包括为满足老年人心理或精神需求而提供的劳务和情感支持活动，如看望、倾听或与老年人进行语

① 付琪琦，谭皓. 农村社区社会治理过程中政府和社会工作者的角色介入——以皖北董老寨行政村的社区社会治理为例 [J]. 广西教育学院学报，2015（2）：48-52.
② 赵秋成. 中国农村养老服务体系建设研究 [M]. 北京：清华大学出版社，2016：8.

言、信息和情感交流，帮助和陪伴老年人散步、旅游，以及与老年人一起进行娱乐、休闲、文化、体育和学习活动等。也就是说，养老服务通常是以活劳动的形式提供的，它既可协助或帮助老年人满足其物质需求，也可满足老年人的心理或精神需求，这是养老服务与一般意义上经济供养或物质供养的本质区别。由此可见，通常人们所说的家庭养老，实际上是经济或物质供养与养老服务供给的有机统一或综合体现，而人们所说的机构养老、居家养老、社区养老、互助养老则主要体现为服务供给，即是说，这些养老形式实质上不过是服务供给的形式，而非经济供养形式，这恰是这些养老形式与家庭养老等以经济供养为基础的基本养老形式①的本质区别。

（2）社区养老与社区养老服务

社区养老是相对于家庭养老和机构养老而言的，它是指在政府和社会（包括社区）力量支持下，由社区及其组织社区内和社区外机构、群体和个人，为辖区内老年人提供经济供养、餐饮和日常生活照料、医疗诊查及疾病和康复护理，以及精神慰藉等物质和非物质性支持的养老形式。现实中，社区养老这一概念实际上内含了物质和非物质性支持两方面含义，也就是说，社区可以同时具有为辖区老年人提供经济供养和养老服务两种功能。如，那些自身具有经济基础或经济能力的社区，它们既可以靠自身经济能力为辖区老年人提供经济供养或物质性支持，如提供免费或低收费的住所或床位、餐饮、日常生活用具或用品，以及医疗护理费甚至零用钱等，也可以直接或间接为辖区老年人提供服务或非物质性支持，如餐饮服务、日常生活照料服务、医疗诊查、疾病和康复护理以及精神慰藉等养老服务，前者体现了社区经济供养功能，后者则体现了社区的养老服务功能。当然，相较于经济供养或物质性支持功能，服务或非物质性支持才是社区最基本和普遍具有的功能。原因是，随着社会发展特别是城市化进程持续推进，一些社区原有的经济活动或生产功能已经或在逐渐丧失，他们的收入来源由靠自身经济活动或生产获得，转变成了靠政府财政、社会捐助（赠）及其服务或管理性收费等支

---

① 穆光宗. 中国传统养老方式的变革和展望 [J]. 中国人民大学学报，2000，14（5）：39-44；陈赛权. 中国养老模式研究综述 [J]. 人口学刊，2000（3）：30-36.

撑，这种情况下，一些社区原有的双重功能（即经济活动或生产功能和服务性功能）实际上已经退化为单一的服务性功能。当然，在此转化过程中，虽然一些社区的经济活动或生产功能已基本或完全丧失，然而，其服务性功能却得到了加强，即由过去的直接服务功能，演变为直接服务和间接服务两方面功能。也就是说，现代的社区，既可以由自身为辖区老年人提供餐饮、日常生活照料、医疗诊查、疾病和康复护理、精神慰藉等养老服务，也可以通过协调和组织社区内或社区外机构、群体、个人等来间接为辖区老年人提供养老服务，即在老年人家庭与医养机构、群体、个人（如保姆、护工等）之间架起了沟通和联系的纽带或"桥梁"。基于此，这里从社区自身是否具有经济活动功能和经济供养能力，将社区划分为有经济活动功能且对辖区老年人具有经济供养能力的社区、有经济活动功能但对辖区老年人不具有或不完全具有经济供养能力的社区、不具有经济活动功能且对辖区老年人不具有经济供养能力的社区三种类型。第一类社区主要指那些产业和集体经济发展较好的农村社区和部分城市社区，包括一些"村转居"社区，第二类主要指大多数农村社区，第三类主要指严格意义上的城市社区。本课题的研究重点是第二类社区，即自身具有经济活动功能但对辖区老年人不具有或不完全具有经济供养能力的农村社区。

综上分析可见，服务性功能应该是现代社区的主要功能，因此，结合前文对社区养老和养老服务的分析，这里将社区养老服务定义为：在政府和社会力量支持下，由社区及组织社区内和社区外机构、群体、个人，为辖区老年人提供餐饮、生活照料、医疗诊查、疾病和康复护理及精神慰藉等劳务、心理和情感支持活动的总称。通常，社区养老服务可以分为在社区服务（care/serve in the community）和由社区服务（care/serve by the community）两类。在社区服务通常指老年人在社区所开设的养老场所，如托老所、老年日间照料或护理中心、养老服务中心等，接受由社区直接提供或由社区组织其他服务性机构、群体、个人提供的餐饮、生活照料、家务料理、医疗诊查、疾病和健康护理、精神慰藉，以及其他文体娱乐、教育培训等养老服务的情况。由社区服务则指老年人在家中接受由社区或由社区组织的机构、群体、个人等提供的餐饮、日常生活照料、医疗诊查、疾病和康复护理以及精神慰藉等养老服务的情况。由社区服务与人们所说的社区居家养老服务有着相近的含义。

2）农村社区养老服务能力与农村社区养老服务能力建设

（1）养老服务能力与社区养老服务能力

"能力"（ability，capacity，competence）一般解释为从事和完成一定活动时体现出来的素质、本领或力量。能力通常与活动联系在一起，因为只有从事某项活动时，能力才可得到展现，也才能够得到进一步形成和发展；反过来讲，无论任何活动，均必须以一定的能力为前提和基础，也就是说，一定的能力是某项活动得以进行和完成的必要条件。虽然说能力大多不是与生俱来的，然而，先天条件仍然是能力得以形成和发展的基础。现实中，人们一般倾向于从个体人的角度来认识和阐释能力，把能力看成是一个人的个性心理特征，这是对"能力"一词的狭义解读。实际上，随着人类活动领域的扩展，特别是人类认识水平提高，"能力"一词的含义也在不断扩展和丰富化，现实中被人们视为能力的现象或事物特征已远远超出狭义能力的词义范围，如经济能力、生产能力、生存能力、治理能力和自净能力等，由此就需要从广义上来认识、理解和定义能力。从广义上，"能力"可定义为：事物本身具有的（包括先天的和后天获得的）、能够从事和完成一定活动的基本条件、素质特征及行为方法和力量。在这里，"基本条件"是指对事物发生、存在和发展及其完成一定活动具有影响的因素，如对家庭经济能力形成和保持具有影响的家庭劳动者人数及其年龄、性别等因素，对企业生产能力具有影响的企业职工人数、机器设备及完好程度、原材料或流动资金充裕度等。"素质特征"是指事物本来的性质、品质或质量，如对个体、群体或种群生存能力具有影响的个体或群体的健康状况、身体强健程度，对社区或组织治理能力具有影响的社区或组织成员的科学文化素质等。"行为方法"是指事物本身具有的从事和完成一定活动的思路、办法和技能技巧等，如社区或组织可以通过组织再造、机构重组、制度和机制建设，以及资源的合理调配等，来助推社区或组织健康、平稳和可持续发展，从而展示社区和组织的治理能力。"力量"则指事物能够发挥作用的效能和效力，或事物具有的能量和外张力等，如家庭的经济能力、企业的生产能力、水的自净能力等。

基于上述讨论，这里将养老服务能力定义为：一定时期养老服务主体具有的、为老年人提供满足其生存、生活和精神需求的劳务及心理或情感等支持的基本条件、素质特征、行为方法和力量等。在这里，养老服务主体主要包括家庭、国家（政府）、社区、医养机构、非营利组织和志愿者等，这其中，与老年人存在利益责任关系的养老服务主体，如家庭和国家（政府）等，其养老责任通常包括物质性支持（经济供养）和非物质性支持两方面内容，而与老年人不存在利益责任关系的养老主体，其养老责任则主要体现为非物质性支持。由此，可将社区养老服务能力定义为：社区具有的、为辖区老年人提供满足其生存、生活和精神需求的劳务及心理和情感支持的基本条件、素质特征、行为方法和力量等的总称。这里需要指出的是，一些社区，特别是由单个自然村或行政村形成的农村社区，由于与老年人之间存在事实上的利益责任关系和从属关系（即老年人为某自然村或行政村的在籍村民），因此，该类社区对老年人还可能具有经济供养责任，如一些农村社区担负的对"三无"和"五保"老年人的经济供养责任。

（2）农村社区养老服务能力及其体系构建

农村社区是一种不同于城市社区的客观存在，因为与经济功能趋于退化甚至消失的城市社区相比，农村社区仍保留着传统农村所具有的经济功能，从而使农村社区拥有或强或弱的经济能力，这既是农村经济社会自我发展的根基，也是农村社区养老服务能力得以形成和发展的经济基础。农村社区的经济功能，一方面体现在农村集体在代理国家行使农村土地所有权过程中，可以通过对农村土地的依法使用、经营和流转，来获取一定经济收益；另一方面体现在，村委会作为代理村民行使村务管理权的主体，拥有农村集体经济或产业经营的部分或全部收益权，并可在村民代表大会或村民会议授权下依规支配使用。农村社区与城市社区在经济功能上的差异，决定了农村社区经济（经费）来源与城市社区的不尽相同。一般地，城市社区的经济（经费）来源主要是政府财政拨款、社区拥有的半市场化服务性项目收费、社会捐助（赠）及来自辖区居民和受益单位的筹款等；而农村社区的经济（经费）来源除了政府部门拨款、社会捐助（赠）及辖区居民和受益企业筹款外，还包括社区下属农村集体土地经营、使用、流转和征地补偿等收益的经费提留，农村集体拥有的其他资源性资产[①]、经营性和非经营性资产[②]的租赁、转让或变卖收益的经费提留，以及农村集体经济及其产业和企业经营收益的经费提留等。虽然说农村社区在经济功能上与城市社区存在显著差异，但在养老服务功能上却无明显区别，基于此，这里将农村社区养老服务能力定义为：农村社区具有的、为辖区老年人提供满足其生存、生活和精神需求的劳务及心理和情感等支持的基本条件、素质特征、行为方法和力量等的总称。在这里，"基本条件"包括农村社区具有的、与养老服务相关的资源环境条件、经济社会条件、文化环境及人们的价值伦理观念、医疗卫生条件、技术和信息条件、人力条件以及社会关系网络等。"素质特征"主要指上述各类基本条件的品质、质量及其内部结构和分布特征，如生态环境质量、气候和地貌特征、养老设施设备健全和完好程度、管理和服务人员的文化素质、道德修养和专业能力，以及医疗保健服务能力等。"行为方法"主要指社区管理和服务人员具有的承接、获取、整合、调配和组织管理养老服务资源，以及提供养老服务的方式方法和技术技巧等；它直接关系着社区养老资源及其承接、调配和养老服务供给的精准性、及时性和有效性，对老年人及其家庭对社区养老服务的认可度、信任度和满意度具有重要影响，体现为社区养老服务的实际供给能力和水平。"力量"是农村社区具有的、为辖区老年人提供养老服务的人力、财力、物力以及承接、获取、整合、调配和管理养老服务资源的能力等。

从社区在养老服务中的作用和功能考察，农村社区养老服务能力主要包括资源环境条件、经济能力、管理能力、服务（供给）能力、文化宣传传播和养老教育服务能力，以及学习成长和变革创新能力等。农村社区养老服务能力体系框架如图2-1所示。

---

① 这里的其他资源性资产是指除农村集体拥有的土地以外的森林、山坡地、草原、荒地、滩涂等。

② 在这里，经营性资产是指农村集体拥有的、用于经营的房屋、建筑物、机器设备、工具器具、农业基础设施，以及集体投资兴办的企业及其所持有的其他经济组织的有形和无形资产等；非经营性资产则指农村集体拥有的、用于公共服务的教育、科技、文化、卫生、体育等方面的资产。

农村社区养老服务能力体系

- 资源环境条件
  - 资源条件
    - 自然资源：土地、气候、水、矿产和生物资源等
    - 社会人文资源：设施设备条件、医疗卫生资源、人口和劳动力资源、教育资源、文化资源、体育资源和村规民约等
  - 环境条件
    - 自然环境：地形地貌、地理区位特征、大气环境、水环境、土壤环境、生物和生态环境等
    - 社会人文环境：政治和政策环境、法治环境、人口环境、教育环境、文化环境、社会道德环境、邻里关系、民俗民风和社会风气等
    - 技术环境：互联网信息系统、物资传送或物流系统，以及医疗技术、服务技术、智慧或智能养老技术以及大数据技术等

- 经济能力
  - 社区自我创收能力
    - 所属农村集体资源性资产及其经营性和非经营性资产的运营收益能力
    - 社区所属农村集体经济及其产业和企业的生产与经营收益能力
    - 农村社区提供医护养护管理等服务的收益能力
  - 社会资金和物资的筹集能力
    - 社区内企业、团体和个人捐助捐赠
    - 社区外企业、团体和个人捐助捐赠
  - 政府给予的财政拨款和物资支持
    - 中央政府财政拨款和物资下拨
    - 地方政府（包括各级地方政府）财政拨款和物资下拨

- 管理能力
  - 联系和承接外来服务能力：包括联系和承接政府购买的养老服务和其他市场化养老服务等
  - 获取、整合和调配养老服务资源能力：包括获取、融合和调配社区内部和外部养老服务资源等
  - 甄别、评估和配置养老服务能力：包括甄别、评估和配置政府购买的养老服务与其他市场化养老服务等
  - 社区人力资源管理能力：包括社区内部管理和服务人员的教育培训、招聘、绩效考评和资质管理等
  - 资源管理和财务管理能力：包括社区所属养老服务资源的日常维护和管理及社区组织财务管理等
  - 养老服务相关矛盾化解和应急事件处理能力
  - 养老服务绩效考评和监督能力：包括对社区内部和外部组织、群团和个人提供养老服务的考评监督等
  - 社区养老服务网络信息平台日常运行、维护和大数据信息管理能力
  - 依法依规管理及社区规章制度、规范和标准等的建设能力

- 服务（供给）能力
  - 一般服务能力：餐饮服务、起居和日常生活照料、送医喂药、散步聊天、购物及一般性护理等
  - 特殊服务能力：疾病诊疗、疾病和康复护理、老年人心理疏导和调节能力、日常家用器具维修服务，以及文体娱乐和保健知识技能培训等的专业能力

- 文化宣传传播和养老教育服务能力
  - 社区文化宣传传播能力：包括文化设施、文化载体、文化内容及文化宣传团体和队伍建设等
  - 社区养老教育服务能力：包括针对社区人口的孝养教育能力及针对老年人的教育培训能力等

- 学习成长和变革创新能力
  - 社区组织层面：社区进行内部治理结构变革及其管理体制、机制和模式的变革创新能力
  - 社区养老服务层面：社区在养老服务管理机制、运行模式等方面的学习和创新能力
  - 技术应用及管理和服务方式方法创新：现代网络信息技术和智能智慧养老技术的推广应用，以及组织变革创新和现代服务方式方法的学习与应用等

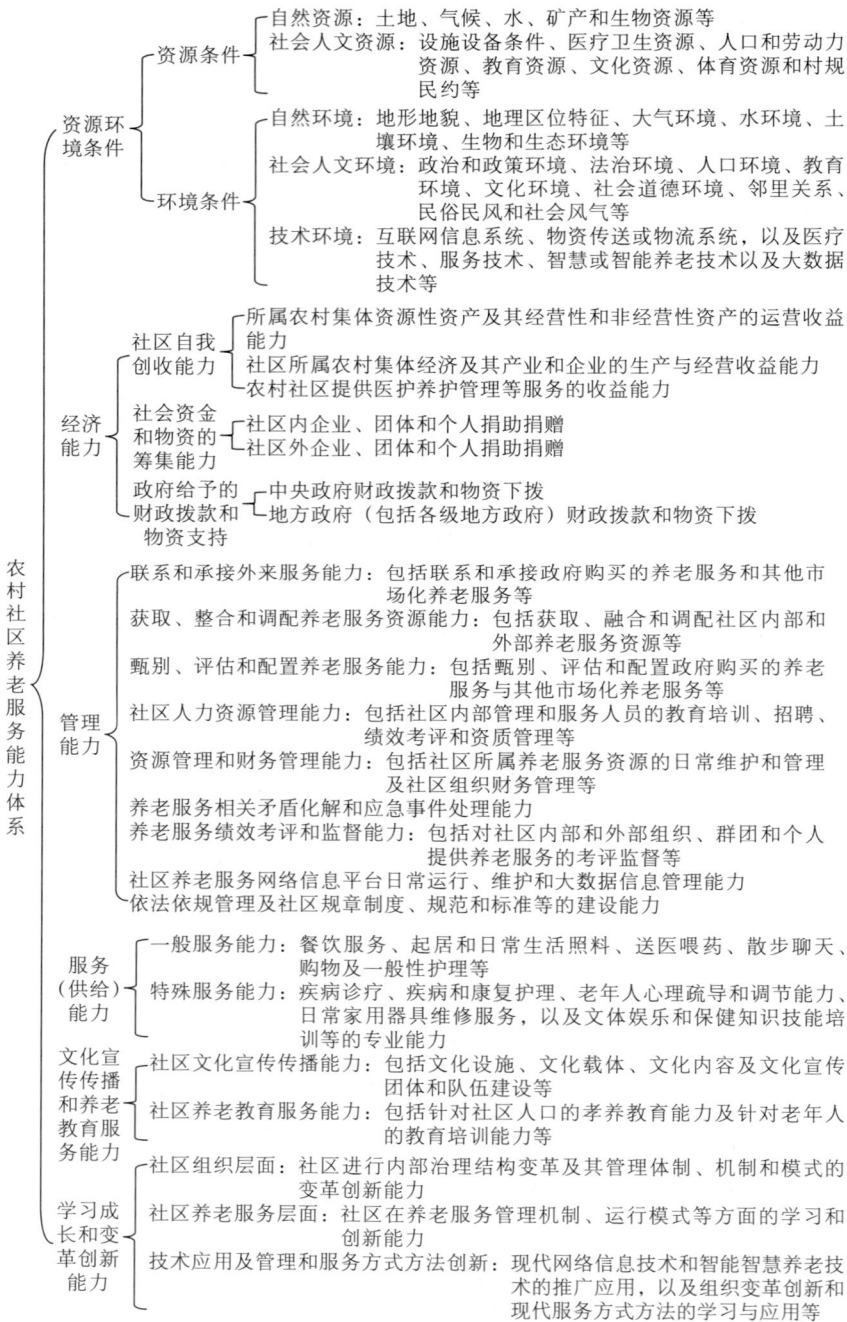

图2-1 农村社区养老服务能力体系框架

　　资源环境条件是农村社区养老服务能力的基本构成要素，它包括资源条件和环境条件两方面内容。资源条件由自然资源和社会人文资源两方面要素构成，其中，自然资源要素包括土地资源、气候资源、水资源、生物资源和矿产资源等，社会人文资源要素则包括设施设备条件、医疗卫生资源、人口和劳动力资源、教育资源、文化资源、体育资源和村规民约等。环境条件包括自然环境、社会人文环境和技术环境三方面内容。其中，自然环境包括农村社区所在地区的地形地貌和地理区位特征、大气环境、水环境、土壤环境、生物和生态环境等；社会人文环境包括政治和政策环境、法治环境、人口环境、教育环境、文化环境、社会道德环境、邻里关系、民俗民风和社会风气等；技术环境则包括对社区养老服务具有技术支撑作用的互联网信息系统、物资传送或物流系统，以及医疗技术、服务技术、智慧或智能养老技术以及大数据技术等。

　　经济能力包括农村社区自我创收能力、社会资金和物资的筹集能力，以及政府给予的财政拨款和物资支持等。农村社区自我创收能力的强弱通常与三方面收益能力有关：一是社区所属农村集体资源性资产（包括土地、森林、山岭、草原、荒地、滩涂等）及其经营性和非经营性资产的收益能力；二是农村社区所属农村集体经济及其产业和企业的生产与经营收益能力；三是农村社区为老年人提供医护养等服务的收益能力。社会资金和物资的筹集能力既与农村社区所建构的社会关系网的关系强弱有关，也与社会关系网中各企业、团体和个人经济能力及其价值取向（是否热衷于社会公益或社会捐助）等有关，同时还与国家或政府激励政策的引导力度及农村社区的自我宣传和外在影响力等密切关联，是上述多方面要素综合作用的结果。政府给予的财政拨款和物资支持既是各级政府财政能力的实际体现，也是国家或政府（包括地方政府，下同）政策倾向的现实反映。也就是说，政府财政能力以及国家或政府政策对农村社区养老服务的关注或重视程度，会直接影响中央和地方各级政府对农村社区养老服务的支持力度，进而影响农村社区从政府获得的拨款额度和物资支持强度。通常来讲，在国家和政府对农村社区养老服务具有强烈倾向情况下，农村社区，特别是需要政府资金支持的社区，往往可以从中央和地方各级政府获得更多的养老服务资金支持，因此，农村社区养老服务经济能力也会越强。倘若国家和政府政策对农村社区养老服务缺乏足够倾向性，那么，即使中央和地方政府有很强的财政能力，农村社区养老服务也很难从中获益。当然，国家和政府政策的倾向性只是农村社区从政府获取资金和物资支持的必要条件之一，因为如果政府没有较强的财政能力，即便国家和政府政策的倾向性再强，农村社区仍难从政府那里获得足够的资金和物资支持，其中原因无须多论。上述情况表明，在农村社区养老服务经济能力建设中，学会"多条腿走路"是必要的，因为在中国人口老龄化持续加速和深化、城乡养老服务需求快速增长的情况下，政府特别是中央政府很难有充分财力来满足广大农村地区对社区养老服务的资金需要，由此就需要大多数农村社区必须把强化自身养老服务经济能力的注意力放到振兴农村经济和发展农村产业上，通过产业振兴和经济发展来增强自身经济能力，从而为农村社区养老服务提供强劲的经济支撑。

管理能力和服务（供给）能力是农村社区养老服务能力的重要组成部分，在农村社区养老服务中发挥着关键性作用。农村社区养老服务的管理能力主要包括联系和承接外来服务的能力，获取、整合和调配养老服务资源的能力，甄别、评估和配置养老服务的能力，社区人力资源管理能力，资源管理和财务管理能力，矛盾化解和应急事件处理能力，绩效考评和监督能力，社区养老服务网络信息平台日常运行、维护和大数据信息管理能力，依法依规管理及开展社区规章制度、规范和标准建设的能力等。而服务（供给）能力则包括一般服务能力和特殊服务能力等。其中，一般服务能力是就养老服务的通用能力而言的，主要包括餐饮服务、起居和日常生活照料、送医喂药、散步聊天、购物及一般性护理等能力，它涉及助餐、助洁、助浴、助行、助厕、助聊、助医等多个方面；特殊服务能力则指具有较高专业性和较高要求的能力，如疾病诊疗、疾病和康复护理、老年人心理疏导和调节能力、日常家用器具维修服务，以及文体娱乐和保健知识技能培训等相关专业能力。

社区文化教育和价值体系建设不仅是社区建设的重要内容，也是满足社区老年人对文体娱乐等文化和精神需要的重要方面，同时还是教育、引导和激励个人、家庭和组织积极投入和参与到社区养老服务及其能力建设中去，较好弘扬中国传统孝道价值观和孝养文化的现实要求，由此也决定了文化宣传传播和养老教育服务能力对社区养老服务能力建设的必要性和重要性。文化宣传传播和养老教育服务能力主要涉及两方面内容：一是社区文化宣传传播能力，包括文化设施、文化载体、文化内容及文化宣传团体和队伍建设等，像文化、文艺、健身和娱乐设施建设，各级各类文化艺术传播和宣传社团和队伍建设，以及各类文体娱乐活动的开发、培训、组织和日常管理等；二是社区养老教育服务能力，包括针对社区人口的孝养教育能力及针对社区老年人的文化教育和技能培训等。在社区养老教育服务能力建设方面，对社区人口的孝养教育和引导至关重要，因为它是培育培养社区人口尊老、敬老、爱老、孝老的重要手段，也是建设和谐文明社区的重要途径。当然，孝养文化建设及孝道价值观的宣传、传播也可借助一些群众喜闻乐见的活动和项目展开，如孝养模范家庭和典型个人的评选、表彰和宣传，以及对社区养老财物捐赠和参与志愿服务的典型个人、家庭和群众社团的宣传与表彰等，以此引导人们树立尊老、敬老、爱老、孝老的孝养意识和孝道价值观，自觉自愿参与到农村社区养老服务中来；而社区老年人文化教育和技术技能培训的目的在于引导和帮助老年人走出"老而无用"的怪圈，在使老年人老有所乐的同时，亦有所学、有所为。

学习成长和变革创新能力是社区及其养老服务组织为适应社会变革和社会生产力发展必须具备的能力，它通常涉及社区组织建设和社区养老服务供给两方面内容。就社区组织建设来讲，学习成长和变革创新能力主要指农村社区组织开展内部治理结构变革以及进行管理体制、机制和模式创新的能力，它是农村社区成长和发展的原动力；就社区养老服务供给而论，学习成长和变革创新能力主要指社区在养老服务管理机制、运行模式等方面的学习和创新能力，它是农村社区养老服务适应时代发展要求，满足农村老年人不断增长及层次化、多样化和个性化养老服务需求的必备能力。另外，在信息技术、网络技术及大数据、互联网和人工智能等现代高新技术快速发展的今天，智能社区建设及智能服务的推广应用给农村社区养老服务及其能力建设带来了诸多发展机遇；与此同时，社区组织管理机制、管理模式和管理方法的落后，又对农村社区治理现代化及农村社区养老服务能力建设形成了严重影响和制约。从适应时代发展要求着眼，农村社区组织应在不断加强对现代高新技术及现代社区治理理论和方法的学习，在不断创新和完善社区治理结构和治理机制的同时，大力推进农村社区及其养老服务体系智能智慧化建设，尽快缩小农村与城市在社区治理和社区养老服务能力方面的差距，推动城乡社区治理能力和养老服务能力协同进步与发展。

（3）农村社区养老服务能力建设

基于前文对农村社区养老服务能力及其体系框架的讨论，这里将农村社区养老服务能力建设定义为：农村社区为满足辖区老年人对养老服务需求所进行的，对与社区养老服务有关方面的完善、加强和提高过程。农村社区养老服务能力建设是一个系统、全面和渐进的综合过程，在此过程中，农村社区应在分析自身优劣势基础上，努力挖掘自身潜力、突出自身优势，不断加强自身经济能力、管理能力、服务（供给）能力、文化宣传传播和养老教育服务能力，以及学习成长与变革创新能力建设，同时通过与其他社区，特别是城市社区及社区内外部企业、非营利组织和社会团体等的合作，尽快补齐自身"短板"，在为辖区老年人提供层次化、多样化和个性化养老服务的同时，促进农村社区养老服务事业健康、可持续发展。

2.1.3　城乡融合发展

1）城乡融合与"城乡融合"概念的提出

（1）城乡融合及其类型划分

"城乡融合"（urban-rural integration）是相对于"城乡分离"（urban-rural separation）、"城乡分割"（urban-rural segmentation）和"城乡对立"（urban-rural antagonism）提出的一个概念。城乡融合是指城乡各子系统及其构成要素相互流动、渗透融为一体的过程，它倡导城乡人口、资源（包括资本）、环境（包括生态和空间）、技术、信息等资源要素的对流、互补与优化配置，以及制度、市场、产业、文化和价值观、基础设施、基本公共服务、社会保障和福利待遇等融通、统一，通过发展社会生产力与调和生产关系，来逐渐消除城乡差别、均衡城乡发展，以达成城乡生产方式、生活方式以及精神文明和生态文明融合统一之目标，实现人的全面发展和人类社会文明进步。

对于城乡融合，按不同标准、从不同角度可以划分为不同类型。

按城乡融合的程度，可以将城乡融合划分为低度城乡融合和高度城乡融合。所谓低度城乡融合，是指城乡在部分甚至所有方面（或领域）所发生的较低程度的融合状态；高度城乡融合则指城乡在部分甚至所有方面（或领域）发生的较高程度的融合状态。从理论上讲，由于城乡融合过程既可能从一个或少数几个方面（或领域）发生，也可能从多个甚至所有方面（或领域）发生，因此，无论低度城乡融合还是高度城乡融合均可进一步划分为两种情况：即发生在一个或少数几个方面（或领域）的低度或高度融合，和发生在多个甚至所有方面（或领域）的低度或高度融合。由于城乡融合涉及的方面和内容包括人口、资源（包括资本）、环境（包括生态和空间）、制度、市场、产业、基础设施、技术和信息服务、文化和价值观、基本公共服务以及社会保障和福利等，这些方面和内容大致可归属为经济领域、政治领域、社会领域、文化领域、信息和技术领域以及生态领域，因此，在现实中，低度城乡融合或高度城乡融合既可能在上述一个或少数几个方面（或领域）发生，也可能在上述多个甚至所有方面（或领域）发生。就低度城乡融合而言，虽然它比较接近或类似于城乡分割对立状态，却并不能简单地将它等同于城乡分割对立状态，这就像处于融化初期的冰，看起来仍以冰的状态呈现，实际上液态水业已存在。对高度城乡融合来说，由于发生融合的方面（或领域）有相对优劣势及受重视程度[①]高低之分，城乡融合发展过程中那些具有相对优势和/或受重视程度较高的方面（或领域）往往较容易或较早呈现出高度融合状态。也就是说，从低度城乡融合到高度城乡融合实际上是一个由点及面、由局部到整体的渐进过程。

若按城乡融合的层次性或城乡社会生产力水平和经济社会所处发展阶段，可以将城乡融合划分为低层次城乡融合和高层次城乡融合。所谓

---

① 这种受重视程度通常受政府或统治阶级偏好、集团利益及政治、军事和行政等因素影响，一般通过制度和政策倾向性及政府有意识的行政引导等体现出来。

低层次城乡融合，是指城乡在较低社会生产力水平和较低经济社会发展阶段下发生的融合状态。如，在城市产生初期，城乡社会生产力均较落后，城乡居民生活水平普遍较低，城乡居民的生产方式和生活方式并无太大区别，而且，由于城市对农村农副产品有着很高依赖性，从而使农村对城市表现出较强"统治力"，那时的城乡关系实际即可归属为低层次的城乡融合关系。再如，在城乡从分割对立向城乡融合的早期发展阶段，为化解城乡矛盾、消除城乡和工农差距，政府往往从统一城乡商品市场和劳动力等基本生产要素市场、改革导致城乡分配不公的制度和政策着手，首先从居民物质生活和生产领域推动城乡融合发展，进而逐步推广到其他融合难度较大和处于较高层次的领域，这实际也可视作一个由低层次城乡融合逐步发展到高层次城乡融合的过程。所谓高层次城乡融合，是指在社会生产力达到较高水平、经济社会发展到较高阶段后城乡所发生的融合状态。在高层次城乡融合状态下，不仅与人们生存、生活和生产息息相关的物质领域趋于城乡融合、统一，城乡居民的生存权、发展权和政治民主权利得到无差别、公平和有效的保障，而且与人的全面发展相关的教育、文化、环境卫生、公共服务、社会保障和价值观念等也逐步融合或一体化，由制度和人为导致的城乡不均衡不充分发展矛盾得到根本解决，城乡差距和工农差距基本消除。

（2）"城乡融合"概念的提出

对于城乡关系从"混沌一体"到城乡分割对立，再到城乡融合的过程，马克思、恩格斯在《德意志意识形态》《哲学的贫困》《共产主义原理》《共产党宣言》《反杜林论》等著作中均有论述。在马克思、恩格斯看来，从原始社会到奴隶社会、封建社会的发展过程中，由于劳动工具和生产技术技能极其低下，通过劳动获得的物质资料很难满足人们的基本生存和生活需求，饿殍遍野乃常见之事，加之疫病流行、战争频仍，人们的平均寿命很短，在这种情况下，人类的生存、生活和发展环境很难得到改善。随着社会生产力发展，特别是劳动工具改良及生产方法日益多样化及劳动者劳动技能提高，物质资料开始出现剩余并不断增加，财富积累由慢变快，由此，私有制开始滋生、成长，以无偿占有他人劳动为谋生手段的剥削阶级开始出现，与此同时，手工业和商业逐渐从农业中分离出来，社会分工使早期的"第二产业"（手工业）和"第三产业"（商业和贸易）初露端倪。私有制和剥削阶级的出现，以及手工业和商业与农业的分离，不仅对城市的产生和发展起到了推动作用，而且也在加深社会分工、促进阶级分化和对立的同时，推动了城市与农村的分离。正如马克思、恩格斯所言："某一民族内部的分工，首先引起工商业劳动和农业劳动的分离，从而也引起城乡的分离和城乡利益的对立。"[①]在资本主义社会之前的较长时期内，由于社会生产力水平整体不高，专业化和社会分工并未达到较深和较广泛程度，加之当时农业在社会经济发展中仍起着主导或决定性作用，乡村"统治"城市的格局并未发生改变，因此，这一时期的城乡分离和对立实际上并不显著，而是呈现出一种"你中有我，我中有你"的混合交融状态。

随着工业革命后机器大工业逐渐取代手工业，工厂逐渐取代手工作坊，城市以其极高的对资本、劳动力和技术等生产要素的集聚能力，及较高的劳动生产率和财富创造力，迅速成长为具有统治力和相对优势的社会部门，工农间、城乡间社会生产力差距逐渐拉大，城乡关系开始由资本主义社会前的低层次相对均衡向不均衡、不和谐[②]方向发展，在此过程中，政府及其政策对城市的偏向[③]，则使城市逐渐在经济、政治、文化、基础设施建设和居民福利等诸多方面或领域取得了优势和统治地位，并实现了由乡村"统治"城市、城市依赖乡村，向城市"统治"乡村、"乡村从属城市"[④]的转变。然而，这种转变不仅未能带来城乡的互利共赢，而且还因工业化及资本和劳动力等生产要素向城市的高度集聚，而造成了城市生产成本上升、地价飞涨、交通拥堵、环境污染以及富人区与贫民窟共存等一系列"城市病"，而农村则因资本和劳动力大

---

① 马克思，恩格斯. 马克思恩格斯全集（第3卷）[M]. 中共中央马克思恩格斯列宁斯大林著作编译局，译. 北京：人民出版社，1974：24-25.
② 郭建军的研究指出，中国城乡关系的不和谐突出地表现在经济、政治、文化和社会等诸多领域。参见郭建军. 我国城乡统筹发展的现状、问题和政策建议 [J]. 经济研究参考，2007（1）：24-44.
③ 贝克尔和莫里森的研究指出，政府偏向城市主要体现在三个方面：一是将非农产业附加值提高到社会平均价值之上；二是将社会投资基金主要配置在城市基础设施建设上；三是城市公共部门就业达到一种严重的低效率标准。（贝克尔，莫里森. 转型经济中的城市化 [M] //切希尔，米尔斯. 区域和城市经济学手册（第3卷）. 安虎森，等译. 北京：经济科学出版社，2003：343-345.）成德宁分析了城市偏向的两种典型范式，其一是通过"剪刀差"获取农业剩余来补贴城市和工业。（成德宁. 城市化与经济发展——理论、模式与政策 [M]. 北京：科学出版社，2004：57-61.）
④ 马克思，恩格斯. 马克思恩格斯文集（第2卷）[M]. 中共中央马克思恩格斯列宁斯大林著作编译局，译. 北京：人民出版社，2009：36.

量流失、住房荒废、耕地撂荒、人口老龄化加剧等经济萎靡、村庄凋敝，城乡间呈现出"统治与依附、先进与落后、文明与愚昧、优越与卑劣"的显著二元对立格局①。

对于因社会生产力发展不均衡及社会分工和私有制等诱发的城乡分割对立问题，马克思、恩格斯认为"城市和乡村的对立的消灭不仅是可能的。它已经成为工业生产本身的直接需要……"②，并提出了通过消灭分工和私有制、大力发展社会生产力，来"把农业和工业结合起来"③，以实现"城乡融合"的设想，即"通过消除旧的分工，通过产业教育、变换工种、所有人共同享受大家创造出来的福利，通过城乡的融合，使社会全体成员才能得到全面发展——这就是废除私有制的主要结果"④。这也是马克思、恩格斯首次提出并使用"城乡融合"这一概念⑤。对于马克思、恩格斯主张通过消灭分工和私有制及"把农业和工业结合起来"以消灭城乡分割对立格局的设想，有学者认为这是马克思、恩格斯基于"泛分工论"做出的具有理论局限性的论断⑥，然而，毋庸置疑的是，马克思、恩格斯有关城乡分割对立及城乡融合或一体化的论断，即便当今，仍然对中国社会发展有着重要的理论指导意义。

2）城乡融合发展与中国城乡关系演进和战略转变

（1）城乡融合发展及其类型

与城乡融合既是过程，又是一种状态不同，城乡融合发展主要体现为一种过程，这种过程既可能源自城乡分割对立，也可能源于城乡混沌一体。然而，由于在城乡混沌一体时期社会生产力十分落后，经济社会发展水平极其低下，加之那时的人们既无意识也无能力规划、推动或主导城乡关系从原始的低层次城乡融合向现代的高层次城乡融合发展转变，因此，在资源、财富和人类能力有限情况下，通过私有制和社会分

　　① 许彩玲，李建建. 城乡融合发展的科学内涵与实现路径——基于马克思主义城乡关系理论的思考 [J]. 经济学家，2019（1）：96-103.
　　② 马克思，恩格斯. 马克思恩格斯全集（第20卷）[M]. 中共中央马克思恩格斯列宁斯大林著作编译局，译. 北京：人民出版社，1974：321.
　　③ 马克思，恩格斯. 马克思恩格斯文集（第1卷）[M]. 中共中央马克思恩格斯列宁斯大林著作编译局，译. 北京：人民出版社，2009：689.
　　④ 许彩玲，李建建. 城乡融合发展的科学内涵与实现路径——基于马克思主义城乡关系理论的思考 [J]. 经济学家，2019（1）：96-103.
　　⑤ 傅歆，孙米莉. 马克思主义城乡融合发展理论的逻辑演进 [J]. 浙江学刊，2019（6）：82-87.
　　⑥ 林密. 马克思恩格斯泛分工论视域中的城乡发展观研究 [J]. 当代经济研究，2019（9）：62-71.

工来提高社会生产率，逐步为社会蓄积财富和发展能量，也即成为人类社会的自然选择。考察已达成或基本达成城乡融合目标的国家和地区的发展实践可以看到，除一些小的国家和地区外，大多都经历了城乡分割对立这一阶段，只是有的时间长些，有的短些。

基于前文分析，这里将城乡融合发展（integrated urban-rural development）定义为：在将城乡视为同一有机整体前提下，通过建立公平、公正、统一的制度和政策体系，来促进城乡资源对流互补、产业合作互促、文化包容互鉴、基本公共服务和社会保障均等共享，进而推动城乡生产方式、生活方式、精神文明和生态文明向一体化发展的过程。要正确认识和全面理解城乡融合发展这一概念，应重点把握如下五点：一是城乡是一个相互依赖、相互影响和损益共担的有机整体，将城市与乡村、工业与农业人为对立起来的做法有百害而无一利。二是城乡拥有平等生存权和发展权，"厚此薄彼""偏向一方，而忽视甚至歧视另一方"，均可能带来城乡的不均衡发展，最终导致城乡分割对立。三是在城乡融合发展中，制度融合是前提，市场融合是先决条件，产业融合是基础和动力，文化融合是灵魂，基础设施融合是基本物质条件，技术和信息服务融合是驱动力，基本公共服务融合和社会保障融合是城乡居民权利平等的具体体现，生态融合是人与自然、城与乡关系高级化的重要标志。虽然国内多数学者均认为城乡融合发展是以资源（资本）对流和优势互补为前提、以产业融合为经济基础的[①]，然而，这里需要强调的是，如果没有制度融合和市场（包括消费品市场和生产要素市场等）融合作为前提，不仅城乡资源、资本和劳动力等要素难以良性对流互补、优化配置，而且产业融合、文化融合、技术和信息服务融合及基本公共服务和社会保障均等化等均难以实现，当然，没有产业融合提供经济基础和发展动力，城乡融合发展也很难持续。四是城乡融合发展既不以消灭农村为前提，也不以消灭城市为目的，而是为了促进城乡更加协调、可持续的发展。将城

---

① 许彩玲，李建建. 城乡融合发展的科学内涵与实现路径——基于马克思主义城乡关系理论的思考 [J]. 经济学家，2019（1）：96-103；涂圣伟. 城乡融合发展的战略导向与实现路径 [J]. 宏观经济研究，2020（4）：103-116；王向阳，谭静，申学锋. 城乡资源要素双向流动的理论框架与政策思考 [J]. 农业经济问题，2020（10）：61-67.

市和乡村视作两个独立单元，是传统二分法认识城乡问题的基本预设和分析范式①。实际上，从能级原理和"差序格局"角度看，郊区和小城镇作为城乡人口、经济和文化等双向扩散的融合地带，在将城乡有机联系起来的同时，还发挥着模糊城乡边界、促进城乡融合的重要作用②。这就如同太极图中的黑（阴）白（阳）两鱼，交界处实际上并非界限分明，而应是相互渗透融合、边界模糊的。五是城乡融合发展只是城乡关系从分割对立向融合一体发展的一个阶段，而非城乡关系的终结，不宜过分解读或夸大其词。实际上，城乡融合发展是有层次和程度之分的，即便到了高层次高度城乡融合阶段，也并不意味着城乡关系就发展到极致了，因为即使消灭了城乡分割对立和城乡绝对差别，相对差别仍将存在，新的城乡关系问题还可能出现，城乡融合发展只是消灭城乡分割对立、实现城乡和谐与均衡发展的一个阶段。

　　基于前文对城乡融合层次和类型的划分，这里将城乡融合发展划为低层次低度城乡融合、低层次高度城乡融合、高层次低度城乡融合和高层次高度城乡融合四种组合类型，如图2-2所示。

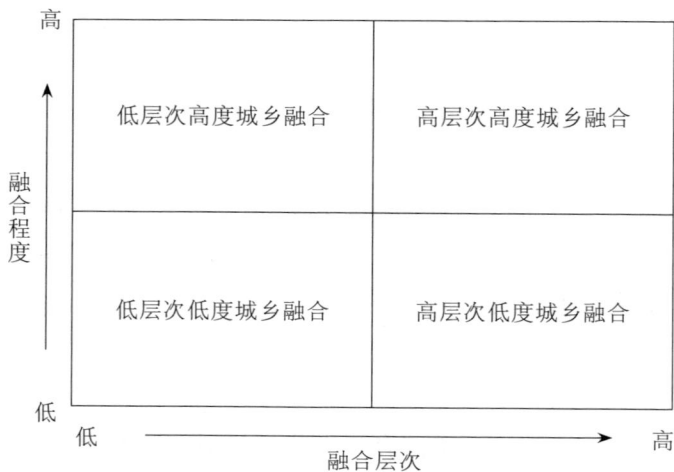

图2-2　城乡融合发展的组合类型

　　图2-2中，低层次低度城乡融合是指在社会生产力和经济社会发展

① MORE M. Political economy and the rural-urban divide, 1967-1981 [J]. Journal of Development Studies, 1984, 20 (3): 5-27.
② 刘守英，龙婷玉. 城乡融合理论：阶段、特征与启示 [J]. 经济学动态，2022 (3): 21-34.

水平相对低下情况下发生的一种较低程度的城乡融合状态；低层次高度城乡融合则指在社会生产力和经济社会发展水平相对低下情况下发生的一种较高程度的城乡融合状态；高层次低度城乡融合是指在社会生产力和经济社会发展达到某一较高水平后发生的一种较低程度的城乡融合状态；高层次高度城乡融合则指在社会生产力和经济社会发展达到某一较高水平后发生的一种较高程度的城乡融合状态。从人类社会城乡关系演化历程看，资本主义社会产生之前的城乡浅度分离即可视作低层次低度城乡融合发展时期，其特征是城乡虽然分离，但因社会生产力和经济社会发展水平均很低，城乡差别并不显著；而"城乡混沌一体"阶段则可视作低层次高度城乡融合发展时期，其特征是城乡虽有分工差异，却几无社会生产力和经济社会发展水平的差别，城乡呈现多领域的高度无差别性；而自党的十八大特别是党的十九大以来中国城乡关系呈现出的状态，则可视作高层次低度城乡融合发展状态，其特征是在社会生产力和经济发展达到较高水平后，城乡关系开始从社会生活和生产的某些方面（或领域）呈现出融合发展趋势，城乡关系从过去的分割对立明显向好；西方发达国家20世纪80、90年代以来呈现出的城乡关系态势则可视作高层次高度城乡融合发展状态。可见，城乡融合发展并不是一蹴而就的，它是社会生产力和经济社会发展水平不断提高过程中，城乡关系从低层次向高层次、由局部向全面发展的渐进过程。

（2）从城乡分割对立到城乡融合发展：中国城乡发展的战略转变

①城乡分割对立固化阶段（中华人民共和国成立至改革开放前）

中华人民共和国是在经历了自1840年以来西方列强和日本帝国主义的多次侵略、瓜分、殖民掠夺和多年战争后建立起来的。成立初期的中华人民共和国，经济濒临崩溃，社会严重分裂，产业凋敝，民穷国困，加之当时面临的国际政治环境及西方列强的军事恫吓，尽快建立起完整的工业化体系、实现真正意义上的经济独立，是当务之急。在此情况下，为了尽快富国强兵，实现对西方世界的赶超，国家选择了集中资源推进工业化和优先发展城市的战略。而为了加速工业化体系建设和推动城市发展，20世纪50年代国家先后建立起了统购统销、户籍和人民公社等一系列制度，这些制度在20世纪60、70年代得到进一步拓展和强化。上述制度的建立，一是将城乡商品市场截然分割开来，并以工农业产品价格"剪刀差"形成了工业对农业、城市对农村利益的制度性获取；二是城市偏向型的基础设施投资模式，导致城乡基础设施建设差距越拉越大；三是户籍制度不仅在城乡间筑起了人口和劳动力流动的"坚墙"，而且，城市户籍所附带的经济福利、医疗保障、退休和养老保障、住房补贴、就业安置以及就学、参军、选举和事故赔偿等特殊待遇，也进一步提升了"城里人"的优越感和"乡下人"的自卑感，成为城乡对立、工农不平等和文化隔阂的障碍。①有研究指出，1958—1978年国家通过工农业产品价格"剪刀差"、征收农业税和抽取农村储蓄金等方式为城市发展和工业化汲取资金达3 900亿元②。

②城乡分割对立关系缓解与矛盾突显阶段（改革开放至党的十六大前）

随着1978年改革开放大幕开启，特别是计划经济体制向社会主义市场经济体制转轨，一方面被制度分割20多年的城乡商品市场开始融通，农产品价格的市场属性重新回归，工农业产品交换逐渐实现了由计划定价到市场定价的重大转变③，城乡收入差距呈现缩小迹象；另一方面，随着农村乡镇企业兴起及中共中央中发〔1984〕1号文件"允许务工、经商、办服务业的农民自理口粮到集镇落户"制度的实施，农业和农村劳动力开始向农村非农产业和城镇流转。统计资料显示，农民人均纯收入由1978年的133.57元增加到1984年的355.30元，城乡居民收入比从2.57∶1降至1.83∶1，农民人均生活消费支出从1978年的116.06元增加到1984年的265.00元，城乡居民生活消费比由3.30∶1降至2.26∶1，城乡居民收入比和生活消费比均在缩小。在非农就业和劳动力流动方面，1978—1984年农村乡镇企业从业人数由2 827万人增至5 208万人，乡镇企业从业人员占农村从业人口比重由9.23%提高到14.48%，到1992年开始推行社会主义市场经济体制时，乡镇企业从业人数已达

① 国务院发展研究中心农村部课题组. 从城乡二元到城乡一体：我国城乡二元体制的突出矛盾与未来走向［J］. 管理世界，2014（9）：1-12.
② 冯海发，李薇. 我国农业为工业化提供资金积累的数量研究［J］. 经济研究，1993（9）：60-64.
③ 金三林，曹丹丘，林晓莉. 从城乡二元到城乡融合——新中国成立70年来城乡关系的演进及启示［J］. 经济纵横，2019（8）：13-19.

10 625 万人，占农村从业人口的 24.26%，近 1/4 农村劳动者实现了就地就近非农就业。如果将这一时期私营企业和个体工商户从业人数考虑在内，农村就地就近非农从业人员所占比重可达 28.51%。相比于农村劳动者的就地就近非农业转移就业，20 世纪 80—90 年代，由于劳动力乡—城流动的大门并未彻底打开[①]，农村劳动力乡—城流动仍然受着各方面因素限制，因此，这一时期农村劳动力的乡—城流动并不是很顺畅。有学者基于 1995 年全国 1% 人口抽样调查资料所做的估算指出，1995 年中国农村流入城市且居住半年以上的人口约 960 万人，这一数据基本反映了当时农村乡—城长期流动人口的规模[②]。基于上述估算结果，按每 3~4 个农村乡—城流动人口有 1 人成为在城市居住半年以上的长期流动人口的标准推算，20 世纪 90 年代中期中国农村乡—城流动人口规模约为 2 880 万~3 840 万人[③]。

然而，随着 1985 年后国家改革重点向城市转移，城市经济社会发展和居民收入在获得较快增长的同时，农村则因内生动力缺乏及国家重视不够而出现了经济增长缓慢和农民"增产不增收"问题，城乡差距在呈现了短期缩小趋势后重新拉大。统计资料显示，城乡居民收入比由 1984 年的 1.83∶1 重新拉大到 1994 年 2.86∶1，此后虽有小幅调整，但到 2007 年进一步扩大至 3.33∶1；城乡居民人均生活消费比也在 2003 年达到改革开放以来的高位（3.35∶1）。1978—2021 年城乡居民人均收入、人均消费支出及城乡收入比、生活消费比变化趋势如图 2-3 所示。

---

① 有研究指出，1978—1983 年农村劳动者外出务工仍然受到严格的政策限制，1984 后虽然这种限制有所松动，但 1992 年国家实行社会主义市场经济体制后因转型及国有和集体企业改制导致大批城镇职工下岗失业，因此一些省市为确保本地区下岗人员再就业，对外来劳动者实行了限制和清退、劝返等做法，加之农村进城务工劳动者缺乏劳动保障，并时常受到不公正待遇等，因此，尽管农村劳动力乡—城流动保持了一定规模，但远不及 2000 年以后。参见宋洪远，黄华波，刘光明. 关于农村劳动力流动的政策问题分析 [J]. 管理世界，2002（5）：55-65，87.
② 李实. 中国农村劳动力流动与收入增长和分配 [J]. 中国社会科学，1999（2）：16-33.
③ 李瑠根据中国社会科学院农村发展研究所与中国农业银行信息部联合开展的中国农村劳动力流动抽样调查（调查样本涉及 26 个省（区、市）的 442 个县 12 673 个农户、59 703 人）结果估算，1993 年农村在城镇务工人数约 3 997.04 万人（参见李瑠. 外出打工人员的规模、流动范围及其他——中国农村劳动力流动研究之二 [J]. 中国农村经济，1994（9）：31-35.）。笔者认为，这一估算规模因依据的样本量有限，存在高估的可能。

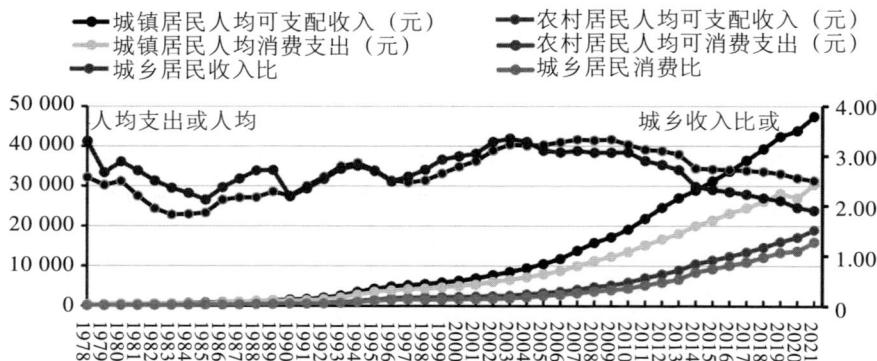

图 2-3　1978—2021 年城乡居民人均收入、人均消费支出及城乡收入比、生活消费比变化趋势

资料来源：《中国统计年鉴》（1991、1994—2021）和《中华人民共和国 2021 年国民经济和社会发展统计公报》。

在公共资源分配和基本公共服务方面，1985 年后城乡公共资源分配不均衡和基本公共服务非均等化问题愈加突出。统计资料显示，1978 年国家财政用于农业基本建设的资金 51.14 亿元，占全国基本建设支出的 11.32%，农村人均基本建设费 6.47 元，是城镇人均基本建设费的 2.78%，农业科技三项费用 1.06 亿元，占全国挖潜改造资金和科技三项费用的 1.68%，农村人均社会福利救济费 0.31 元，相当于城镇人均福利救济费的 24.60%。到 1985 年，国家财政用于农业基本建设的支出减少至 37.73 亿元，占全国基本建设支出的 6.80%，农村人均基本建设费 4.67 元，是城镇人均基本建设费的 2.27%，农业科技三项费用 1.95 亿元，占全国挖潜改造资金和科技三项费用的 1.89%，农村人均社会福利救济费 0.33 元，是城镇人均社会福利救济费的 16.34%，与 1978 年相比，国家财政用于农村、农业和农民的多项经费占比不升反降。而且，虽然改革开放后城乡商品市场及劳动力和资本等生产要素市场得到了融通，但农村人口乡—城流迁及就业、子女教育、社会保障和福利待遇等因受制于户籍制度仍然弊病频出，"同城不同权，同工不同酬"现象屡见不鲜，而城乡土地权属差异（城市土地归国家所有，农村土地归集体所有）及国家对土地用途转换和入市权限的制度规定，则成为此后一段时期城乡差异不降反升的重要致因。有研究指出，由于农村劳动力大多只能进入城市的非正规部门或打零工，因此一些进城务工者的收入是不稳定的，而且，即便他们从事的是与城市劳动者完全相同的工作，其工资和其他待遇也较低，外来劳动力与城市本地劳动力工资差异的43%由歧视等不可解释因素导致[1]，农民工在城市一级劳动力市场受到的户籍性工资歧视比二级劳动力市场高27%[2]。

在基层政府和乡村治理改革方面，1983年国家废止了实行20多年的人民公社制度，重新建立乡政府并以此作为国家行政机关的最基层单位，同时在农村设置村民委员会和村民小组，农村实行基层党组织和乡政府领导下的村民自治制度。1984年农村有乡镇92 476个，村民委员会92.7万人，农村人口80 340万人，贫困人口从1978年的2.50亿人减少到1984年的1.28亿人。人民公社制度的结束及家庭联产承包责任制和"乡政村治"治理体制机制的实施，以及农民生产自主权、行动自由权和选举自决权的复归，在极大增加农民生产积极性和创造性的同时，也加大了乡镇级政府和村队对农民和农村的管控难度。一方面农民为增加收入、改善生活条件各循其道、各行其是，村级组织和村民人心日趋涣散，村级事务管理和治理难度越来越大；另一方面，国家和上级政府的任务刚性使乡镇级政府和农村"两委"在刚性任务完成和乡村治理行政动员上不得不采取正式权力非正式运作的形式[3]，即借助"熟人社会"，通过发展村庄代理人以及将农村精英人士、乡贤和宗族长尽量纳入行政动员体系，甚至采取"化公为私"和利益交换的手段，通过寻求村干部和村民合作，来完成上级政府下达的行政任务，而这恰恰为一些地方的个别村干部打着政府旗号堂而皇之地侵害村民利益提供了可乘之机[4]。2006年后，随着农村各种税费取消、国家对农村和农业投入的逐渐加大以及乡村治理向公共服务转向，城乡关系在趋好的同时，乡村自

① 王美艳. 城市劳动力市场上的就业机会与工资差异——外来劳动力就业与报酬研究 [J]. 中国社会科学, 2005 (5): 36-46.
② 章元, 高汉. 城市二元劳动力市场对农民工的户籍与地域歧视——以上海市为例 [J]. 中国人口科学, 2011 (5): 67-74.
③ 孙立平, 郭于华. "软硬兼施"：正式权力非正式运作的过程分析——华北B镇收粮的个案研究 [M] //清华大学社会学系. 清华社会学评论 特辑. 厦门：鹭江出版社, 2000.
④ 耿国阶, 王亚群. 城乡关系视角下乡村治理演变的逻辑：1949—2019 [J]. 中国农村观察, 2019 (6): 19-31.

治能力不足、内部治理机制落后、经济基础薄弱、管理和服务人才缺乏以及乡村治理缺乏社会性支持等问题进一步暴露出来，并成为乡村振兴、提高乡村社会管理和服务水平、落实基本公共服务均等化的制约要素。

③城乡矛盾趋缓与城乡关系明显向好阶段（党的十六大至党的十八大）

党的十六大是国家切实从全局角度正视城乡关系、系统破除城乡二元体制、城乡关系真正趋好的起点①。2005年党的十六届五中全会提出了"坚持'多予少取放活'，加大各级政府对农业和农村增加投入的力度，扩大公共财政覆盖农村的范围，强化政府对农村的公共服务，建立以工促农、以城带乡的长效机制"；2007年党的十七大提出了"建立以工促农、以城带乡的长效机制，形成城乡经济社会发展一体化新格局"的战略构想；2008年党的十七届三中全会做出了"促进公共资源在城乡之间均衡配置、生产要素在城乡之间自由流动，推动城乡经济社会发展融合"及统筹土地利用与城乡规划、统筹城乡产业发展、统筹城乡基础设施建设和公共服务、统筹城乡劳动就业、统筹城乡社会管理的战略部署。这些战略举措对加快农村公共服务和基础设施建设、破除农村人口和劳动力流动的体制和制度障碍发挥了重要作用。统计资料显示，农村居民人均可支配收入从2002年的2 475.63元增加到2012年的7 916.6元，农村人均生活消费由2002年的1 834.31元增加到2012年的5 908元，城乡居民收入比在从2002年的3.11：1上升到2007年3.33：1后，到2012年又降至3.10：1，城乡居民生活消费比则由2002年的3.29：1下降到2012年的2.82：1；中央财政用于"三农"的支出由2002年的1 580.8亿元猛增到2012年的12 387.6亿元，占中央财政支出比重由7.20%上升到9.80%，其中，2012年用于农村社会事业发展的费用支出达5 339.1亿元，占当期"三农"支出的43.10%；设置卫生室的村占总村数比重从2002年的89.70%提高到2012年的93.30%，老年收养性福利机构数从2002年的25 697个增加到2012年的32 787个；农村社会救济费从2002年的14.18亿元猛增到2012年的995.83亿元，年均增速

---

① 国务院发展研究中心农村部课题组. 从城乡二元到城乡一体：我国城乡二元体制的突出矛盾与未来走向 [J]. 管理世界，2014（9）：1-12；吴丰华，韩文龙. 改革开放四十年的城乡关系：历史脉络、阶段特征和未来展望 [J]. 学术月刊，2018，50（4）：58-68.

52.99%。在社会保障方面，2003年开始实行新型农村合作医疗试点，2008年即基本在农村实现了"新农合"普及工作；2009年开始进行新型农村养老保险试点，2012年即在农村实现了"新农保"的全覆盖；借鉴城镇居民最低生活保障制度的经验及在农村特困群众生活救助方面的做法，2007年在农村建立起了农村居民最低生活保障制度。在户籍制度改革方面，2001年《国务院批转公安部关于推进小城镇户籍管理制度改革意见的通知》发布，国家逐渐放开了对县级市市区和所有建制镇的落户限制，基本实现了小城镇外来落户人口与原住人口的同籍同权。2011年《国务院办公厅关于积极稳妥推进户籍管理制度改革的通知》发布，进一步放宽了对除直辖市、副省级市和其他大城市外设区市的户籍限制，而且要求有效解决农民工的实际问题，特别是暂不具备落户条件农民工的劳动报酬、子女上学、技能培训、公共卫生、住房租购、社会保障和职业安全卫生等方面的突出问题。统计资料显示，2000—2012年城镇常住人口从45 906万人增加到7 2175万人，流动人口规模由1.21亿增加到2.36亿。

④城乡融合发展阶段（党的十八大后）

党的十八大后，为了全面推进城乡一体化，"促进城乡要素平等交换和公共资源均衡配置"，"形成以工促农、以城带乡、工农互惠、城乡一体的新型工农、城乡关系"，2013年中央一号文件提出"用5年时间基本完成农村土地承包经营权确权登记颁证工作"的要求，并于2015年开始农村土地征收、集体经营性建设用地入市和宅基地制度"三块地"改革试点，与此同时，农村土地流转、城乡建设用地"增减挂钩"、土地承包经营权和农民住房财产权"两权"抵押等工作也紧锣密鼓地铺展开来①。在社会保障领域，2014年全国城乡基本养老保险实现并轨，建立起了城乡居民基本养老保险制度，实现了制度模式、筹资方式和待遇支付等方面的城乡一体化②；2015年《国务院办公厅关于全面实施城乡居民大病保险的意见》颁布，同年底基本实现了城乡居民基本医疗保险参保人群的全覆盖；2017年建立起了比较完善的大病保险制度；

---

① 崔亚凝. 集体土地增值收益分配研究综述 [J]. 改革与开放，2016（1）：73-74.
② 卢海元. 制度的并轨与定型：养老保险制度中国化进入崭新阶段 [J]. 社会保障研究，2014（3）：14-22.

2016年开始推行城乡居民医疗保险并轨；2018年基本完成了城乡居民基本医疗保险制度的城乡整合[①]。

党的十九大在总结改革开放特别是十八大以后城乡建设取得的成果和面临的问题基础上，提出了乡村振兴及建立健全城乡融合发展体制机制和政策体系的目标任务，正式将"城乡融合发展"确立为未来较长时期中国城乡关系发展的方向和目标。2019年《中共中央 国务院关于建立健全城乡融合发展体制机制和政策体系的意见》颁布，对城乡融合发展目标任务进行了部署，这标志着"城乡融合发展"大幕在中国大地的全面、正式开启。

考察1949年至今70多年中国城乡关系演变历程可以发现，从改革开放初期以前的城乡分割对立，到改革开放后城乡关系由浅层融通逐渐向深层融通发展，特别是从劳动力和人口跨城乡、跨区域流动，到逐渐放开城镇户口管制及取消户籍限制，再到城乡居民社会保障制度逐渐合并归一及城乡基本公共服务均等化渐次落实，中国城乡关系、工农关系及农村、农业和农民的面貌正在发生着翻天覆地的变化。从党的十六大初次提出"统筹城乡经济社会发展"构想，到党的十七届三中全会对城乡统筹思想的全面阐述（即统筹土地利用和城乡规划、统筹城乡产业发展、统筹城乡基础设施建设和公共服务、统筹城乡劳动就业、统筹城乡社会管理的"五个统筹"思想），从党的十七届五中全会提出"推进城乡经济社会发展一体化"，到党的十八大明确提出"加快完善城乡发展一体化体制机制"、逐步"形成以工促农、以城带乡、工农互惠、城乡一体的新型工农、城乡关系"，再到党的十九大城乡融合发展构想的提出及实施，可以清晰地看到，这既是中国共产党领导全国人民在实践中不断创新和完善城乡关系的过程，也是党和政府基于中国实际及不同社会生产力水平和经济社会发展阶段所做出的明智抉择。虽然中国2022年人均GDP已达到85 698元（约合1.27万美元），常住人口城镇化率达到65.22%，但应看到的是，目前还有很多影响和制约农村、农业和农民发展的体制机制和制度因素仍未得到根本解决，城乡差距和工农差距依然较大，城乡

[①] 金三林，曹丹丘，林晓莉. 从城乡二元到城乡融合——新中国成立70年来城乡关系的演进及启示 [J]. 经济纵横，2019（8）：13-19.

人口在土地权益保障、劳动就业、教育、医疗、环境卫生、社会保障以及伤残待遇等诸多方面仍然存在不公平、不均等问题，城乡居民收入比2022年虽比2009年有了明显降低，但仍高达2.45∶1，农村居民基本养老金待遇水平和最低生活保障水平仍明显偏低，农村劳动者退休制度和农村基本养老服务体系仍未很好建立起来，城乡资源和资本均衡流动配置问题依然非常突出，农村基层组织的自治能力仍然十分薄弱，这些均是今后城乡融合发展中必须面对且需解决和处理好的重要问题。

2.2 城乡融合发展与城乡社区养老服务能力协同发展

城市和农村作为现代社会的两个"极点"，它们之间存在密切联系，无时无刻不在进行着物质、能量、信息、技术、文化和价值理念等的交流与交换，形成一个相互依赖、相互影响的社会有机系统。在这一系统中，社区作为城乡的基本组织单元和社会生活共同体，不仅在城市或农村发展中扮演着重要角色、担负着重要责任，而且在城乡社区治理和养老服务能力建设中发挥着重要作用。

2.2.1 城乡融合发展与农村社区养老服务能力建设的关联性

城乡融合发展是一个渐进的综合发展过程，它涉及经济、政治、社会、文化、信息和技术和生态等诸多领域，以及人口、资源（资本）、环境（包括生态和空间）、制度、市场、产业、文化、基础设施、技术和信息服务、基本公共服务、社会保障和福利制度等众多方面，而农村社区养老服务能力建设则涉及资源环境条件、经济能力、管理能力、服务（供给）能力、文化宣传传播和养老教育服务能力、学习成长和变革创新能力等多方面能力建设，而且，通过研究还可发现，农村社区养老服务能力建设与城乡融合发展间有着密切联系，城乡融合发展既可为乡村振兴及农村社区及其养老服务能力建设提供必要的制度和市场条件，也可为农村社区及其养老服务能力建设创造可靠的经济、政治、社会、文化、信息、技术和基础设施条件，对农村社区养老服务经济能力和服务（供给）能力建设、管理能力提升、文化宣传传播和养老教育服务能力改善、学习成长和变革创新能力增强具有重要作用，是农村社区养老服务能力建设的充分条件。

城乡融合发展与农村社区养老服务能力建设之间的关系如图2-4所示。

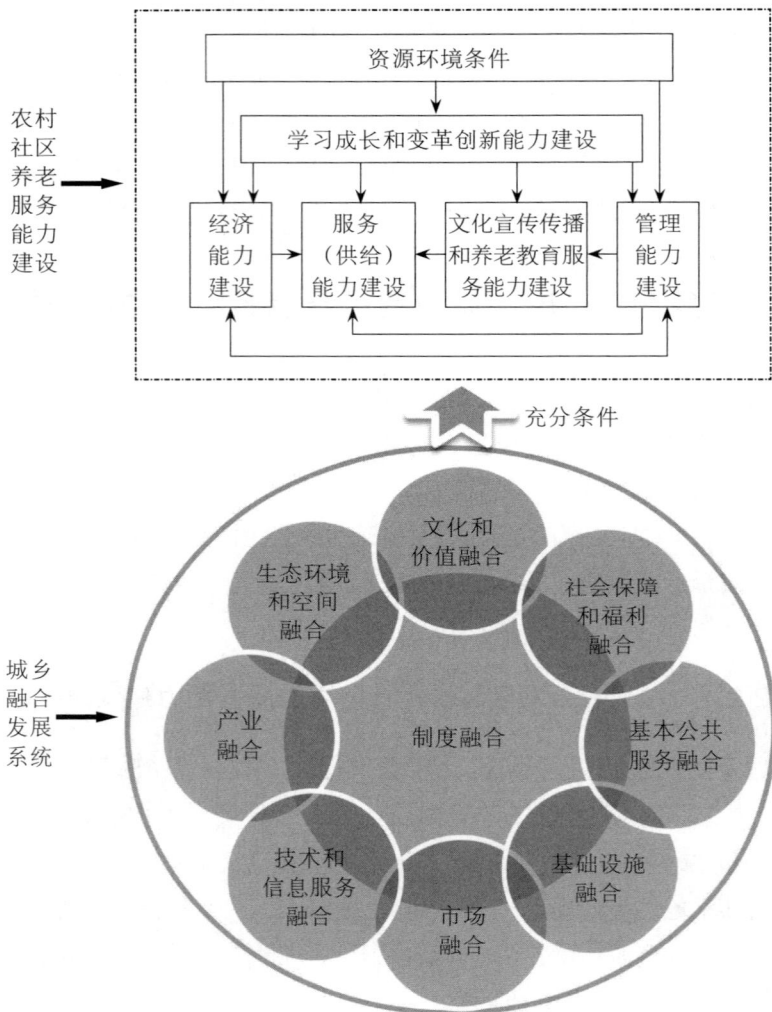

图2-4 城乡融合发展与农村社区养老服务能力建设之间的关系

分析城乡融合发展与农村社区养老服务能力建设的关系，可以看到，制度融合作为城乡融合发展的重要组成部分和必要条件，其在农村社区养老服务能力建设中具有重要作用。制度融合一方面通过消除影响生产力和生产关系的制度障碍，来促进消费性商品及资源、资本、技术、信息和劳动力等生产要素流动，有助于资源优化配置及城乡产业融合和农村经济发展，另一方面通过消除城乡间、工农间存在的政治、经济、社会和文化等方面的制度和政策差别，建立起就业、劳动待遇、教育、医疗卫生、文化和价值认知以及社会保障等统一化、一体化的制度和政策体系，促进城乡权利平等和社会公平正义，这对实现城乡基本公共服务均等化及助推农村社区养老服务能力建设，有着十分重要的意义。

市场作为消费性商品及生产要素流通交换的平台，在引导和促进商品流通交换及资源、资本、劳动力等生产要素城乡对流互补和优化配置中发挥着重要作用，因此，在城乡融合发展中，市场融合不仅是城乡资源（资本）要素对流互补和优化配置的重要平台，而且是产业融合、技术和信息服务融合、文化和价值融合、基本公共服务融合等的先决条件，同时也为城乡养老服务产品、技术、信息、人才培养、文化和价值理念，以及管理和服务方式方法等的交换与交流架起了"桥梁"，对农村社区养老服务能力建设具有引领作用。

产业融合既是城乡融合发展的经济基础和动力，也是农村社区养老服务经济能力建设的基本内容。前文曾述及，在政府财力无力为农村社区养老服务能力建设提供充足、可靠、持续的经济或物质支持情况下，农村社区应立足于自身区位和资源环境条件，进行自我蓄能、增效和谋求经济社会发展，由此就需要农村社区通过产业振兴来引领经济社会发展，而在人口"空心化"和以传统农业生产方式为主导的大多数中国农村，单纯依靠自身能力和条件实现经济振兴往往有较大困难，这就需要通过城乡和区域产业融合来为农村和农业注入活力，用现代科技及经营管理理念和模式来改造农村传统产业，实现城乡和区域产业发展的互利共赢。由此可见，城乡融合发展视域下的产业融合，不仅是乡村振兴和农村经济发展的基础和动力，而且对农村社区养老服务能力建设十分重要且必要。

基础设施作为农村和农业发展及农村居民生活的基本物质条件和设施，既关系着农村经济社会发展，也与农村居民的生存、生活和生产密切相关，是农村生活和生产质量以及社会服务能力和水平的重要体现。

在城乡融合发展中，基础设施融合涉及道路、交通、给排水和供电供气、教育、体育、文化、医疗、环境卫生、商业服务、邮电通信、互联网和信息系统，以及园林绿化等生产和生活服务设施，基础设施融合可全面、有效提升农村基础设施的建设质量和水平，为农村社区及其养老服务能力建设创造更加有利和高品质的基础条件。

在互联网、大数据、人工智能等高新技术快速发展和广泛普及的当今社会，技术和信息服务的重要性日益凸显，因此，不断提高农村的技术和信息服务能力和水平，既是城乡融合发展的客观要求，也是乡村振兴及农村社区养老服务能力建设的需要，特别是在智能智慧化养老快速发展的今天，通过城乡技术和信息服务融合，不仅可以使农村老年人及其家庭享受到更高质量、更便捷和更人性化的医疗、护理和养老服务，而且可以"消除"时空隔离，提高养老服务的可及性，满足老年人的层次化和多样化需求。

文化建设既是农村社区建设的重要内容，也是农村社区养老服务能力建设不可或缺的重要组成部分。文化涉及的内容包括文化观念、价值观念、精神风貌、道德规范、行为准则、公众制度和文化环境等，这其中，价值观是文化的核心，因为有什么样的价值观，就会有什么样的主流文化和行为规范。

城乡文化和价值融合的目的在于，通过城乡文化和价值观互学互鉴，从而达到去除腐朽落后文化、弘扬文明先进文化的效果，引导人们将中国传统尊老、敬老、爱老、孝老文化及孝道价值观发扬光大，其对农村社区养老文化建设及孝道价值观培育和传扬的意义不言而喻。

基本公共服务融合、社会保障和福利融合不仅有助于城乡居民树立公平平等意识，消除城乡差别和工农差别，解决农村人口和劳动力无序、不合理流动问题，改善农村劳动力短缺状况，而且还可以极大提高农村居民生活质量，提振其自信心和社会责任意识，引导他们积极参与到乡村振兴及农村社区养老服务能力建设中来。

生态环境和空间环境是农村社区养老服务发展的重要外部环境，对增强老年人幸福感及对社区养老服务的满意度具有重要影响。城乡融合发展过程中，通过将城市先进的生态管理和空间规划理念引入农村社区生态管理、环境治理和空间规划中，因地制宜地改造、改善和美化农村生态环境，科学规划农村社区空间，实现农村生态环境与农村产业区、生活区和休闲娱乐区等的和谐统一，从而达到提升农村社区空间环境质量及其养老服务能力的效果。

综上可见，城乡融合发展与农村社区养老服务能力建设看似两个不同问题，实际上两者间存在密切联系，通过城乡融合发展，不仅可以为乡村振兴注入强劲动力，而且可以极大改善和提高农村社区养老服务能力，对推动城乡基本养老服务均等化意义重大。

2.2.2 城乡融合发展视域下城乡社区养老服务能力协同发展

从城乡融合发展视角看，城乡社区养老服务能力建设实际存在千丝万缕联系，这种联系表现为城市社区与农村社区在养老服务能力建设的互补、互促、互鉴和共赢关系中，是一个协同共进的发展过程。

第一，从制度融合和市场融合角度看，制度融合一方面通过消除城乡制度壁垒和约束，为消费性商品和生产要素跨城乡、跨区域自由流动和优化配置创造必要条件，另一方面则通过推动城乡居民政治权利、经济权利和社会权利平等，特别是城乡居民参政议政权利平等、劳动就业权利平等（包括无歧视的平等就业权、劳动保障权和工资待遇的同工同酬等），增进城乡居民文化交流和价值认同，促进城乡基本公共服务均等化及社会保障和福利制度一体化，为城乡社区进行物质、信息、技术、文化、人力资本及管理理念和方法等的平等交流与良性互动提供必要制度条件。

第二，从市场融合角度看，市场融合不仅架起了城乡养老服务及产品流通的"桥梁"，而且有助于城乡社区在养老服务场地、场所和设施设备、养老服务产品、养老服务技术和信息交流、养老文化和价值交流、管理和服务人才培养、交流和队伍建设、管理理念及服务模式，以及文体娱乐和康养等方面开展合作，实现城乡社区养老服务及其能力建设的互利共赢与共同进步。

第三，从基础设施融合及技术和信息服务融合方面看，城乡基础设施融合不仅会便利城乡社区养老服务的交流合作，拉近城乡社区的时空距离，而且可以为城乡社区实现养老服务共享及能力建设上的互学互鉴，提供机会和可能。通过技术和信息服务融合，一方面有助于城乡社区合作、交流和彼此联系，在养老服务中互学互鉴、互通有无，并在不断提高自身管理和服务能力与水平的同时，将先进、有效的养老服务技术、管理和服务模式与方法及时应用到社区养老服务中，提高社区养老服务质量和社区养老服务承载能力；另一方面，还可提高城乡社区的养老服务创新能力，更好地适应社会经济发展及老年人不断增长和变化的养老服务需求。

第四，城乡基本公共服务融合的重要内容之一是基本养老服务融合，而城乡基本养老服务融合的途径或渠道之一则是城乡社区间的养老服务融合。就城乡社区养老服务融合涉及的方面和内容而言，一是城乡社区养老服务产品的合作交流，即农村或城市社区可以分享彼此的养老服务产品，包括将其他社区的养老服务产品提供给本社区老年人及其家庭，或将本社区的养老服务产品提供给其他社区老年人及其家庭，在增加彼此养老服务产品服务面域的同时，满足彼此社区老年人及其家庭对养老服务产品的差异化和个性化需求。二是城乡社区间养老服务资源、技术、信息以及管理和服务理念与方法的互补、互鉴与合作共享，在互通有无、调剂余缺的同时，促进城乡社区养老服务能力协同发展。

第五，通过城乡社会保障和福利融合，一方面可以消除农村与城市居民在社会保障和福利方面的差别，降低农村老年人养老保障的脆弱性，同时减轻农村老年人家庭的养老负担；另一方面也有助于农村社区将更多养老服务资源和资金转移到提高养老服务质量、增加养老服务产品多样化上去，有利于农村社区养老服务能力提升及其与城市社区的同步发展。

第六，从文化和价值融合角度看，文化是社会和社区发展的灵魂，而价值观则是文化的核心，文化和价值融合在城乡融合发展中占有极其重要的地位。文化和价值融合的目的既不是为了消灭农村或城市的文化和价值观，也不是将城乡文化和价值观简单混合在一起，而是通过城乡文化和价值融合及其互学互鉴，达到去除糟粕腐朽文化及与现代文明不相适应的价值观，以先进文化和正确价值观取代落后文化和错误价值观之目标。改革开放特别是实行社会主义市场经济体制以来，随着国门开放及国外先进技术、理念及外来文化和价值观的进入，一些糟粕腐朽的西方文化和价值观也随之而来，拜金主义、享乐主义和利己主义文化甚嚣尘上，中国传统的尊老、敬老、孝老文化和利他主义价值观受到严重冲击，一时间，孝养文化沦落和孝道价值观沦丧成为人们诟病的焦点。党的十八大将"富强、民主、文明、和谐，自由、平等、公正、法治，爱国、敬业、诚信、友善"作为社会主义核心价值观，党的十九大则把"产业兴旺、生态宜居、乡风文明、治理有效、生活富裕"作为社会主义乡村振兴的总体要求和目标。从建设积极向上的社会主义文化及文明进步的社会主义价值体系着眼，在推进城乡文化和价值融合及建立完善城乡社会养老服务体系、建设社区养老服务能力过程中，应重视和加强文化设施、文化载体和文化内容建设，为社区文化建设注入正确价值观和先进文化内容，同时通过多样化载体和渠道，将正确价值观和先进文化内容融入社区养老服务中去，在丰富老年人文化和精神生活的同时，促进社区文化宣传传播和养老教育服务能力提升，进而促进城乡社区养老服务能力建设沿着正确方向协同进步。

第七，从生态环境和空间融合角度讲，生态环境和空间融合不仅可以为城乡老年人提供更加健康、绿色、惬意及布局合理、安全方便的社区环境和生活空间，而且还可有效发挥城乡社区在养老服务方面的各自优势，取长补短，提高城乡社区养老服务资源环境的利用效率，提升城乡老年人对社区养老服务的满意度。

综上可见，在城乡融合发展视域下，城乡社区在养老服务供给及其能力建设方面将改变过去分割、独立、封闭、互不往来的状态，使城乡社区成为一个相互联系、互补互促、互学互鉴、互利共赢的有机整体，通过城乡社区间物质、能量、技术、信息、理念和方法等的互动交流和互补互鉴，有效推动农村社区养老服务能力建设，促进城乡社区养老服务能力建设协同发展。

第3章 中国农村社区养老服务能力建设状况及分析

3.1 中国农村社区养老服务能力建设状况

3.1.1 中国农村社区及其资源环境条件和服务能力建设情况

1）农村社区及其资源环境条件的差异性

中国的农村社区由行政村转化而来。中华人民共和国成立初期的村庄以自然村形式存在，在经历了三年经济调整和第一个五年计划后，农村管理的散乱和无序问题暴露无遗。1958年，为了加强统一行政管理及有序推行计划经济和人民公社制度，国家在对一些自然村落和居民点进行归并和行政区划基础上，建立了以生产小队为基础的生产大队制度，此即行政村的早期组织形式。改革开放后，随着家庭联产承包责任制的广泛推行，生产队体制逐渐瓦解，并冲击到生产大队和人民公社。1983年10月，中共中央、国务院发出《关于实行政社分开，建立乡政府的通知》，正式取消人民公社、生产大队和生产队三级管理体制，建立了以乡（镇）为基层政府、以村民委员会（以下简称"村委会"）和村民小组为自治单元的村级群众性自治组织——行政村，由此开启了中国农村的乡村治理模式。到1984年底，99%的农村已完成政社分开工作，建立了9.25万个乡（镇）政府和92.7万个行政村。1991年行政村数量增至101.9个。之后，随着社会主义市场经济体制实施及城镇化进程加快，越来越多的农村被区划或并入城镇，"村转居"或"撤村并居"使中国行政村数量快速减少，到2020年，中国自然村和行政村已分别减至158.09万个和50.21万个，自然村和行政村数量分别比2010年减少38.61万个和9.29万个①。

中国农村社区大规模建设始于2006年党的十六届六中全会。2007年3月民政部印发了《全国农村社区建设实验县（市、区）工作实施方案》，并初步确定304个县（市、区）、2.04万个行政村开展农村社区建设实验。党的十八大后，在总结前期农村社区建设经验基础上，2015年5月由中共中央办公厅和国务院办公厅联合印发了《关于深入推进农村社区建设试点工作的指导意见》（以下简称《指导意见》）。该《指导意见》虽为农村社区建设试点工作指导意见，却是至今可见的专门针对农村社区建设的首个带有法规性质的正式文件。该《指导意见》从创新农村基层社会、提升农村公共服务水平和促进城乡一体化着眼，要求在党和政府领导下，在行政村范围内，通过"整合各类资源，强化社区自治和服务功能，促进农村社区经济、政治、文化、社会、生态全面协调可持续发展，不断提升农村居民生活质量和文明素养，努力构建新型乡村治理体制机制"，并提出了完善村党组织领导的、以村民自治为基础的农村社区治理机制、促进流动人口有效参与农村社区服务管理、畅通多元主体参与农村社区建设渠道、推进农村社区法治建设等一系列目标任务。同时，该《指导意见》还要求农村社区建设应结合本地实际，切实维护农民土地承包经营权和宅基地用益物权，严禁强制推行大拆大

---

① 需要指出的是，对照民政部有关全国自然村和行政村的统计数据与同期住房和城乡建设部的统计数据，可以发现，两者间存在差距，特别是自然村的统计数据，差距比较大。如，2020年住房和城乡建设部统计的全国自然村数为236.29万个，行政村为49.32万个；2010年自然村为272.98万个，行政村为56.35万个，也就是说，按照住房和城乡建设部统计资料，2020年中国自然村和行政村数应分别比2010年减少36.69万个和7.03万个。

建、撤村并居，严禁违反土地利用规划擅自改变农地用途，严禁以"管委会"等机构取代村党组织和村民委员会，并对城中村，城边村，农村居民集中移居点，地形复杂、交通不便、居住分散的农村地区，林区，牧区，渔区，以及外来人口集中的农村社区，人口流出较多的农村社区，村民自治基础和集体经济较好的行政村，偏远、经济欠发达地区的农村社区等的发展方向提出了指导建议。

中国行政村是在自然村基础上按照便于统一行政管理原则区划而来的。从自然村区划为行政村往往有多种情况，像"一村一社区"农村社区中即包括了"一自然村一行政村""多自然村一行政村""并村行政村"等不同类型。从各地区情况看，云南、安徽、广西、广东、贵州、湖北、湖南、海南、黑龙江、浙江、福建、江西、江苏、河南、辽宁、内蒙古、陕西、宁夏和西藏应是以"多自然村一行政村"为主的地区，因为这些地区自然村与行政村数量之比均超过2.0，而青海、新疆、天津、上海、四川、北京、河北和吉林则应为以"一自然村一行政村"和"一自然村多行政村"为主的地区，因为这些地区自然村与行政村数量之比均未超过1.0。2020年中国31个省（区、市）农村社区分布及其基本情况见表3-1。

表3-1　2020年中国31个省（区、市）农村社区分布及其基本情况

地区	行政村（个）	自然村（个）	每个行政村拥有自然村个数（个）	1 000户以下行政村占本地行政村比重（%）	1 000～3 000户行政村占本地行政村比重（%）	3 000户以上行政村占本地行政村比重（%）	行政村平均人口规模（人）
全国	502 057	1 580 874	3.1	77.85	18.98	3.17	1 015
北京	3 887	2 617	0.7	91.20	8.31	0.49	701
天津	3 519	1 537	0.4	94.15	5.43	0.43	603
河北	48 709	43 747	0.9	86.66	11.43	1.91	612
山西	22 391	40 370	1.8	86.18	12.05	1.77	584
内蒙古	11 062	30 091	2.7	78.60	19.51	1.89	707
辽宁	11 567	32 092	2.8	65.58	28.66	5.76	1 026
吉林	9 343	9 271	1.0	67.75	25.42	6.83	963
黑龙江	9 027	30 840	3.4	65.08	30.80	4.12	1 213

续表

地区	行政村（个）	自然村（个）	每个行政村拥有自然村个数（个）	1 000 户以下行政村占本地行政村比重（%）	1 000～3 000 户行政村占本地行政村比重（%）	3 000 户以上行政村占本地行政村比重（%）	行政村平均人口规模（人）
上海	1 562	832	0.5	60.82	35.92	3.27	1 704
江苏	14 045	44 044	3.1	48.49	42.66	8.85	1 602
浙江	19 806	66 100	3.3	80.06	18.56	1.38	907
安徽	14 427	150 093	10.4	50.74	39.95	9.31	1 763
福建	14 320	45 725	3.2	77.33	20.66	2.01	907
江西	16 979	54 997	3.2	72.89	24.57	2.54	1 053
山东	58 868	93 297	1.6	85.78	12.10	2.12	637
河南	45 148	140 202	3.1	74.53	22.18	3.30	981
湖北	22 665	91 852	4.1	82.98	15.51	1.50	946
湖南	23 792	90 993	3.8	72.92	22.51	4.57	1 152
广东	19 425	158 606	8.2	70.43	21.84	7.73	1 677
广西	14 220	132 518	9.3	70.96	26.51	2.52	1 614
海南	2 537	9 506	3.7	84.12	9.54	6.35	1 579
重庆	7 977	11 881	1.5	66.43	30.96	2.61	1 227
四川	26 881	13 948	0.5	77.75	19.00	3.25	1 347
贵州	13 196	65 731	5.0	84.72	13.19	2.08	1 369
云南	11 825	130 823	11.1	71.48	26.80	1.73	1 994
西藏	6 583	14 530	2.2	99.32	0.50	0.18	356
陕西	16 905	45 744	2.7	84.59	13.62	1.79	873
甘肃	16 010	21 140	1.3	83.50	13.94	2.55	747
青海	4 144	523	0.1	84.41	5.12	10.47	571
宁夏	2 244	5 371	2.4	82.98	15.37	1.65	1 125
新疆	8 993	1 853	0.2	89.26	9.71	1.03	1 250

资料来源：据《中国民政统计年鉴 2021》和《中国统计年鉴 2021》整理而得。

从拥有不同居民户规模的行政村数量及其占本地行政村的比重看，虽然全国 31 个省（区、市）均以居民户在 1 000 户以下的行政村居多、所占比重也最高，但经比较发现，江苏和安徽两地居民户在1 000～3 000户的行政村与居民户在1 000户以下的行政村无论数量还是所占比重均较接近，而西藏、天津和北京等15地居民户在1 000户以下行政村所占比重均超过80%。虽然说以行政村为基础的农村社区划分通常会受地形地貌、道路交通、居民居住方式和居住集聚度等多方面因素影响，但从社区管理及服务可及性和有效性来看，"一村一社区"型和"多村一社区"型农村社区更可能为居民户在1 000户以下的行政村，而"一村多社区"型更可能为居民户在1 000～3 000户，特别是居民户超过3 000户的行政村，因此，可粗略推断，像西藏、天津和北京等这种居民户以1 000户以下行政村较多、所占比重较高的地区，更有可能为"一村一社区"和"多村一社区"农村社区居多的地区，而像江苏和安徽等居民户在1 000户以上行政村较多、所占比重较高的地区，更可能为"一村多社区"型农村社区相对较多的地区。

需要指出的是，在那些地势较平坦、人口居住相对集中的农村地区，或者社区管理和服务能力较强的农村地区，居民户在1 000～3 000户甚至超过3 000户的行政村中也会分布着一些"一村一社区"型和"多村一社区"型农村社区；同样，在那些沟壑纵横、地势陡峭的山区和丘陵地带，或者地势虽平坦却以牧业、林业和渔业为主导产业的地区，因人们居住分散，行政村所辖居民点相距较远，居民户在1 000户以下的行政村也同样分布着较多"一村多社区"型农村社区。上述判断在实地调研中得到了充分印证。

通过对中国农村社区类型及其地理区位和所具有资源环境条件的调查分析不难发现，中国农村社区不仅数量多、分布广，而且受地形地貌、地理区位和自然环境条件等因素影响，农村社区的资源环境条件相差也较大，有的社区地势平坦、交通条件好，居民居住相对集中，公共产品和服务的可共享性和可及性较强；有的社区则地处山地和丘陵地带，或者牧区、林区及海洋渔业区，居民居住分散，交通不便，公共产品和服务的可共享性和可及性较差；有的社区生态环境优良、气候条件和资源条件好，与周边城市和小城镇联系密切，经济比较发达；有的社区则生态环境恶劣、土壤贫瘠、气候条件和资源条件差，地理区位偏远，与周边城市和小城镇联系少，经济比较落后，等等。农村社区所在地区的不同地形地貌、地理区位及气候和资源环境条件，影响和决定了中国农村社区及其养老服务能力建设的复杂性，是城乡融合发展视域下农村社区养老服务能力建设中不容忽视的问题。

2）农村社区养老服务机构和设施（服务能力）建设情况

服务机构和设施是农村社区服务能力的重要体现。统计资料显示，2020年中国农村共有社区服务机构和设施349 133个，其中，社区服务中心11 944个，社区服务站308 158个，社区服务指导中心7个，农村社区专项服务机构和设施19 124个；全国行政村社区服务机构和设施覆盖率69.54%，社区服务中心（站）覆盖率65.73%，分别比2015年提高了37.77个和53.46个百分点。2020年全国平均每万农村人口拥有社区服务机构和设施6.85个，31个省（区、市）中有17个低于全国平均水平；全国平均每万农村人口拥有社区服务中心（站）6.47个，31个省（区、市）中同样有17个低于全国平均水平；全国平均每万农村人口拥有社区专项服务机构和设施0.38个，31个省（区、市）中有21个低于全国平均水平。从各地区农村社区服务机构和设施覆盖率看，贵州和广东等8个省（区、市）实现了行政村社区服务机构和设施的全覆盖，而青海等6个省（区、市）的覆盖率则不足10%，地区间差距十分明显。行政村社区服务中心（站）覆盖率方面，贵州和吉林等7个省（区、市）实现了全覆盖，而西藏只有0.06%，地区差异同样显著。2020年中国农村社区服务机构和设施拥有量及行政村社区服务机构和设施覆盖率见表3-2。

表3-2 2020年中国农村社区服务机构和设施拥有量及行政村社区服务机构和设施覆盖率

地区	农村社区服务机构和设施		农村社区服务中心（站）		农村社区专项服务机构和设施		行政村社区服务机构和设施覆盖率（%）	行政村社区服务中心（站）覆盖率（%）
	数量（个）	每万农村人口拥有量（个）	数量（个）	每万农村人口拥有量（个）	数量（个）	每万农村人口拥有量（个）		
全国	349 133	6.85	330 002	6.47	19 124	0.38	69.54	65.73

续表

地区	农村社区服务机构和设施		农村社区服务中心（站）		农村社区专项服务机构和设施		行政村社区服务机构和设施覆盖率（%）	行政村社区服务中心（站）覆盖率（%）
	数量（个）	每万农村人口拥有量（个）	数量（个）	每万农村人口拥有量（个）	数量（个）	每万农村人口拥有量（个）		
北京	5 108	18.73	3 909	14.34	1 199	4.40	131.41	100.57
天津	2 881	13.58	2 645	12.47	236	1.11	81.87	75.16
河北	11 193	3.76	11 178	3.75	15	0.01	22.98	22.95
山西	16 993	12.99	16 811	12.85	182	0.14	75.89	75.08
内蒙古	586	0.75	583	0.75	3	0.00	5.30	5.27
辽宁	10 851	9.15	10 401	8.77	450	0.38	93.81	89.92
吉林	9 943	11.05	9 943	11.05	0	0	106.42	106.42
黑龙江	812	0.74	754	0.69	57	0.05	9.00	8.35
上海	1 275	4.79	1 243	4.67	32	0.12	81.63	79.58
江苏	12 552	5.58	8 584	3.81	3 968	1.76	89.37	61.12
浙江	12 072	6.72	9 496	5.28	2 574	1.43	60.95	47.95
安徽	12 045	4.74	11 428	4.49	617	0.24	83.49	79.21
福建	14 787	11.39	12 818	9.87	1 969	1.52	103.26	89.51
江西	17 503	9.79	17 497	9.79	6	0.00	103.09	103.05
山东	63 982	17.06	61 373	16.36	2 609	0.70	108.69	104.26
河南	39 177	8.85	39 061	8.82	116	0.03	86.77	86.52
湖北	17 777	8.29	16 856	7.86	919	0.43	78.43	74.37
湖南	24 578	8.97	24 213	8.84	364	0.13	103.30	101.77
广东	21 181	6.50	20 288	6.23	893	0.27	109.04	104.44
广西	1 032	0.45	1 003	0.44	29	0.01	7.26	7.05

续表

地区	农村社区服务机构和设施		农村社区服务中心（站）		农村社区专项服务机构和设施		行政村社区服务机构和设施覆盖率（%）	行政村社区服务中心（站）覆盖率（%）
	数量（个）	每万农村人口拥有量（个）	数量（个）	每万农村人口拥有量（个）	数量（个）	每万农村人口拥有量（个）		
海南	2 385	5.95	2 370	5.92	15	0.04	94.01	93.42
重庆	7 749	7.92	7 333	7.49	416	0.42	97.14	91.93
四川	6 548	1.81	4 634	1.28	1 914	0.53	24.36	17.24
贵州	14 456	8.00	14 334	7.93	121	0.07	109.55	108.62
云南	6 719	2.85	6 612	2.80	107	0.05	56.82	55.92
西藏	4	0.02	4	0.02	0	0	0.06	0.06
陕西	1 264	0.86	1 144	0.78	120	0.08	7.48	6.77
甘肃	3 702	3.10	3 660	3.06	42	0.04	23.12	22.86
青海	69	0.29	43	0.18	26	0.11	1.67	1.04
宁夏	1 561	6.18	1 510	5.98	51	0.20	69.56	67.29
新疆	8 348	7.43	8 274	7.36	74	0.07	92.83	92.00

注：表中，"0"表示该地区该指标该年度无统计，"0.00"表示该地区该指标该年度统计值偏小。另，行政村社区服务机构和设施覆盖率为农村社区服务机构和设施数量与同期行政村个数的百分比；行政村社区服务中心（站）覆盖率为农村社区服务中心（站）个数与同期行政村个数的百分率。

资料来源：《中国民政统计年鉴2021》《中国统计年鉴2021》。

从农村社区养老服务机构和设施建设情况看，2020年全国共有农村社区养老服务机构和设施207 610个，床位220.63万张，其中，全托社区养老服务机构和设施9 859个，床位28.65万张，日间照料社区养老服务机构和设施58 448个，床位54.50万张，互助型社区养老服务设施132 618个，床位118.50万张。2020年全国行政村社区养老服务机构和设施覆盖率41.35%，比2015年提高21.86个百分点。分地区看，2020

年湖南和上海等12个省（区、市）的行政村社区养老服务机构和设施覆盖率超过全国平均水平，而黑龙江和西藏等4个省（区、市）则不足10%。而从各类社区养老服务机构和设施覆盖率对各地区行政村社区养老服务机构和设施覆盖率的贡献率来看，河北和江西等5个省（区、市）互助型社区养老服务设施覆盖率对本地区行政村社区养老服务机构和设施覆盖率的贡献率超过90%，浙江和江苏等7个省（区、市）日间照料社区养老服务机构和设施覆盖率对本地区行政村社区养老服务机构和设施覆盖率的贡献率均超过60%，西藏和北京的全托社区养老服务机构和设施覆盖率对本地区行政村社区养老服务机构和设施覆盖率的贡献率均超过70%，上海的其他社区养老服务设施覆盖率对其行政村社区养老服务机构和设施覆盖率的贡献率为83.08%，而贵州和黑龙江等则以两种社区养老服务方式相对均衡发展为特色。由此可见，目前中国54.84%的省（区、市）的行政村社区养老服务机构和设施覆盖率主要与互助型社区养老服务设施覆盖率较高有关，另有22.58%的省（区、市）以日间照料社区养老服务机构和设施占主导为特征，这是目前中国农村社区养老服务机构和设施建设的两种主要形式。2020年中国农村社区养老服务机构和设施拥有量及行政村社区养老服务机构和设施覆盖率见表3-3。

表3-3　　2020年中国农村社区养老服务机构和设施拥有量及

行政村社区养老服务机构和设施覆盖率

地区	行政村社区养老服务机构和设施覆盖率（%）	行政村全托社区养老服务机构和设施覆盖率（%）	行政村日间照料社区养老服务机构和设施覆盖率（%）	行政村互助型社区养老服务设施覆盖率（%）
全国	41.35	1.96	11.64	26.41
北京	10.73	7.92	2.80	0
天津	20.69	0.68	19.95	0
河北	55.33	0.05	0.15	54.90
山西	24.89	2.85	18.20	3.50
内蒙古	15.69	0.11	1.51	13.89
辽宁	39.41	1.70	2.03	34.44
吉林	21.26	0.00	4.22	17.04
黑龙江	5.54	1.42	2.30	1.78

地区	行政村社区养老服务机构和设施覆盖率（%）	行政村全托社区养老服务机构和设施覆盖率（%）	行政村日间照料社区养老服务机构和设施覆盖率（%）	行政村互助型社区养老服务设施覆盖率（%）
上海	93.92	0.64	9.54	0
江苏	73.78	9.06	61.82	2.75
浙江	53.00	3.10	47.63	0.90
安徽	14.86	2.47	11.67	0.49
福建	83.44	1.90	16.08	62.21
江西	93.69	0.12	0.68	92.88
山东	17.53	0.00	0.37	16.60
河南	10.81	0.95	0.81	8.62
湖北	67.10	1.59	23.66	41.71
湖南	96.68	3.70	16.35	73.23
广东	75.85	5.12	51.89	15.19
广西	79.23	3.28	2.93	68.97
海南	6.94	0.35	2.92	0.24
重庆	32.43	3.52	4.95	18.47
四川	22.70	3.61	11.22	6.91
贵州	53.50	7.27	21.78	21.67
云南	13.34	0.75	8.81	3.67
西藏	0.55	0.46	0.02	0
陕西	45.41	0.66	1.24	42.87
甘肃	38.26	1.74	12.25	23.89
青海	24.86	1.04	0.80	23.02
宁夏	19.92	2.67	6.55	10.70
新疆	6.77	0.24	0.37	3.47

注：表中，"0"表示该地区该指标该年度无统计，"0.00"表示该地区该指标因该年度统计值偏小。

资料来源：《中国民政统计年鉴2021》。

3）农村社区医疗卫生条件及其能力建设情况

农村社区医疗卫生条件及其能力建设不仅涉及社区或行政村医疗卫生条件及能力建设，而且涉及乡（镇）医疗卫生条件及能力建设，原因是，与城市不同，农村社区或行政村通常与具有较高资质和医疗救护能力的大中型医疗机构相距较远，特别是在山区、牧区、林区和丘陵地区，相对于集聚在城市的大中型医疗机构，广泛分布于乡（镇）的医疗卫生机构、设施设备和医护人员，让农村老年人及时享有医疗救护及保健护理服务，更为迫切和重要。

2020年中国农村有乡镇卫生院35 762个，乡镇医疗卫生机构床位数139.03万张，乡镇卫生院卫生人员148.10万人，乡镇卫生院比2000年减少13 467个，乡镇卫生机构床位数和乡镇卫生院卫生人员分别增加65.55万张和31.12万人；每万农村人口平均拥有乡镇卫生院0.70个，拥有医疗卫生机构床位27.27张，拥有卫生人员29.04人，分别比2000年增加14.75%、200.00%和100.69%。2020年全国有村卫生室60.88万个，乡村卫生技术人员79.19万人，其中乡村医生74.67万人，乡村卫生室覆盖率比2000年提高24.34个百分点；2020年每万农村人口平均拥有乡村卫生室11.94个，拥有村卫生技术人员15.53人，拥有乡村医生14.64人，每万农村人口平均拥有乡村卫生室数和乡村医生数分别比2000年增加3.16个和2.02人，每万农村人口平均拥有乡村卫生技术人员数比2000年减少0.79人。2000—2020年中国农村人口拥有医疗卫生资源量如图3-1所示。

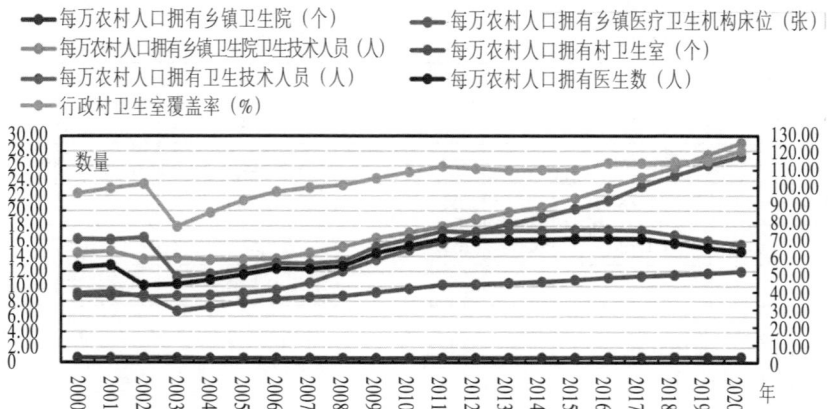

图3-1　2000—2020年中国农村人口拥有医疗卫生资源量

资料来源：《中国农村统计年鉴》（2001—2021）、《中国社会统计年鉴》（2001—2021）。

分地区看，2020年每万农村人口平均拥有乡镇卫生院超过全国平均水平的有16个省（区、市），每万农村人口平均拥有乡镇卫生院床位超过全国平均水平的有9个省（区、市），每万农村人口平均拥有乡镇卫生院卫生技术人员超过全国平均水平的有14个省（区、市），每万农村人口平均拥有村卫生室超过全国平均水平的有14个省（区、市），每万农村人口平均拥有乡村卫生技术人员超过全国平均水平的有12个省（区、市），每万农村人口平均拥有乡村医生超过全国平均水平的有12个省（区、市），除浙江、天津、北京、上海、西藏、山东和宁夏外，2020年其余地区的行政村平均拥有1个村卫生室。2020年中国31个省（区、市）每万农村人口拥有医疗卫生资源情况见表3-4。

表3-4 2020年中国31个省（区、市）每万农村人口拥有医疗卫生资源情况

地区	每万农村人口拥有乡镇卫生院（个）	每万农村人口拥有乡镇卫生院床位（张）	每万农村人口拥有乡镇卫生院卫生技术人员（人）	每万农村人口拥有村卫生室（个）	每万农村人口拥有乡村卫生技术人员（人）	每万农村人口拥有乡村医生（人）	行政村平均拥有村卫生室（个）
全国	0.70	27.27	29.06	11.94	15.53	14.65	1.21
北京	0	0	0	9.07	9.76	9.67	0.64
天津	0.65	17.83	27.29	10.35	16.66	16.43	0.62
河北	0.67	23.50	19.85	20.20	20.37	20.04	1.24
山西	1.00	23.35	20.15	20.48	24.01	22.47	1.20
内蒙古	1.61	27.46	29.11	16.66	19.84	18.29	1.18
辽宁	0.86	26.14	20.25	14.81	15.08	14.61	1.52
吉林	0.84	18.13	25.94	10.72	14.23	13.59	1.03
黑龙江	0.88	21.65	20.79	9.48	15.40	14.75	1.15
上海	0	0	0	4.39	2.44	2.08	0.75
江苏	0.44	34.16	46.39	6.67	10.29	9.78	1.07
浙江	0.59	11.25	30.78	6.29	3.69	3.48	0.57

续表

地区	每万农村人口拥有乡镇卫生院（个）	每万农村人口拥有乡镇卫生院床位（张）	每万农村人口拥有乡镇卫生院卫生技术人员（人）	每万农村人口拥有村卫生室（个）	每万农村人口拥有乡村卫生技术人员（人）	每万农村人口拥有乡村医生（人）	行政村平均拥有村卫生室（个）
安徽	0.53	27.21	24.68	6.18	12.10	11.32	1.09
福建	0.69	25.41	31.41	13.19	14.94	14.52	1.20
江西	0.89	32.70	29.04	15.35	20.13	19.55	1.62
山东	0.40	25.84	29.23	14.27	22.19	21.36	0.91
河南	0.46	27.58	25.18	12.87	20.37	18.67	1.26
湖北	0.52	37.53	37.01	10.82	15.25	14.56	1.02
湖南	0.78	39.17	34.34	13.91	12.22	11.53	1.60
广东	0.36	19.73	29.95	7.95	6.40	6.20	1.33
广西	0.55	31.78	36.62	8.41	13.10	12.23	1.36
海南	0.69	19.25	31.05	6.90	8.25	6.57	1.09
重庆	0.83	44.60	37.19	10.03	15.23	15.00	1.23
四川	1.18	37.28	31.81	14.97	15.77	15.52	2.02
贵州	0.74	24.69	30.18	11.16	17.33	14.47	1.53
云南	0.58	23.28	26.09	5.76	15.46	14.62	1.15
西藏	2.90	15.79	24.57	22.51	53.58	42.09	0.80
陕西	1.03	24.22	34.36	15.57	17.09	16.60	1.36
甘肃	1.14	23.93	26.46	13.74	15.09	13.18	1.03
青海	1.74	19.96	25.66	18.92	28.20	24.56	1.08
宁夏	0.81	14.49	23.93	8.61	12.44	11.68	0.97
新疆	0.82	26.16	22.62	8.84	13.10	11.73	1.10

注：表中，"0"表示该地区该指标该年度无统计。

资料来源：《中国农村统计年鉴2021》。

4）农村社区（养老）服务能力建设成效分析

农村社区（养老）服务能力建设成效主要体现在为农村老年人提供社区养老服务方面。统计资料显示，2020年农村社区为农村老年人提供社区养老服务3 971.56万人次，其中，全托社区养老服务8.77万人次，占0.22%，日间照料社区养老服务1 321.68万人次，占33.28%，互助型社区养老服务2 016.92万人次，占50.78%，其他社区养老服务43.34万人次，占1.09%；2020年农村社区全托养老服务人数32.38万人，其中全托社区养老服务机构和设施照料人数7.72万人，占23.92%，互助型社区全托养老服务设施照料人数17.42万人，占53.96%，未登记的特困人员救助供养机构全托照料服务人数7.14万人，占22.12%。2020年中国及各地区农村社区为农村老年人提供社区养老服务情况见表3-5。

表3-5　2020年中国及各地区农村社区为农村老年人提供社区养老服务情况

地区	农村社区养老服务人次数（人次）	农村社区全托养老服务人数（人）	全托社区养老服务机构和设施服务人数（人）	全托社区养老服务机构和设施服务人次数（人次）	日间照料社区服务机构和设施人次数（人次）	互助型社区养老服务设施服务人次数（人次）	互助型社区全托养老服务人数（人）	其他社区养老服务设施服务人次数（人次）	未登记的特困人员救助供养机构全托服务人数（人）
全国	39 715 600	322 775	77 214	87 676	13 216 798	20 169 165	174 163	433 408	71 398
北京	717 716	1 137	1 137	958	38 647	0	0	0	0
天津	2 256	551	509	60	565	0	0	0	42
河北	3 403 111	17 394	581	620	1 740	3 264 329	12 918	0	3 895
山西	1 090 676	6 064	4 588	678	790 370	69 325	312	0	1 164
内蒙古	1 493 707	61 907	257	213	125 628	1 367 703	61 135	0	515
辽宁	431 468	3 805	1 260	1 712	255	359 727	528	0	2 017
吉林	7 313	304	0	37	31	7 282	304	0	0
黑龙江	68 597	4 914	3 315	659	7 962	23 665	1 599	0	0
上海	446 438	149	149	291	446 438	0	0	0	0
江苏	1 349 860	4 010	3 698	7 452	901 709	6 342	241	0	71
浙江	6 392 671	12 429	12 312	39 282	5 813 126	0	0	0	117

续表

地区	农村社区养老服务人次数（人次）	农村社区全托养老服务人数（人）	全托社区养老服务机构和设施服务人数（人）	全托社区养老服务机构和设施服务人次数（人次）	日间照料社区服务机构和设施服务人次数（人次）	互助型社区养老服务设施服务数（人次）	互助型社区全托养老服务人数（人）	其他社区养老服务设施服务人次数（人次）	未登记的特困人员救助供养机构全托服务人数（人）
安徽	292 977	6 380	4 304	947	20 387	140 695	922	0	1 154
福建	1 482 485	6 928	481	8 609	303 442	1 149 712	1 640	69	4 807
江西	646 487	8 339	108	2 334	4 683	641 170	8 231	0	0
山东	4 614 326	30 265	0	652	106 410	4 226 485	26 962	281 431	3 303
河南	850 200	7 275	3 607	2 299	43 089	775 912	2 664	543	1 004
湖北	2 202 552	8 833	2 313	1 940	542 670	1 637 443	6 212	0	308
湖南	2 363 579	19 241	5 678	6 971	390 972	1 736 632	13 563	0	0
广东	4 053 680	1 712	890	1 907	2 622 317	1 135 894	755	151 365	67
广西	1 097 892	21 106	2 281	4 297	20 725	867 083	13 641	0	5 184
海南	12	1 194	46	0	12	0	0	0	1 148
重庆	934 335	23 799	6 597	2 048	106 896	601 270	4 361	0	11 841
四川	2 832 008	30 143	17 849	1 282	393 483	213 793	932	0	12 362
贵州	291 396	12 769	1 918	184	85 562	202 225	2 535	0	8 316
云南	207 288	583	64	8	176 363	30 925	107	0	412
西藏	14	201	25	9	0	0	0	0	176
陕西	1 976 379	18 080	1 345	41	49 236	1 472 287	9 182	0	7 553
甘肃	352 789	5 096	1 183	299	221 887	128 497	3 851	0	62
青海	19 029	798	621	107	733	17 893	177	0	0
宁夏	90 983	697	60	157	0	90 983	637	0	0
新疆	3 376	6 672	38	1 623	1 460	1 893	754	0	5 880

注：表中，"0"表示该地区该指标该年度无统计。

资料来源：《中国民政统计年鉴2021》。

分地区来看，在全国31个省（区、市）中，2020年农村社区养老服务人次最多的是浙江，接下来依次为山东、广东、河北、四川、湖南、湖北和陕西。而且，由表3-4可见，各地区农村社区在为农村老年人提供各类社区养老服务及各地区农村老年人参与各类社区养老服务方面存在明显差距。有的地区全托社区养老服务参与人次较多，如西藏和新疆，有的地区日间照料社区养老服务参与人次较多，如上海和海南等，有的地区参与互助型社区养老服务的人次所占比重则较高，如宁夏和吉林等，这一方面与各地区发展农村社区养老服务的方向和重点有关，另一方面则与各地区人口、自然条件和经济社会发展水平有关。

从全国及各地区农村社区养老服务的实际效果和效率看，2020年中国农村社区养老服务床位平均使用次数18次，农村社区全托养老服务床位利用率44.24%，全托社区养老服务床位被参与该项服务的农村老年人使用次数1.14次，全托农村社区养老服务机构床位利用率为33.75%，日间照料社区养老服务床位使用次数24.25人次，互助型社区全托养老服务床位使用次数0.56次。2020年中国及各地区农村社区养老服务成效见表3-6。

表3-6 　　　　　2020年中国及各地区农村社区养老服务成效

	农村社区养老服务床位平均使用次数（次）	农村社区全托养老服务床位利用率（%）	全托社区养老服务床位被参与该项服务农村老年人平均使用次数（次）	全托社区养老服务机构床位利用率（%）	日间照料社区养老服务床位平均使用次数（次）	互助型社区全托养老服务床位平均使用次数（次）
全国	18.00	44.24	1.14	33.75	24.25	0.56
北京	93.05	37.12	0.84	37.12	56.75	0
天津	0.30	61.84	0.12	64.35	0.10	0
河北	17.63	38.15	1.07	25.10	0.69	0.41
山西	13.95	30.87	0.15	29.58	19.56	3.39
内蒙古	12.38	56.72	0.83	63.77	110.10	0.57
辽宁	11.57	20.98	1.36	18.55	0.10	0.24
吉林	0.68	43.62	0	0	0.01	0.44
黑龙江	4.89	49.25	0.20	50.84	7.19	0.50
上海	99.16	7.45	1.95	7.45	182.00	0
江苏	9.53	22.39	2.02	22.33	8.03	0.19

续表

	农村社区养老服务床位平均使用次数（次）	农村社区全托养老服务床位利用率（%）	全托社区养老服务床位被参与该项服务农村老年人平均使用次数（次）	全托社区养老服务机构床位利用率（%）	日间照料社区养老服务床位平均使用次数（次）	互助型社区全托养老服务床位平均使用次数（次）
浙江	36.65	25.88	3.19	26.18	48.41	0
安徽	8.02	24.89	0.22	22.04	1.96	0.74
福建	12.34	17.41	17.90	4.91	16.08	0.12
江西	10.10	61.52	21.61	26.41	15.61	0.63
山东	23.17	240.14	0	0	31.78	46.49
河南	18.49	42.40	0.64	47.52	11.15	0.46
湖北	17.10	104.62	0.84	49.54	13.29	2.31
湖南	19.04	68.90	1.23	78.70	23.70	0.65
广东	28.07	26.34	2.14	19.67	30.82	0.49
广西	7.46	17.69	1.88	17.25	5.87	0.17
海南	0.00	33.12	0.00	85.19	0.05	0
重庆	19.80	59.00	0.31	62.89	83.91	0.98
四川	28.01	47.90	0.07	49.79	19.06	0.58
贵州	5.34	46.24	0.10	35.23	9.07	0.55
云南	11.22	24.71	0.13	6.04	13.92	0.87
西藏	0.02	32.21	0.36	14.20	0.00	0
陕西	25.53	88.36	0.03	60.21	28.02	1.28
甘肃	4.67	54.61	0.25	40.21	9.96	0.68
青海	2.88	47.08	0.17	41.24	1.18	0.94
宁夏	27.66	51.86	2.62	21.20	0.00	0.60
新疆	0.19	50.25	42.71	4.82	0.93	0.31

注：表中，"0"表示该地区此项指标该年度无统计；"0.00"表示该地区该指标因该年度统计值偏小或为0。另，某类社区养老服务床位平均使用次数为某时期该类社区养老服务人次数与同期该类社区养老服务床位数的比值；某类社区养老服务床位利用率为某时期该类社区养老服务人数与同期该类社区养老服务床位数的百分率。

资料来源：据《中国民政统计年鉴2021》数据计算而得。

由表3-6可见，上海、北京和浙江等8地农村社区养老服务床位平均使用次数均超过20次，有的地区则不超过10次。各地农村社区养老服务床位平均使用次数的高低，一方面与农村老年人参与农村社区养老服务次数的多少，即农村老年人参与社区养老服务的热情和积极性有关，另一方面则与这些地方对农村社区养老服务的宣传力度和管理能力有关，同时还可能一定程度地受到外部环境和因素影响，如2020年初暴发的新冠肺炎疫情对社会集聚活动的制约①。从全国各地农村社区全托养老服务床位利用率看，山东和湖北等15个省（区、市）均超过全国平均水平，其余16个省（区、市）则在全国平均水平以下。虽然说农村社区全托养老服务供求矛盾具有全国性特征②，但从各地农村社区全托养老服务的主要供给形式和结构看，各地区表现出极大差异性。如农村社区全托养老服务床位利用率最高的山东，2020年该省农村社区全托养老服务床位数在31个省（区、市）中仅居第18位，而60岁及以上老年人数在全国排第1位，农村社区全托养老服务供求矛盾异常突出。

从表3-6各类农村社区养老服务发展和利用情况看，2020年全国29个省（区、市）③中全托农村社区养老服务床位利用率高于全国平均水平的有14个；日间照料社区养老服务床位平均使用次数最高的是上海，接下来依次为内蒙古、重庆、北京、浙江、山东、广东和陕西；互助型农村社区全托养老服务床位平均使用次数超过全国平均水平的有14个。

3.1.2 中国农村社区经济能力建设状况

1）农村经济发展与农村基础条件变化

（1）农村经济发展与农林牧渔业产值结构变化

改革开放特别是进入21世纪以来，中国农村经济无论从数量、质量，还是产业结构及科技和生产力水平方面，均取得了举世瞩目的成

---

① 因缺乏新冠肺炎疫情暴发前农村社区养老服务参与情况数据，因此，暂时无法说明新冠肺炎疫情是否真的及在多大程度上影响了农村老年人对社区养老服务的参与。
② 中国农村社区全托养老服务供求矛盾突出地表现在各地农村社区全托养老服务床位和社区照护人员供给难以满足农村老年人对社区全托养老服务的需求上。
③ 2020年吉林和山东两省全托农村社区养老服务机构和床位数因无统计，不计算在内。

就。统计资料显示，1978 年中国农林牧渔业总产值 1 397.0 亿元，农林牧渔业增加值 1 027.5 亿元，农、林、牧、渔业产值分别占农林牧渔业总产值的 79.99%、3.45%、14.98% 和 1.58%；在经历了党的十六大、党的十七大、党的十八大和党的十九大，四次大的城乡关系调节和农村经济大发展后，2020 年中国农村经济虽然受到新冠肺炎疫情的严重影响，但仍在全面消除绝对贫困基础上取得了重大成就。2020 年农林牧渔业增加值 81 103.9 亿元，农林牧渔业总产值达到 137 782.2 亿元，农、林、牧、渔业产值占农林牧渔业总产值比重分别为 52.07%、4.33%、29.23% 和 9.27%，农林牧渔专业及其辅助性活动产值所占比重 5.10%，第一产业产值构成更趋稳定与合理。1978—2021 年中国农林牧渔业产值构成变化趋势如图 3-2 所示。

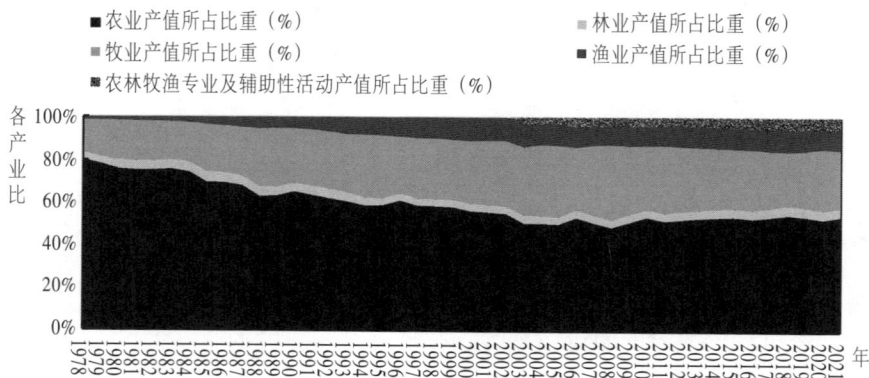

图 3-2　1978—2021 年中国农林牧渔业产值构成变化趋势

资料来源：中经网统计数据库，https：//db.cei.cn。

　　与中国农林牧渔业迅猛发展、内部产值结构日趋合理同步的是，全国各地农林牧渔业也在获得快速发展，农林牧渔业内部产值结构日趋合理化。统计资料显示，2000—2020 年，除上海、海南和青海外，其余各地区农业产值占本地区农林牧渔业总产值比重均呈下降趋势；林业产值占本地区农林牧渔业总产值比重则以北京市提升最为显著，20 年间上升了 33.65 个百分点，而明显呈下降态势的是海南，降幅达 8.85 个百分点；牧业产值占本地区农林牧渔业总产值比重，北京、上海、青海出现了明显下降，20 年间北京的降幅高达 19.95 个百分点，有近 20 个省

（区、市）的牧业产值所占比重呈现升势；渔业产值占本地区农林牧渔业总产值比重，除辽宁、广西、广东和江西呈明显降势，浙江、江苏和湖北呈明显升势外，其余地区均变化不大。

（2）农村和农业基础条件变化

农村基础条件既是农村经济和三次产业赖以发展的基础，也是农村政治、文化、社会、技术和信息发展进步及居民生活质量和水平提高的基本前提，还是农村社区养老服务能力建设的重要物质支撑。统计资料显示，1978年国家财政用于农村和农业的支出150.66亿元，占财政支出的13.43%，到2020年增加到23 948.46亿元，占国家财政支出的9.75%；农村集体单位固定资产投资额由1981年的83.7亿元增加到2011年的30 277.5亿元[1]；农村住户固定资产投资额则从1981年的166.3亿元增至2020年的8 363.3亿元。改革开放特别是2002年以来国家财政对农村发展的高度重视，尤其是对"三农"投入的增加，不仅极大改善了农村的道路和交通运输条件，农村供水、供电、供气条件也得到根本改善，互联网络基本实现了"村村通"和全覆盖，而农村集体单位和农村住户的固定资产投资则进一步改善了农村、农业和农民的生产和生活条件。

从农村道路交通条件变化看，2020年中国农村公路建设里程438.2万公里，比2015年增加48.20万公里；村庄内道路长度335.80万公里，比2015年增加101.70万公里，其中，更新改造道路11.07万公里，比2015年多改造5.00万公里，硬化道路长度187.99万公里，比2015年增加115.51万公里，农村村庄内道路硬化率55.98%，比2015年提高25.02个百分点。在农村生活供水方面，2020年中国农村规模化供水覆盖人口为50%，全国农村集中供水率88%，集中供水的行政村占全部行政村的82.48%，农村自来水普及率83.37%，人均日生活用水93.14升，集中供水的行政村占全部行政村的比例比2015年提高19.98个百分点，自来水普及率比2015年提高21.82个百分点，人均日生活用水量比2015年增加20.39升。2020年全国农村用气人口23 690.02万人，燃气普及率

---

[1] 2011年后国家统计资料中未见农村集体单位固定投资统计数据，只有农村住户固定资产投资统计数据。

35.08%，用气人口比 2015 年增加 7 413.52 万人，燃气普及率比 2015 年提高 14.50 个百分点。

分地区看，2020 年农村村庄内道路硬化率较高的北京和江苏等 11 个省（区、市），村庄内道路硬化率均超过 60%，而海南和西藏等 5 个省（区、市）的村庄内道路硬化率不到 40%。2020 年集中供水行政村占当地行政村的比重超过 90% 的有宁夏和江苏等 10 个省（区、市），最低的西藏只有 47.15%；在自来水普及率方面，江苏和青海等 12 个省（区、市）均超过 90%，而湖南、江西和辽宁则不到 70%。农村燃气普及率较高的江苏和上海等 5 个省（区、市）均超过 60%，而青海和贵州等 7 个省（区、市）则不到 10%。2020 年全国及各地区农村居民生活设施与 2015 年比较见表 3-7。

表 3-7　　2020 年全国及各地区农村居民生活设施与 2015 年比较

地区	村庄内道路硬化率（%）			集中供水行政村比例（%）			自来水普及率（%）			燃气普及率（%）		
	2015	2020	升（+）降（-）	2015	2020	升（+）降（-）	2015	2020	升（+）降（-）	2015	2020	升（+）降（-）
全国	30.96	55.98	25.02	62.50	82.48	19.98	61.55	83.37	21.82	20.58	35.08	14.50
北京	39.75	85.16	45.42	85.80	87.19	1.39	91.12	92.78	1.66	34.85	38.82	3.97
天津	21.01	58.02	37.02	90.20	90.69	0.49	93.98	93.25	-0.73	43.16	70.97	27.81
河北	32.97	67.66	34.69	74.00	84.77	10.77	82.09	92.26	10.17	16.42	51.43	35.01
山西	31.68	50.74	19.06	73.60	81.01	7.41	80.67	88.69	8.02	4.66	19.49	14.83
内蒙古	23.43	64.89	41.46	55.50	72.58	17.08	50.95	71.80	20.85	4.68	11.06	6.38
辽宁	43.21	56.91	13.70	59.80	64.49	4.69	53.05	69.90	16.85	12.64	14.77	2.13
吉林	30.36	69.83	39.47	56.90	82.15	25.25	43.73	74.31	30.58	3.14	8.47	5.33
黑龙江	27.69	57.77	30.07	75.10	90.66	15.56	57.17	85.27	28.10	2.57	4.93	2.36
上海	57.14	61.26	4.12	99.90	91.94	-7.96	95.00	95.42	0.42	66.29	74.46	8.17
江苏	47.47	75.50	28.04	94.80	98.93	4.13	94.28	97.54	3.26	70.05	85.84	15.79
浙江	31.16	34.25	3.09	77.80	83.10	5.30	79.24	84.86	5.62	44.27	50.87	6.60
安徽	25.87	47.85	21.98	51.60	82.06	30.46	47.25	79.20	31.95	21.25	34.31	13.06
福建	44.47	57.58	13.11	81.60	92.59	10.99	80.64	92.87	12.23	48.19	63.03	14.84

续表

地区	村庄内道路硬化率（%）			集中供水行政村比例（%）			自来水普及率（%）			燃气普及率（%）		
	2015	2020	升(+)降(-)	2015	2020	升(+)降(-)	2015	2020	升(+)降(-)	2015	2020	升(+)降(-)
江西	31.68	52.77	21.09	48.70	71.07	22.37	36.51	66.22	29.71	14.50	27.70	13.20
山东	39.28	67.91	28.63	93.00	97.02	4.02	90.91	95.59	4.68	41.21	53.46	12.25
河南	27.36	46.49	19.13	48.90	80.69	31.79	52.67	80.29	27.62	2.27	21.33	19.06
湖北	24.70	36.42	11.72	55.90	84.41	28.51	50.14	76.53	26.39	17.45	31.10	13.65
湖南	26.09	41.24	15.15	29.60	62.26	32.66	38.54	64.74	26.20	10.57	22.89	12.32
广东	42.07	50.45	8.38	61.40	81.41	20.01	68.12	86.17	18.05	46.27	66.15	19.88
广西	28.96	62.10	33.15	48.10	68.90	20.80	52.05	79.86	27.81	30.07	52.79	22.72
海南	17.98	22.06	4.08	74.20	94.76	20.56	82.59	91.20	8.61	61.37	73.48	12.11
重庆	16.63	49.68	33.05	59.00	85.79	26.79	46.02	83.37	37.35	9.68	28.09	18.41
四川	22.58	70.17	47.59	29.70	76.29	46.59	35.31	74.55	39.24	7.41	31.85	24.44
贵州	16.61	37.53	20.92	57.80	72.87	15.07	57.87	82.62	24.75	1.89	3.68	1.79
云南	18.48	49.87	31.39	69.00	82.06	13.06	65.96	88.00	22.04	3.52	4.14	0.62
西藏	28.74*	29.47	0.74	31.13*	47.15	16.02	83.45*	91.21	7.76	5.65*	8.42	2.77
陕西	61.98*	68.86	6.88	64.80	90.37	25.57	70.08	89.63	19.55	8.05	15.88	7.83
甘肃	52.92	57.05	4.13	51.50	83.85	32.35	60.54	87.25	26.71	2.24	4.25	2.01
青海	20.04	43.46	23.43	65.20	78.38	13.18	81.45	96.93	15.48	1.68	3.27	1.59
宁夏	32.54	75.48	42.94	78.80	99.59	20.79	69.88	97.52	27.64	7.02	10.72	3.70
新疆	22.41	47.12	24.71	80.46	91.56	11.10	75.86	93.33	17.47	3.17	7.63	4.46

注：表中，2015年农村村庄内道路硬化率，陕西为2016年数据，西藏为2017年数据；2015年集中供水行政村比例、自来水普及率和燃气普及率的西藏数据均为2017年数据。

资料来源：据《中国社会统计年鉴》（2016—2018，2021）数据整理计算得到。

在电力使用方面，1978年中国农村用电量253.1亿千瓦时，到2020年已增加到9 717.2亿千瓦时，是1978年的38.39倍；农村人均年用电量2020年为1 905.63千瓦时，是1978年的59.50倍。2000—2020年全国农村用电量和农村人均年用电量变化情况如图3-3所示。

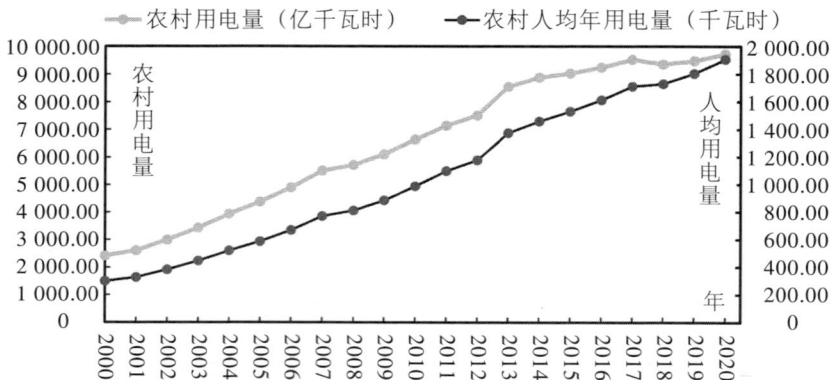

图 3-3　2000—2020 年全国农村用电量和农村人均年用电量变化情况

资料来源：根据相关年份统计年鉴整理和计算得到。

　　农村互联网发展方面，2000 年中国城乡上网用户仅 2 250 万人，农村上网用户很少，到 2010 年，中国农村网民数已达 12 484 万人，农村互联网普及率 18.60%。这其中，农村手机上网用户占农村网民总数的 70.70%，农村 60 岁及以上老年人网民人数占农村网民总数的 0.8%，而且，农村网民上网原因日趋多元化；2022 年中国城乡网民总数已达 106 744 万人，其中农村网民数量 30 800 万人，农村地区互联网普及率达到 61.90%。2005—2020 年中国农村互联网网民数量及互联网普及率如图 3-4 所示。2022 年农村宽带接入用户 17 600 万户，是 2010 年的 7.11 倍；平均每百名农村人口拥有宽带用户 34.52 户。2022 年全国行政村全面实现"村村通宽带""县县通 5G"目标，贫困地区通信难等问题得到根本解决，互联网等数字化技术在智慧绿色乡村建设中的作用日益凸显[①]。

　　农业生产条件及农业机械化和现代化水平方面，2020 年全国耕地灌溉面积 6 916.05 万公顷，比 2000 年增加 1 534.02 万公顷，2020 年耕地灌溉率 55.63%，比 2000 年提高 13.66 个百分点；2020 年农业机械总动力 105 622 万千瓦，比 2000 年增加 53 048.4 万千瓦；2020 年全国农用大中型拖拉机 477.27 万台，大中型拖拉机配套农具 459.44 万部，农用小型拖拉机 1 727.60 万台，分别比 2000 年增加 39.46 万台、31.95 万部和

---

　　① 国家图书馆研究院.第 51 次中国互联网络发展状况统计报告［J］.国家图书馆学刊，2023，32（2）：39.

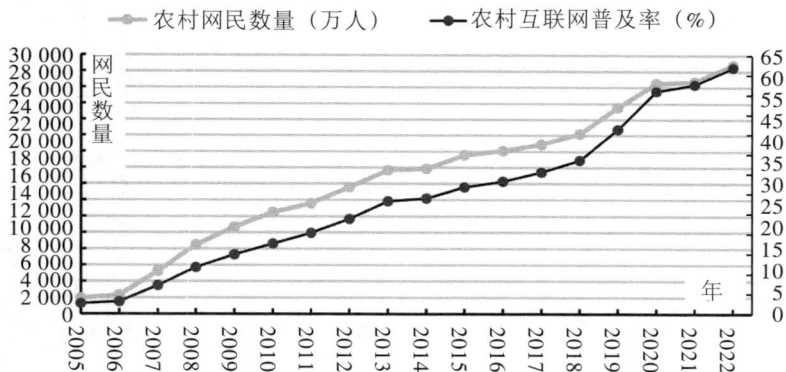

图3-4 2005—2020年中国农村互联网网民数量及互联网普及率

资料来源：《中国互联网络发展状况调查统计报告》（2005—2022）。

46.32万台；2020年全国耕地机耕面积128 129.1千公顷、农作物机播面积98 777.9千公顷、机收面积105 504.1千公顷，分别比2013年增加14 371.3千公顷、18 468.3千公顷和28 088.1千公顷。2020年农作物综合机械化率71.25%，其中耕地机耕率、农作物机播率和机收率分别为85.49%、58.98%和64.56%，2020年农作物综合机械化率比2013年提高11.75个百分点。2013—2020年中国农村农业机械化水平发展变化如图3-5所示。

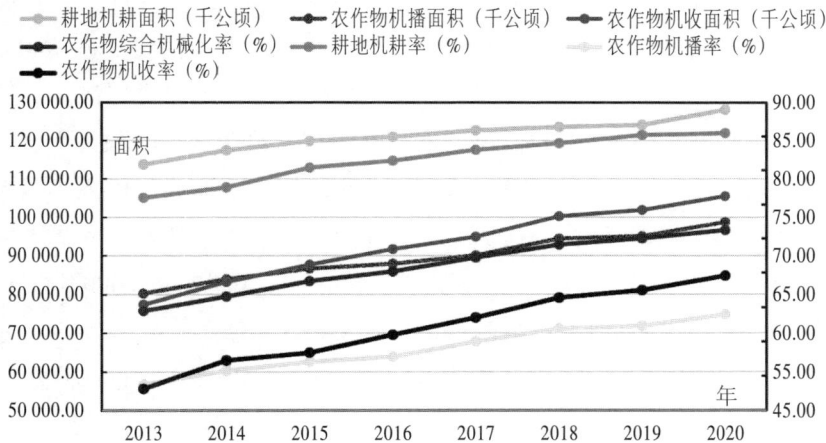

图3-5 2013—2020年中国农村农业机械化水平发展变化

资料来源：据中华人民共和国农业农村部网站（http://zdscxx.moa.gov.cn:8080/nyb/pc/index.jsp）有关数据绘制。

从农村合作经济发展情况看，农业农村部资料显示，2020年11月底全国共有农民专业合作社224.1万家，涉及农林牧渔各业，其中55%的农民合作社从事种植业及相关行业服务，6%的从事林业及相关行业服务，21%的从事牧业及相关行业服务，3%的从事渔业及相关行业服务，8%的从事服务业，另有7%的农民合作社从事其他行业；在产业链条上，目前的农民合作社已从种养业延伸至产前农资技术和产后加工流通等各环节，其中半数以上农民合作社建立了"产加销"一体化服务链，近12%创办了加工、流通和销售服务实体，近2%的农民合作社发展起了农村电子商务[①]。

2）农村家庭经济能力发展变化

改革开放特别是进入21世纪后，中国农村面貌发生了根本变化，不仅彻底解决了农村人口的温饱问题，消除了绝对贫困，而且农村居民的生活质量和收入、消费水平显著提高，农村居民收入和消费结构发生了重大转变。统计资料显示，1978年中国农村居民人均可支配收入133.57元，人均消费支出116.06元，农村居民恩格尔系数高达67.71%，人均消费支出中用于文化和生活服务性消费的比重不到3%，农村居民家庭每百户拥有耐用消费品种类不仅极少，而且拥有量很低[②]；1990年，农村居民人均可支配收入增加到686.31元，人均消费支出584.63元，农村居民恩格尔系数54.86%，用于教育文化娱乐和医疗保健支出的比重提高到5.30%，农村居民家庭每百户拥有耐用消费品种类不仅发生了质的变化，而且拥有量大大提高[③]；到2020年，农村居民人均可支配收入已达17 131.5元，人均消费支出13 713.4元，剔除通货膨胀因素，按可比价计算的农村居民人均可支配收入2020年比2000年增长3.38倍，比1978年增长20.44倍，农村居民家庭恩格尔系数32.66%，人均消费支出中用于交通通信、教育文化娱乐和医疗保健支出的比重达到

---

① 中华人民共和国农业农村部网站．http：//zdscxx.moa.gov.cn：8080/nyb/pc/index.jsp.

② 改革开放初期，农村居民家庭拥有的耐用消费品主要为自行车、缝纫机、收音机和钟表（含手表），1978年每百户农村家庭平均拥有自行车5.36辆，缝纫机3.45架，收音机3.04台，钟表（含手表）9.02只。

③ 到20世纪80年代中期后，缝纫机、收音机和钟表（手表）逐渐退出家庭耐用消费品行列，与此同时，洗衣机、电冰箱、电视机（含黑白和彩色电视机）、摩托车、收录机、照相机、电风扇等逐渐成为主流家用电器。1990年农村家庭每百户拥有洗衣机9.12台，电冰箱1.22台，电视机（含黑白和彩色电视机）44.44台，摩托车0.89辆，收录机17.83台，照相机0.70架，电风扇41.36台，自行车118.33辆。

33.30%，家庭耐用消费品品种发生本质变化，每百户拥有量大幅提升，家用汽车、摩托车和电动助力机已经成为农村居民主要的代步工具，电冰箱、彩色电视机、移动电话和洗衣机等基本普及，空调和热水器等的拥有率均达到70%以上，农村居民生活发生了翻天覆地的变化。

从收入来源看，2020年全国农村居民人均可支配收入中40.71%来自工资性收入，35.48%来自经营性收入，2.44%来自财产性收入，21.37%来自转移性收入，从1993年以来构成农村居民人均可支配收入的各类目总的变化趋势看，除财产收入所占比重无太大变化外，工资性收入占农村居民人均可支配收入的比重升中趋稳，2009年以来大致保持在40%以上水平，而经营性收入所占比重则快速下降，由1997年前的70%以上下降到2020的35%左右，转移性收入所占比重也升中趋稳，2013年后基本保持在18%～21%的水平。1993—2021年中国农村居民人均可支配收入内部构成变化情况如图3-6所示。

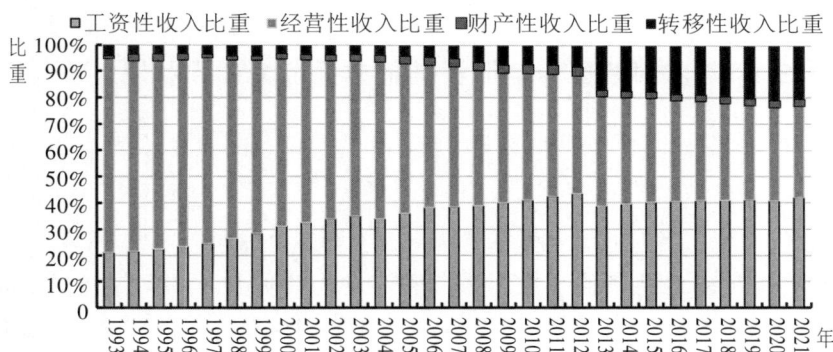

图3-6　1993—2021年中国农村居民人均可支配收入内部构成变化情况

资料来源：《中国统计年鉴》（1994—2022）。

从消费结构看，2020年全国农村居民人均消费支出中食品烟酒、衣着、居住、生活用品及服务和交通通信等基本生活支出分别占32.66%、5.20%、21.60%、5.60%和13.42%，教育文化娱乐和医疗保健支出分别占9.54%、10.34%。从构成农村居民人均消费支出各类目的变化趋势看，衣着、生活用品及服务、其他用品及服务等的支出所占比重近30年来虽有升降但基本保持稳定，而食品烟酒支出所占比重则明显下降，2020年与1993年相比，交通通信支出所占比重上升了11.16个百分点，居住支出所占比重上升7.72个百分点，医疗保健支出所占比重上升6.81个百分点，教育文化娱乐支出所占比重1.95个百分点。1993—2021年中国农村居民人均消费支出内部构成变化情况如图3-7所示。

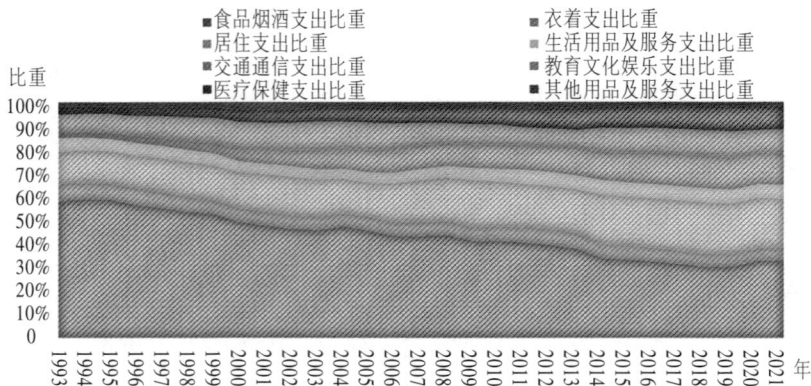

图3-7　1993—2021年中国农村居民人均消费支出内部构成变化情况

资料来源：《中国统计年鉴》（1994—2022）。

3.1.3　农村社区养老服务其他方面能力建设状况

1）农村社区管理能力及学习成长和变革创新能力建设状况

改革开放特别是实行社会主义市场经济以来，中国农村经济、政治、社会和文化等的建设虽然取得了巨大成就，但受农村组织管理制度变革①及市场经济条件下农村人口和劳动力跨城乡、跨区域流动等影响，农村基层组织软弱涣散、凝聚力不足和政策执行不力等问题逐渐暴露出来。为了解决农村基层组织存在的问题，1987年11月国家颁布《中华人民共和国村民委员会组织法（试行）》（以下简称《村民委员会组织法（试行）》），1998年11月颁布《中华人民共和国村民委员会组织法》（以下简称《村民委员会组织法》），又分别于2010年、2018年对其进行了修订。按照《村民委员会组织法（试行）》，20世纪80年代末以后，农村基层组织的自治权责超越了组织生产的权责②，而且《村

---

①　改革开放前20多年时间里（自1958年起），中国农村实行的是"人民公社—生产大队—生产小队"的"社队制"管理制度；改革开放后，1983年10月中共中央、国务院发布了《关于实行政社分开建立乡政府的通知》，要求废除"社队制"，建立"乡政府—村民委员会—村民小组"的村民自治制度，以适应农村联产承包责任制改革的需要。

②　也就是说，1987年后由"社队制"时期的生产大队和生产小队转变而来的村民委员会和村民小组，其主要责任不再是组织生产，而是进行自我治理。

民委员会组织法（试行）》将村民委员会的设立单位定位于自然村，规定几个自然村可以联合设立村民委员会，大的自然村可以设立几个村民委员，从而很好吻合了农村实行家庭联产承包责任制的要求。1998年颁布的《村民委员会组织法》删除了以自然村为基础设立村民委员会的条文；2010年和2018年的修订则对此前法案中存在的不合理及缺失内容进行了修改、完善。党的十九大前后，为配合农村社区基层组织自治能力建设、提高农村社区治理体系和治理能力现代化水平，国家又陆续出台了《中共中央 国务院关于加强和完善城乡社区治理的意见》（2017）、《乡村振兴战略规划（2018—2022年）》（2018）、《中国共产党农村基层组织工作条例》（2019）、《关于加强和改进乡村治理的指导意见》（2019）、《中共中央 国务院关于加强基层治理体系和治理能力现代化建设的意见》（2021）和《关于规范村级组织工作事务、机制牌子和证明事项的意见》（2022）等一系列法规政策，从而使农村基层组织的组织架构、人员配置、权责关系和权力制衡机制等日臻合理与完善。

目前的农村村级组织主要有村党组织、村民自治组织（村民委员会或社区委员会）、村集体经济组织、村务监督组织和其他村级经济社会组织构，这其中，最基本、起主要作用的是村民委员会或农村社区委员会，它代表村民行使村务管理和社区服务职权，并向村民会议和村民代表会议负责与报告工作。从村民委员会或农村社区委员会的组织构成看，目前中国农村村民委员会一般由村委会（社区委员会）主任、副主任和3~7名村委会委员构成，下设部门通常包括村经济管理委员会、村治安保卫委员会、村公共卫生与计划生育委员会、村人民调解委员会、村民政福利委员会等，同时村委会下还根据各社区情况设立有数量不等的村民小组。村民委员会由村民选举产生，为村民自治组织的执行机构，村民委员会受村党组织的领导和监督，同时村民委员会工作还受村务监督委员会监督；村民会议和村民代表会议是村民自治组织的最高权力组织，对村里的重要事务及村委会的重要村务决策具有评议、决定、变更和否决权。目前中国农村村民自治组织的一般组织结构如图3-8所示。

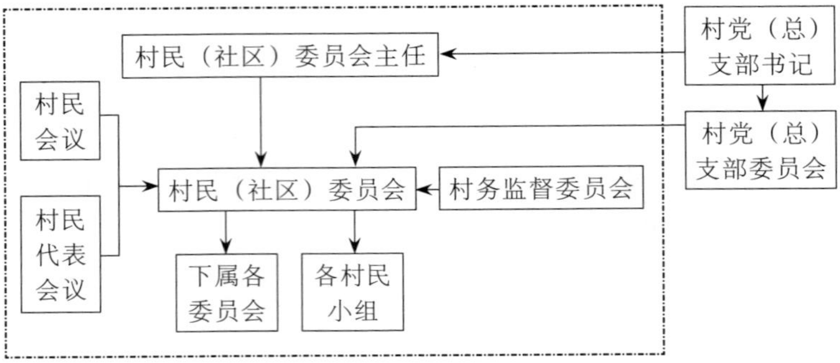

图 3-8 目前中国农村村民自治组织的一般组织结构

从农村社区管理能力及其学习成长和变革创新能力的建设情况看，在村民自治组织结构及其约束制衡机制日益规范、合理的同时，农村村民自治组织的人员构成也随着农村人口文化素质提高发生着重大变化。首先从全国行政村村主任的换届配置情况看，2020 年全国行政村中已有 99.56% 的村配置了村主任，村主任配置率比 2010 年提高 4.93 个百分点；其次从村主任的政治面貌看，2020 年村主任中中共党员占 77.44%，比 2010 年提高 2.44 个百分点，有 46.56% 的村主任为主任和书记"一肩挑"[1]。2020 年全国及各地区行政村村委会主任基本特征与 2010 年比较见表 3-8。

表3-8 2020年全国及各地区行政村村委会主任基本特征与2010年比较

地区	村主任配置率（%）			村主任中中共党员比重（%）			主任和书记"一肩挑"比重（%）		
	2010	2020	2020年比2010年比重升（+）降（−）	2010	2020	2020年比2010年比重升（+）降（−）	2010	2020	2020年比2010年比重升（+）降（−）
全国	94.64	99.56	4.93	74.99	77.44	2.44	40.15	46.56	6.42
北京	99.11	99.56	0.45	78.03	92.12	14.09	52.52	86.33	33.81
天津	98.30	98.75	0.45	67.77	76.60	8.84	23.97	44.23	20.26
河北	100.00	99.78	−0.22	59.76	77.57	17.82	25.17	53.79	28.61

---

[1] 按照《乡村振兴战略规划（2018—2022年）》《中国共产党农村基层组织工作条例》《中共中央 国务院关于加强基层治理体系和治理能力现代化建设的意见》等文件精神，大力推进村（社区）党组织书记通过法定程序担任村民委员会主任、村集体经济组织及农民合作组织的负责人，推进村（社区）"两委"班子成员交叉任职。

续表

地区	村主任配置率（%）			村主任中中共党员比重（%）			主任和书记"一肩挑"比重（%）		
	2010	2020	2020年比2010年比重升（+）降（−）	2010	2020	2020年比2010年比重升（+）降（−）	2010	2020	2020年比2010年比重升（+）降（−）
山西	96.34	98.41	2.07	81.40	59.48	−21.92	61.97	23.33	−38.64
内蒙古	100.00	99.63	−0.37	71.47	67.06	−4.41	21.06	35.25	14.19
辽宁	87.40	99.08	11.68	75.21	66.35	−8.87	42.88	39.39	−3.49
吉林	93.05	100.00	6.95	66.79	68.69	1.91	26.10	35.62	9.52
黑龙江	76.93	99.19	22.26	58.85	60.01	1.15	21.25	28.84	7.58
上海	95.57	98.34	2.76	76.53	89.91	13.37	27.56	39.65	12.09
江苏	96.51	99.17	2.66	86.32	85.63	−0.70	25.54	30.29	4.75
浙江	91.06	99.55	8.49	46.03	92.86	46.83	4.06	86.07	82.01
安徽	79.27	99.73	20.46	78.31	88.60	10.29	20.50	45.97	25.47
福建	77.89	99.81	21.92	45.80	66.61	20.82	4.54	35.26	30.72
江西	55.11	99.71	44.60	63.26	56.14	−7.12	15.61	20.66	5.04
山东	100.00	99.73	−0.27	98.41	79.82	−18.59	76.05	55.72	−20.34
河南	99.35	100.00	0.65	69.60	80.95	11.35	49.52	53.46	3.94
湖北	92.24	99.91	7.67	88.13	98.14	10.01	68.27	90.55	22.28
湖南	99.99	99.80	−0.19	92.92	85.69	−7.23	71.27	34.01	−37.26
广东	99.54	99.87	0.33	85.64	90.85	5.21	67.89	82.51	14.63
广西	96.68	99.61	2.94	82.75	76.10	−6.65	45.60	22.93	−22.67
海南	100.00	99.05	−0.95	87.42	80.42	−7.00	70.24	72.03	1.79
重庆	95.70	99.56	3.86	80.60	84.61	4.02	6.36	18.04	11.68
四川	99.89	99.32	−0.57	61.84	71.53	9.70	10.40	20.25	9.85
贵州	97.03	99.16	2.13	54.46	66.17	11.71	8.18	21.65	13.47

续表

地区	村主任配置率（%）			村主任中中共党员比重（%）			主任和书记"一肩挑"比重（%）		
	2010	2020	2020年比2010年比重升(+)降(−)	2010	2020	2020年比2010年比重升(+)降(−)	2010	2020	2020年比2010年比重升(+)降(−)
云南	93.27	99.15	5.87	83.92	76.79	−7.13	57.33	42.28	−15.05
西藏	100.00	99.76	−0.24	66.19	48.99	−17.20	51.83	18.09	−33.74
陕西	96.25	99.89	3.63	72.44	70.66	−1.78	5.69	29.03	23.34
甘肃	88.56	99.89	11.34	62.03	90.16	28.12	10.45	83.45	73.00
青海	80.19	97.18	16.98	67.87	63.27	−4.59	27.01	19.17	−7.84
宁夏	99.18	99.91	0.73	80.14	76.72	−3.42	59.63	32.38	−27.24
新疆	88.78	98.23	9.45	81.82	69.76	−12.06	67.82	37.24	−30.58

资料来源：据《中国民政统计年鉴2021》和《中国民政统计年鉴2011》整理计算而得。

从村委会成员的年龄构成看，2020年全国村委会成员中年龄在35岁及以下的占17.11%，36～45岁者占38.54%，46～55岁者占33.26%，56岁及以上者占11.08%，35岁及以下者和36～45岁者分别比2010年下降3.94个和7.12个百分点，而46～55岁者和56岁及以上者则分别比2010年提高6.49个和4.57个百分点，农村村委会成员老龄化趋势明显。从受教育程度看，2020年村委会成员中具大专学历者占6.17%，具大学本科及以上学历者占1.54%，分别比2010年降低2.39个和0.73个百分点，这很可能与村委会成员老龄化有一定关联。从村委会成员政治面貌看，2020年村委会成员中中共党员占57.11%，比2010年提高39.03个百分点，农村村委会的党建工作明显加强。2020年全国农村有助理社会工作师11 460人、社会工作师8 149人，平均每百个行政村拥有社会工作师（包括助理社会工作师）3.91人。

分地区看，村委会成员中女性所占比例超过30%的有上海和山东等6地。在年龄构成上，村委会成员相对年轻化的是新疆和云南等10个省（区、市），北京和河北等11个省（区、市）的村委会成员则相对老化。

在受教育程度方面，上海和北京等6个省（区、市）的村委会成员文化程度相对较高，而甘肃和吉林等8个省（区、市）的村委会成员的文化程度则偏低。村委会成员中中共党员所占比例超过60%的有广东和西藏等14个省（区、市）。从每百个行政村拥有社会工作师情况看，山东和江苏均超过10人，浙江、上海、北京和重庆在6~10人之间，而贵州和天津等13个省（区、市）则不到1人。2020年全国及各地区农村村委会成员基本特征见表3-9。

表3-9　　　　2020年全国及各地区农村村委会成员基本特征

地区	各年龄段成员				中共党员比重（%）	受教育程度		平均每百行政村拥有社会工作师（人）
	35岁及以下者比重（%）	36~45岁者比重（%）	46~55岁者比重（%）	56岁及以上者比重（%）		大学专科比重（%）	大学本科及以上比重（%）	
全国	17.11	38.54	33.26	11.08	57.11	6.17	1.54	3.91
北京	7.60	26.03	46.12	20.26	71.58	19.90	7.12	7.41
天津	20.81	29.92	35.72	13.55	49.20	5.38	1.80	0.11
河北	9.62	32.54	39.07	18.76	52.99	4.26	0.66	0.57
山西	15.10	35.45	36.09	13.36	35.36	4.63	0.93	5.82
内蒙古	18.17	37.70	32.55	11.58	46.81	6.16	1.97	1.87
辽宁	12.05	34.42	37.22	16.31	52.48	8.81	1.19	0.50
吉林	1.93	89.05	5.82	3.20	9.89	1.20	0.41	0.13
黑龙江	14.88	53.17	25.65	6.31	50.45	1.80	0.50	3.45
上海	26.22	35.30	30.73	7.75	69.42	14.11	12.55	8.39
江苏	24.24	38.09	29.89	7.78	65.97	9.16	3.32	12.37
浙江	18.04	33.82	37.59	10.55	60.16	11.50	5.17	9.75
安徽	21.21	40.06	32.28	6.45	63.72	13.20	2.17	2.50
福建	17.37	43.77	32.54	6.33	47.05	5.34	0.85	2.34

续表

地区	各年龄段成员				中共党员比重（%）	受教育程度		平均每百行政村拥有社会工作师（人）
	35岁及以下者比重（%）	36~45岁者比重（%）	46~55岁者比重（%）	56岁及以上者比重（%）		大学专科比重（%）	大学本科及以上比重（%）	
江西	13.88	46.63	31.14	8.34	36.11	5.55	1.13	1.35
山东	14.86	35.93	35.47	13.74	73.73	7.71	2.32	13.77
河南	16.59	37.68	33.36	12.37	57.62	4.16	0.86	4.09
湖北	19.24	39.97	30.64	10.15	70.35	4.57	0.68	0.68
湖南	18.05	41.69	32.60	7.66	67.08	5.97	1.32	0.51
广东	14.05	30.41	41.99	13.55	77.51	12.48	2.50	2.40
广西	14.61	33.43	38.80	13.17	67.20	2.50	0.46	0.51
海南	12.65	40.91	34.09	12.35	61.81	8.69	2.31	0.79
重庆	23.12	30.80	34.99	11.08	65.10	19.99	3.39	6.26
四川	19.17	38.00	32.44	10.39	52.48	4.20	0.84	2.02
贵州	23.09	38.80	29.80	8.31	42.54	2.99	0.67	0.05
云南	27.02	43.03	24.95	5.00	66.99	1.68	0.26	0.26
西藏	22.71	40.80	25.49	10.99	82.47	1.66	0.46	0.18
陕西	14.17	33.83	39.89	12.11	42.07	5.20	1.28	0.28
甘肃	20.27	49.30	24.21	6.22	42.87	0.51	0.25	0.61
青海	19.57	41.27	30.44	8.72	38.56	1.56	1.03	4.15
宁夏	21.64	36.92	34.24	7.20	58.99	5.82	0.70	1.69
新疆	32.46	41.24	21.97	4.33	38.15	7.92	2.94	2.06

资料来源：据《中国民政统计年鉴2021》和《中国民政统计年鉴2011》整理计算而得。

综上可见，尽管进入21世纪特别是从党的十八大以来中国农村社区管理能力及学习成长和变革创新能力建设取得了显著成绩，但在村民自治组织建设及人员配置等方面仍存在诸多问题，如何处理或解决好这些问题，仍是今后农村社区管理能力及学习成长和变革创新能力建设的重要课题。

2）农村社区文化宣传传播和教育能力建设状况

农村社区文化宣传传播能力建设一般通过大众传播媒介（包括广播、电视、电影、报刊等）、互联网络、宣传板报、画报、印刷品、文化娱乐活动（包括文艺演出、艺术展演等）和评优选先活动等平台或载体展开，这其中，乡镇文化站（中心）、村文化室（中心）、农村文化大院、农村文化礼堂、文化书屋、文化讲堂、乡村文艺团体及群体性文化艺术社团等，在农村文化和孝道价值观宣传传播中发挥着重要作用。如前文所述，目前中国农村已基本实现"村村通宽带"和"户户有电视"，2020年农村每百户家庭宽带用户数达到27.83户，全国农村每百户平均拥有移动电话260.9部，农村成年人口基本达到人手1部；每百户农村家庭计算机平均拥有量28.3台。

农村地区的 "村村通宽带""户户有电视""人人有手机"及计算机的广泛使用，为农村社区文化孝养文化建设和孝道价值观宣传搭建了重要平台。统计资料显示，2020年中国农村广播节目综合人口覆盖率99.17%，比2010年提高3.53个百分点，电视节目综合人口覆盖率99.45%，比2010年提高2.67个百分点，2020年农村有线广播电视实际用户7 055.46万户，占农村家庭总户数的30.18%，比2010年提高0.83个百分点。在农村文化宣传机构建设方面，2020年全国农村有乡镇文化站32 825个，比2010年减少1 296个，平均每十万人口拥有乡镇文化站6.44个，比2010年增加1.36个。分地区看，每十万农村人口平均拥有乡镇文化站超过10个的为西藏、青海、内蒙古、甘肃和四川；有线广播电视实际用户占当地农村家庭户比重最高的是北京，最低的西藏；各地在广播节目综合人口覆盖率和电视节目综合人口覆盖率方面均达到了很高水平。2020年中国及各地区农村乡镇文化站拥有量及广播电视和节目覆盖率见表3-10。

表3-10 　　2020年中国及各地区农村乡镇文化站拥有量及

广播电视和节目覆盖率

地区	每十万农村人口拥有乡镇文化站数量（个）			有线广播电视实际用户占家庭户数比重（%）	广播节目综合人口覆盖率（%）	电视节目综合人口覆盖率（%）
	2010	2020	2020年比2010年增（+）减（-）			
全国	5.08	6.44	+1.36	30.18	99.17	99.45
北京	6.46	6.64	+0.18	95.99	100.00	100.00
天津	4.94	6.08	+1.14	40.51	100.00	100.00
河北	4.75	6.68	+1.93	10.91	99.68	99.80
山西	6.37	9.13	+2.75	22.50	98.80	99.43
内蒙古	6.75	11.15	+4.40	11.25	99.37	99.37
辽宁	5.73	7.82	+2.10	22.83	98.95	98.93
吉林	4.82	6.93	+2.11	46.49	99.31	99.25
黑龙江	5.23	8.18	+2.95	18.40	99.91	99.86
上海	4.73	4.02	-0.71	15.15	100.00	100.00
江苏	3.21	3.74	+0.53	41.79	100.00	100.00
浙江	5.58	5.24	-0.34	68.07	99.75	99.82
安徽	3.68	5.03	+1.35	18.72	99.92	99.88
福建	5.91	7.36	+1.45	59.50	99.76	99.79
江西	6.42	8.92	+2.50	44.94	98.92	99.37
山东	2.74	3.22	+0.47	43.54	99.24	99.52
河南	3.27	4.28	+1.01	10.11	99.59	99.51
湖北	3.56	4.81	+1.24	48.12	99.80	99.73
湖南	5.80	6.92	+1.12	16.79	98.93	99.58
广东	3.32	3.59	+0.27	52.73	99.95	99.97

续表

地区	每十万农村人口拥有乡镇文化站数量（个）			有线广播电视实际用户占家庭户数比重（%）	广播节目综合人口覆盖率（%）	电视节目综合人口覆盖率（%）
	2010	2020	2020年比2010年增（+）减（－）			
广西	4.03	4.91	+0.88	25.35	97.83	98.99
海南	4.60	4.94	+0.35	30.14	98.83	98.88
重庆	6.20	8.30	+2.11	28.56	99.15	99.31
四川	8.76	10.24	+1.48	15.18	98.47	99.24
贵州	5.77	7.58	+1.81	57.55	95.05	97.18
云南	4.26	5.50	+1.24	16.35	99.07	99.24
西藏	10.12	29.39	+19.26	0.03	99.17	99.31
陕西	7.51	7.91	+0.40	52.66	99.02	99.45
甘肃	7.39	10.27	+2.88	3.84	99.15	99.29
青海	11.21	15.27	+4.06	1.04	98.70	98.74
宁夏	5.96	7.92	+1.96	3.95	99.52	99.87
新疆	7.73	8.39	+0.66	2.14	98.46	98.55

资料来源：《中国农村统计年鉴2021》《中国农村统计年鉴2011》《中国社会统计年鉴2021》。

农村社区养老教育能力建设涉及两方面内容：一是针对社区人口的孝养教育，一般通过家庭教育、学校教育及社区孝养教育宣传来实现；二是针对社区老年人的教育培训，其目的一方面是引导和帮助老年人乐享晚年，老有所学、老有所为，另一方面帮助老年人了解和掌握必要的医疗、护理和营养保健知识与技能，提高老年人预防疾病、自我保健、护理及帮助他人的能力。老年人教育培训涉及养老知识、心理建设，以及医疗、保健和其他专业知识、技术技能等，教育形式主要有老年大学、老年人医护和营养保健知识讲座及老年人兴趣爱好培训班等。目前来看，农村孝养教育虽然已广泛渗透到学校教育中，但孝养教育的效果却大打折扣！调查中发现，老年大学以及针对老年人的教育培训活动主要发生在经济发达的农村，经济欠发达农村并不多见！

综上分析可见，目前中国农村社区文化宣传传播和养老教育能力建设虽然成效显著，农村社区文化宣传传播路径、平台、载体和活动形式等日趋多元化、现代化、信息化和网络化，但调研中明显感受到，目前农村在文化宣传传播上"重建设，轻维护和使用""重形式，轻实效""重政府指令，轻民意需求"等问题非常突出，而且，受经费及群众参与热情和积极性等影响，很多农村文化活动场所、设施及活动项目、自发性群众文化艺术活动等往往是虎头蛇尾、半途而废，特别是一些文化站点、活动中心等虽然轰轰烈烈建起来，但不久即关门闭户，一些自发性群众组织，如社区老年协会、文化艺术社团等也极少开展活动，农村社区文化宣传传播和养老教育的制度化和可持续性较差。上述情况从一个侧面表明，农村社区文化宣传传播和养老教育能力建设仍有待进一步加强。

3.2 农村社区养老服务能力建设困境和难点分析

农村社区养老服务能力建设既是乡村振兴和城乡融合发展过程中全面推进城乡基本公共服务均等化的需要，也是不断完善和提高农村社区治理能力、促进社会治理现代化的重要方面。目前来看，中国农村社区养老服务能力建设仍存在如下困境和难点：

1）农村社区建设仍处于"摸着石头过河"的探索阶段，农村社区与行政村未形成统一合力，直接掣肘和制约农村社区治理能力及其养老服务能力建设

中国农村社区由行政村转变而来，行政村所具有的政府行政色彩自然转移到社区身上。通常，行政村的机构设置和人员配置基本与乡镇政府的部门设置相对应，具有"对口"负责、"对口"承接任务的特点，而且，行政村只对本辖区居民负责，负责"办理本村的公共事务和公益事业，调解民间纠纷，协助维护社会治安，向人民政府反映村民的意

见、要求和提出建议";而农村社区作为地域性社会生活共同体,虽然其负责区域也是辖区居民,但在基本公共服务方面并不像行政村那样固定和死板。在满足本辖区居民需求前提下,农村社区的一些公共服务资源,如医疗保健、环境卫生、教育培训和养老服务等还可以低收费形式向其他社区及其需求者提供,而且,与"一村一社区"的社区边界与行政村边界基本或完全重合不同,"多村一社区"和"一村多社区"的社区边界与行政村边界并不一致,由此也决定了农村社区与行政村在治理边界和服务群体上的差异性。在农村调研时发现,许多地方的农村居民,包括农村干部,普遍缺乏对"农村社区"的认知,当问及是否知道"农村社区"时,大多数人均说不出"农村社区"是怎么回事,只有少数人表示在广播电视或报刊上看到过或听说过。在很多地方,村委会虽然挂着社区的牌子,但在被问到是否知道行政村与社区的关系时,同样很少有人能说清楚。

在中国,"农村社区"一词虽然早在20世纪80年代中期即已出现在学术期刊中,但见诸报端却是2000年后,且出现频次不高。在政府政策层面,2011年国务院印发的《社会养老服务体系建设规划(2011—2015年)》首次提及"城乡社区",2015年中共中央办公厅和国务院办公厅共同发布《关于深入推进农村社区建设试点工作的指导意见》(以下简称《意见》),标志着农村社区建设工作在全国正式展开。该《意见》将农村社区视作农村基层社会治理和提供农村公共服务的基本单元,要求在行政村范围内,通过整合各类资源、完善村民自治与多元主体参与相结合的农村社区共建共享机制,以及通过健全村民自我服务与政府公共服务、社会公益服务有效衔接的农村基层综合服务管理平台,来建设管理有序、服务完善、文明祥和的农村社区示范点。

中国农村社区与行政村未能形成统一整体,难以在乡村治理和基本公共服务中凝聚成合力的原因主要有三:(1)农村社区与行政村的区划边界并非完全一致。这一问题在非"一村一社区"中最为突出。(2)农村社区与行政村的建设目的及工作着力点或工作重点并不完全相同。如前文所述,行政村是一种源于自然村的基层群众性自治组织,大多由自然村及相邻自然村组合发展而来,实际并未摆脱自然村原有的族群和同宗近源特征。从农村社区和行政村的工作着力点看，农村社区的工作重点一是提高农村基层社会的自治能力和治理水平，缩小城乡社区治理差距，二是提升农村社区公共服务水平，促进城乡基本公共服务均等化及城乡融合发展；而行政村的工作重点一是管理好农村公共事务和公益事业，二是调节村民间矛盾纠纷，维护农村社会治安，三是组织和带领全体村民发展农村经济，四是加强农村精神文明建设，带领全体村民建设"乡风文明"的社会主义新农村。比较而言，农村社区建设不仅比行政村更强调以人为本和乡村治理的系统性，而且也更强调城乡互动和城乡融合发展，能更好体现乡村治理的全局视野，有助于社区治理能力及其养老服务能力建设。(3)"村务"与"政务"之分导致社区与行政村难以形成合力，无法产生"1+1＞2"的效果。行政村是政府行政或"政治"的产物，带有浓郁的政府行政色彩，而且，由于行政村自计划经济时期的"生产大队"转变而来，因此其管理体制机制较多沿袭了计划经济和"生产大队"的管理成分，刻板、僵化，既缺乏市场和效率意识，又缺乏灵活性和系统观念，这充分体现在管理的局限性、短视和"小众化"方面。在实地调研中，很多村干部均明确将政府下拨的用于农村基础设施建设和基本公共服务等的资金或经费称作"政府给的钱"或"从上面争取来的钱"，而把村集体经济挣的钱看作"自己的钱"或"村里的钱"，而且较普遍认为，社区用"政府给的钱"建设农村基础设施、开展公共服务"理所应当"，"村里管不着，管不了，也不该管"，倘若社区动心思花"村里的钱"来干政府该干的事，则不可以。村里的其他资源也是如此。因为在他们看来，政府想做的事、想建的项目，只能由政府出钱做，属于"政务"范畴；而"村里的钱"属于村民，只能由村里管、归村里用、办村里事，因为这属于"村务"[①]。这种将"政务"与"村务"简单分割开来看问题的思想方式，必然导致社区与行政村各做各事、难以形成乡村治理的合力[②]。而社区作为城乡融合发展视域下的基层群众性自治组织，其建设目的不仅在于推动城乡基本公共服务均等化，而且在于通过社区建设使之逐渐承担起社区治理、社区管理及居

---

① 李勇华. 农村"社区"与"行政村"辨析 [J]. 探索，2014 (5)：80-85.
② 黄俊尧. 农村社区化：基层治理结构的转型与调适 [J]. 新视野，2015 (6)：46-52.

民权益保障和维护的责任。虽然说农村社区与行政村存在功能上的重叠，但社区的功能又不限于行政村功能，它实际是一种比行政村更强调全民参与和公共服务均等化，也更强调民主和人本化的基层群众性自治模式，是行政村发展演进的目标和方向。因此，在乡村振兴和城乡融合发展背景下，如何整合社区与行政村的功能，取利避害，去劣存优，是建立具有中国特色农村社区理论的重要课题和迫切任务。

2）农村社区养老服务能力建设缺乏持续、有效的经济支持

改革开放后家庭联产承包责任制的实施及农村社队组织的解体，极大削弱了农村集体的经济聚合力，而20世纪90年代中期后乡镇企业的产权制度改革及乡镇企业衰萎，进一步弱化了农村集体企业对村集体的经济支持能力。之后，受国家宏观调控力度加大、资金紧张及市场疲软和亚洲金融危机等影响，90年代中期后很多农村集体企业陷入生存危机，特别是市场经济体制的深入落实、乡镇企业改制和产权改革，以及农村私营企业、合资合作企业等的快速成长，乡镇企业中有的转制为私营企业、混合所有制企业和合资合作企业，有的则被兼并及破产、倒闭[1]，农村集体企业给村集体带来的经济"红利"迅速萎缩[2]。到2000年，乡镇企业中集体企业的比例已降至乡镇企业总数的3.90%，特别是经济发达地区，大量乡镇集体企业转制为私营企业，使个体私营经济取代农村集体经济成为推动乡镇企业发展的重要力量[3]。进入21世纪后，国家出台一系列惠农利农政策，促进了农业经济复兴和农民收入增加。然而，农村集体经济却未出现明显起色，特别是那些没有村办集体企业及村办集体企业破产倒闭的农村，大多只有靠出让、出租或经营土地、村集体资源和资产，及靠企业或村民捐赠、集资和政府财政拨款或补贴等维持村组织和村务运营，根本无暇也无力顾及社区养老服务能力建设，仅有的社区养老服务不过是在逢年过节时慰问一下村里的孤寡、失能、残疾和高龄老人，送些米、

① 袁界平，柴俊英，徐向阳，等. 江苏乡镇企业集约化规模经营状况评价 [J]. 中国农村经济，1998（10）：26-30.
② TAUBMANN W，FAN J.Die roller der indunstrie im transformationsprozes des laendlichen China [J]. Geographische Zeitschrift，1995，83：3-4；樊杰，陶普曼. 中国农村工业化的经济分析及省际发展水平差异 [J]. 地理学报，1996（5）：398-407.
③ 杨晓光，樊杰. 20世纪90年代中国乡镇企业变革及其地方效应 [J]. 地理学报，2008，63（12）：1268-1276.

面、油等慰问品和少量慰问金。上述情况从笔者在辽宁、河北、山西、山东、黑龙江和陕西等地农村的调研中得到了充分印证。在所调查的农村中，养老服务做得好一些的，有的村里建有老年日间照料中心或养老服务中心，或者开展了经常性的互助养老或为老服务活动；做得一般的，有的偶尔开展一些为老服务或探视活动，有的村里虽建有老年活动室，但并非经常性开放，有的甚至成了村民的业余活动场所，还有的村里建有娱乐活动广场或由上级政府主管部门出资为村里安装了健身设施。而且，调研时村干部说得最多的是："村里日常办公经费都不宽裕，哪来的钱开展养老服务？""要办养老服务，只有先把村里经济搞上去，没钱，怎么办养老，除非政府给钱。"（村干部语）……当然，在那些经济较发达村庄，由于有村办企业，或者农业产业化、现代化和集约化程度较高，村集体有稳定、可靠的经济收入，村集体有充分经济能力发展社区养老服务，因此，这些村庄的自治能力不仅强，而且社区养老服务发展得也好，社区为辖区老年人提供的养老服务项目既多，服务质量也高，像浙江宁波的滕头村、江苏张家港市的永联村、河南新乡市的刘庄村等，大多都是在村集体经济取得较大发展后才将社区养老服务推向较高发展水平的。

综上可见，中国农村社区养老服务能力建设因受制于乡村产业和经济能力，仍有很长的路要走，在国家财力有限情况下，大力推进乡村产业和经济振兴，普遍提升农村集体的经济能力，仍是今后较长时期内中国农村社区养老服务能力建设中应着力做好的工作。

3）行政村现行管理能力和服务能力难以满足农村社区养老服务能力建设需要

从中国农村村级组织结构及其运行机制看，由于国家建构行政村的初衷是政府统一行政管理和政令通达，因此，不仅乡镇政府与行政村党政组织间存在明确的行政指令关系，而且，村级组织间及村民自治组织（村民委员会）内部也存在明确的行政指令关系，上令下达、村级党务政务"围着政府转"，是大多数行政村长期以来的工作常态，群众性自治组织的功能被严重弱化。就村民自治组织而言，虽然《村民委员会组织法》规定了村党组织对村民委员会的领导和监督权、村务监督委员会对村级财务和村务公开等制度落实情况的监督权、村民会议或村民代表会议对村民委员会及其成员工作的审议和评议权以及对村民委员会不当决定的撤销或变更权，体现出一定的村民自治特征，但从多数农村村级组织建构看，组织间关系相对松散①及各组织成员间天然的宗族或血亲联系，以及村级组织成员政策素养、法律意识和专业能力的不足，极大影响了村党组织、村务监督机构和村民（代表）会议等对村民委员会领导和监督的有效性，或者领导、监督乏力，或者越权干预村政，村级组织间相互掣肘，此乃很多村民自治组织"久建不强"、农村经济"久振不兴"的关键所在。

当然，村级组织负责人及其成员的政治素养和科学文化素质也是影响农村管理能力和服务能力的基本因素。统计资料显示，2020 年全国行政村村委会主任中中共党员占 77.44%，村委会主任与村党组织书记"一肩挑"比重达 46.56%，而且，进一步分析还发现，村委会主任中中共党员比重较高地区也往往是农村集体经济发展好、乡村治理和农村社区养老服务做得较好的地区，如浙江、北京、广东、上海和江苏等。从村委会成员的年龄构成和政治面貌看，2020 年全国行政村村委会成员中 45 岁及以下人员占 55.65%，与 2010 年相比呈下降之势，行政村村委会成员年龄结构呈现出一定的老化趋势；与此同时，村委会成员中中共党员比重 2020 年比 2010 年提高 38.93 个百分点，这种现象在广东、山东、北京、上海、江苏和浙江等农村经济较发达地区非常突出（见表 3-8）。虽然说相比于年轻人，年长者更具阅历和经验，办事、做决策也更成熟和沉稳，但传统、保守和进取心不足则是年长村委会成员的"通病"，这一问题在实地调研中得到有力证实。此外，村委会成员中受过大专及以上教育者比重的下降及每百个行政村平均拥有社会工作者人数偏低，对农村社区管理能力和服务能力的提高形成了制约。

---

① 从中国农村情况看，由于目前大多数村民自治组织仍未建立起现代治理结构，村党组织、村民会议或村民代表会议及村务监督机构等对村民委员会及其成员工作的领导和监督基本建立在行政和职位责任基础之上，这种可松可紧的行政和职位关系一旦遭遇宗亲关系或利得交易，在缺乏广泛群众监督情况下很可能出现"变节"或监督失效等问题，这种情况在宗亲关系盘根错节的农村社会司空见惯。

4）农村社区管理人才和养老服务人才缺乏

改革开放以来，随着九年义务教育的普及和高等教育的大众化，农村人口整体素质有了显著提高，但与全国相比，农村人口中受过高中和大专及以上教育的比例仍然偏低，见表3-11。农村人口文化素质的整体提高，在极大改善农村人口和人才环境、转变人们养老观念、提高人们对养老服务层次化需求的同时，也对农村社区养老服务的数量、质量和结构供给提出了更高要求。然而，如前文所述，2020年中国农村村委会成员中受过大专及以上教育的人员比重为7.71%，与2010年相比不升反降，而且，2020年每百个行政村平均仅有社区工作者3.91人。农村村委会成员中高素质人员比重偏低，既影响了农村村民自治组织的决策、管理和服务能力，也制约了农村社区治理及其养老服务能力建设，成为农村社区治理及其养老服务能力提高和农村基层社会治理现代化的"软肋"。

表3-11　　"五普"以来中国农村6岁及以上人口受教育程度变化情况

	全国					农村				
	6岁及以上人口（万人）	小学及以下（%）	初中（%）	高中（含中专）（%）	大专及以上（%）	6岁及以上人口（万人）	小学及以下（%）	初中（%）	高中（含中专）（%）	大专及以上（%）
"五普"	115 670.03	47.72	36.52	11.95	3.81	72517.92	57.86	35.89	5.73	0.52
"六普"	124 254.61	33.75	41.70	15.02	9.53	60970.86	45.31	44.91	7.73	2.06
"七普"	131 534.76	30.32	37.03	16.13	16.52	47548.28	43.73	42.14	9.19	4.95

资料来源：据2000年、2010年和2020年全国第五、第六和第七次人口普查资料汇总整理得到。

另外，在农村实地调研时也发现，目前除少数集体经济较发达农村外，多数行政村不仅很少或根本没有配置专门的养老服务管理和服务人员，而且很多村根本没有专门的社区养老服务机构和设施。即便那些建设了养老服务中心或日间照料中心的村，养老服务管理和服务人员或者由村委会成员兼任，或者由村里的准老年人或家境困难者担当。而从多数村配置的养老服务管理和服务人员的文化程度看，以受过小学或初中教育者居多，具有高中文化者很少，受过大专及以上教育者凤毛麟角。文化程度普遍不高，加之缺乏上岗前和上岗后的养老服务专业培训，绝大多数管理和服务人员主要凭感知和经验从事管理和服务，养老服务管理和服务的专业化根本无从谈起。如，在山西左权县农村调研时了解到，被调查的6个行政村（芹泉村、东安村、东长义村、井沟村、西河头村和西黄漳村）仅有3个村（芹泉村、西河头村和西黄漳村）建设了养老服务或日间照料中心，并配置了养老服务人员，但受制于村集体经济能力及养老服务人员能力，大多只提供诸如午餐、陪伴聊天和普通照料等服务，只能部分满足村里老年人的一些低层次需求，至于失能半失能老年人的托管照护、医疗护理等具有较高专业要求的养老服务，根本无能为力。在辽宁、河北、黑龙江、山东、陕西和河南等地了解到的农村情况，与山西左权县基本相似。可见，由于养老服务管理人才和服务人才缺乏，即便那些建设了养老服务中心或日间照料中心的村，因受制于管理和服务人员的素质和能力，不仅无力为老年人提供多样化、层次化和高品质的养老服务，而且养老机构和设施的正常运营亦困难重重，更不要谈高质量发展了。

5）农村居民参与社区养老服务的意识淡薄、积极性不高

农村家庭和个人作为所居住社区的成员，不仅享有所在社区所提供的一切公共产品和公共服务的权利，而且具有遵守所在社区规章制度、行为规范及为社区建设和发展提供力所能及支持和帮助的责任和义务，这是权责对等原则及基层公民社会共建共治共享的基本要求。农村社区养老服务能力作为社区养老服务供给的基础和力量源泉，其建设虽然源于社会发展和促进城乡基本公共服务均等化的需要，源于国家、社会和社区力量的推动，但根本目的在于满足农村居民对养老服务特别是社会养老服务的渴求和需要，因此，作为农村社区养老服务的需求者和享有者，辖区居民不应成为社区养老服务供给的"旁观者"和单纯"索取者"，而应在享有社区养老服务的同时成为社区养老服务的参与者或奉献者。在多地农村调研时发现，很多村民对于本村开展社区养老服务只是表达了认可，"当然是好事，孤独寂寞的时候有地方去了"，"肯定是好事，老了，有人

管还不好"，"虽说村里提供养老服务好，但也不能太指望，动不了的时候还得靠儿女"……而当谈及"是否愿意参加到社区养老服务中来、为他人提供帮助和服务"时，有的被调查者明确表示："这是村里的事，村里不安排，谁会去自找麻烦、自找苦吃?!""自家的事、个人的老人都管不过来，哪来时间管别人家的事!""做不做有区别吗？没区别谁愿意做!"……村民对社区养老服务表现出的既支持、又不愿参与或只想做"旁观者"心态，一方面说明这些地方的社区养老服务还未真正深入人心，还不能让村民把社区养老服务看成是自己而非别人的事，另一方面也反映出大多数农村社区在养老服务宣传、管理和服务方面存在的问题：宣传不能打动人、唤起人，管理不能激励人、凝聚人，服务不能满足人、感动人。由此可见，在农村社区养老服务能力建设中，全面做好宣传工作、着力激发辖区居民参与社区养老服务的积极性和主动性，让人们切实感受到社区养老服务对解除老年人后顾之忧、缓解家庭养老压力的重要性，是十分必要和迫切的。

6）农村数字化和智能化水平制约智慧养老在农村社区广泛开展

农村数字化和智能化是农村社区治理现代化的重要标志，也是城乡融合发展视域下农村社区养老服务能力建设的重要内容。从中国农村情况看，虽然所有行政村均已实现宽带互联网的"村村通"，而且基本实现了"人人有手机"目标，但从宽带入户率及电脑等可视化终端设备拥有量看，目前农村还远未达到宽带"户户通"、电脑或数字电视"家家有"的目标。统计资料显示，2020年中国农村家庭宽带入户率仅为27.83%，每百户平均拥有电脑28.30台。特别重要的是，目前一方面很多农村老年人还未达到人手一部手机、人人可熟练操作手机及其他智能智慧化监测和服务设备的水平；另一方面，农村计算机及医疗养护技术人才的缺乏，也对农村社区养老服务智能智慧化形成了强大制约，既无力为农村老年人及其子女提供智能智慧化养老知识和技术的宣传与培训，也无法为农村老年人智能智慧化养老提供及时、可靠的技术支持，难以将农村老年人健康信息及时、准确地上传至养老服务信息系统，这必然会制约智能智慧化养老服务在农村社区的有效开展。另外，在智能智慧化养老推广实施过程中，农村老年人的接受度和认可度同样非常重要，因为与城市老年人相比，农村老年人科学文化素质偏低，养老观念相对保守，对新生事物的接受度较低，这势必影响智能智慧化养老的推广普及速度和程度，这是农村社区养老服务能力现代化建设中无法回避且必须面对的问题。

第4章　中国农村社区养老服务能力建设
综合评价与实证研究

为全面了解和把握目前中国农村社区（行政村）养老服务能力建设状况，接下来将在前文建构的农村社区养老服务能力体系框架基础上，结合农村社区养老服务能力建设情况，对中国农村社区养老服务能力建设情况进行综合评价和比较分析，并对影响农村养老服务能力建设的因素进行实证研究。

4.1　省域尺度下农村社区养老服务能力建设综合评价与比较分析

农村社区养老服务能力是农村社区具有的，为辖区老年人提供满足其生存、生活和精神需求的劳务及心理和情感支持的基本条件、素质特征、行为方法和力量等的总称，它包括资源环境条件、经济能力、管理能力、服务（供给）能力、文化宣传传播和养老教育服务能力，以及学习成长和变革创新能力等。上述诸方面能力中，有的属于基础性能力，有的属于过程性能力，有的则属于结果性能力。基础性能力有的与生俱来，如资源环境条件，有的则是先天基础上经后天努力的结果，如经济能力；过程性能力是从事某项活动过程中表现出来的能力，如管理能力、服务（供给）能力、文化宣传和养老教育服务能力，以及社区组织的学习成长和变革创新能力等。过程性能力本身是无形的，有形的是其结果或效果。结果性能力主要体现在某项活动的实际结果或效果中，如服务（供给）能力，可通过服务（供给）的数量、质量及被服务者的认可度或满意度体现出来。

从国家或社会层面看，农村社区属微观单位，而且各农村社区地理区位、地形地貌、资源环境条件及发展历史和社会人文环境等千差万别，因此，对这样数量庞大（以行政村计）、情况各异的农村社区养老服务能力建设情况进行综合评价，实际上非常困难，为此，这里从省域尺度来研究中国农村社区养老服务能力建设情况。

4.1.1 基于主成分分析的多指标综合评价方法

农村社区养老服务能力是一个涉及人、财、物、信息和技术等多方面因素的能力系统，需要置于多指标综合评价体系下研究。多指标综合评价方法是借助权数，将具有不同属性和特征的多个指标转化为一个或几个易于操控和评价的综合指标，以达到降维和简化问题之目的。目前常用的多指标综合评价方法主要有主观赋权法和客观赋权法两大类。主观赋权法具有较强主观随意性，受人为因素影响较大，基于此，这里选用隶属于客观赋权法的主成分分析法进行综合评价。

1）主成分分析法及其不同标准化（无量纲化）方法的使用问题

主成分分析，也称主分量分析，是英国统计学家和应用数学家K·皮尔逊（Karl Pearson）1901年提出的一种降维分析方法。主成分分析法的数学原理如下：

设有n个样本，每个样本有p个观测指标，即X_1，X_2，…，X_p，由此可得原始数据阵：

$$X = \begin{bmatrix} x_{11} & x_{12} & \cdots & x_{1p} \\ x_{21} & x_{22} & \cdots & x_{2p} \\ \vdots & \vdots & \vdots & \vdots \\ x_{n1} & x_{n2} & \cdots & x_{np} \end{bmatrix} \underline{\Delta} (X_1, \quad X_2, \quad \cdots, \quad X_p) \tag{4-1}$$

其中，$X_j = \begin{bmatrix} x_{1j} \\ x_{2j} \\ \vdots \\ x_{nj} \end{bmatrix} j = 1, 2, \cdots, p$

用数据矩阵 X 的 p 个向量 X_1，X_2，$\cdots$，X_p 作线性组合（即综合指标向量）为：

$$\begin{cases} Z_1 = a_{11}X_1 + a_{12}X_2 + \cdots + a_{1p}X_p \\ Z_2 = a_{21}X_1 + a_{22}X_2 + \cdots + a_{2p}X_p \\ \cdots\cdots \\ Z_m = a_{m1}X_1 + a_{m2}X_2 + \cdots + a_{mp}X_p \end{cases} \tag{4-2}$$

式 4-2 可简写成[②]：

$$Z_i = a_{i1}X_1 + a_{i2}X_2 + \cdots + a_{ip}X_p i = 1, 2, \cdots, m (m < n) \tag{4-3}$$

上述方程组要求：$a_{i1}^2 + a_{i2}^2 + \cdots + a_{ip}^2 = 1 i = 1, 2, \cdots, m$

其中，系数 a_{ij} 由下列原则决定：

（1）Z_i 与 Z_j（$i \neq j$，i，$j=1$，2，$\cdots$，p）不相关，即 $Cov(Z_i, Z_j) = 0$；

（2）Z_1 是 X_1，X_2，$\cdots$，X_p 一切线性组合中方差最大的，Z_2 是与 Z_1 不相关的 X_1，X_2，$\cdots$，X_p 一切线性组合中方差最大的$\cdots\cdots Z_m$ 是与 Z_1，Z_2，$\cdots$，Z_{m-1} 均不相关的 X_1，X_2，$\cdots$，X_p 一切线性组合中方差最大的。

由此决定的新变量 Z_1，Z_2，$\cdots$，Z_m 即为原变量 X_1，X_2，$\cdots$，X_p 的第 1，第 2，$\cdots$，第 m 个主成分。这其中，Z_1 在总方差中所占比例最大，Z_2，Z_3，$\cdots$，Z_m 依次递减。通常确定主成分的过程，就是确定原变量 X_1，X_2，$\cdots$，X_p 在诸个主成分 Z_1，Z_2，$\cdots$，Z_m 上的载荷 u_{ij}（$i=1$，2，$\cdots$，m；$j=1$，2，$\cdots$，p）的过程，而 u_{ij}（$i=1$，2，$\cdots$，m；$j=1$，2，$\cdots$，p）分别为 X_1，X_2，$\cdots$，X_p 相关系数阵的 m 个较大的特征值所对应的特征向量。

由此可见，X_1，X_2，$\cdots$，X_p 的主成分即是以 X_1，X_2，$\cdots$，X_p 相关系数阵的特征向量为系数的线性组合，它们互不相关，其方差为相关系数矩阵的特征根。

在运用主成分分析法进行多指标综合评价时，指标正向性、数据标准化（无量纲化）及满足 $a_{i1}^2 + a_{i2}^2 + \cdots + a_{ip}^2 = 1$（$i = 1, 2, \cdots, m$）、$Z_i$ 与 Z_j 不相关（$i \neq j$；$i, j = 1, 2, \cdots, m$）等基本条件是必要的。

目前常用的数据标准化方法主要有 Z-score 法、均值法和极值法三种，这三种方法处理数据的过程不同，给指标数据带来的影响不同，因此其对主成分分析结果的影响也不同。Z-score 法通过计算各指标样本数据的均值（$\bar{x}_{ij}$）和标准差（σ_j），进而通过 $y_{ij} = \dfrac{x_{ij} - \bar{x}_j}{\sigma_j}$ 对据进行标准化。经该方法处理后的数据通常具有均值为 0、标准差为 1 的分布特征，因此有人认为经此方法处理的指标数据更适合通过相关系数矩阵 R 求主成分；而经均值法（$y_{ij} = \dfrac{x_{ij}}{x_j}$）或极值法（正向指标：$y_{ij} = \dfrac{x_{ij} - \min\{x_j\}}{\max\{x_j\} - \min\{x_j\}}$；逆向指标：$y_{ij} = \dfrac{\max\{x_j\} - x_{ij}}{\max\{x_j\} - \min\{x_j\}}$）处理的指标数据更适合用协方差矩阵来求主成分[1]，并有学者通过数理推导证明了上述观点的合理性[2]。

2）基于主成分分析的多指标综合评价方法

在多指标综合评价中，通常借助主成分分析法将具有一定相关性的多个指标在降维基础上转化为一个或少数几个互不相关的综合指标，进而简化问题及进行综合评价分析。多指标综合评价是近 30 多年人们对事物进行评价和研究的常用方法之一。主成分分析用于多指标综合评价，既消除了评价指标间的相互影响，又减少了人为赋权的工作量和主观性，使测度结果更具客观性，且有助于提高综合评价的区分效度[3]。

基于主成分分析的多指标综合评价方法的实现步骤具体如下：

第 1 步：对原始变量数据进行预处理。首先判断变量的正向性（若为负向或逆向变量，需要进行正向化处理），其次对变量原始数据进行

① 叶双峰. 关于主成分分析做综合评价的改进 [J]. 数据统计与管理，2001（2）：52-56；孙刘平，孙刘平，钱吴永. 基于主成分分析法的综合评价方法的改进 [J]. 数学的实践与认识，2009，39（18）：15-20；李小胜，陈珍珍. 如何正确应用 SPSS 软件做主成分分析 [J]. 统计研究，2010（8）：105-108.
② 解素雯. 基于主成分分析与因子分析数学模型的应用研究 [D]. 淄博：山东理工大学，2016：7-11.
③ 邱东. 多指标综合评价方法 [J]. 统计研究，1990（6）：43-51.

无量纲化或标准化处理，从而得到经无量纲化或标准化的变量数据矩阵

$Y_{n \times p}$，其中 $Y_j = \begin{bmatrix} y_{1j} \\ y_{2j} \\ \vdots \\ y_{nj} \end{bmatrix}$，$j = 1, 2, \cdots, p$。

第2步：建立变量相关系数阵 $R = \left(r_{ij} \right)_{p \times p}$，或协方差矩阵 $\sum = \left(c_{ij} \right)_{p \times p}$（若使用均值法或极值法对原始变量数据进行无量纲或标准化处理）。

第3步：求相关系数阵 R 或协方差阵 $\sum$ 的特征根 λ_i 和单位特征向量 u_{ij}，$i, j = 1, 2, \cdots, p$；

第4步：求各主成分的方差贡献率（第1个主成分的方差贡献率为 $\delta_1 = \dfrac{\lambda_1}{\sum\limits_{i=1}^{p} \lambda_i}$，$l = 1, 2, \cdots, m$）和方差累计贡献率（前 m 个主成分的累计贡献率为 $\delta_{cumul} = \dfrac{\sum\limits_{l=1}^{m} \lambda_l}{\sum\limits_{i=1}^{p} \lambda_i}$），并按一定原则（方差累计贡献率不低于85%，即 $\delta_{cumul} \geqslant 85\%$）来确定主成分个数 m。

第 5 步[①]：对单位特征向量 u_{ij} 用公式 $\gamma_{ji} = \dfrac{u_{ij}}{\sqrt{\lambda_j}}$（$i = 1, 2, \cdots, p$；$j = 1, 2, \cdots, m$）求主成分系数向量 γ_{ji}。

第6步：建立各主成分函数，计算观测样本（n个）的各主成分（m个）得分。利用主成分系数 γ_{ji} 建立主成分方程：$Z_j = \gamma_{j1} Y_1 + \gamma_{j2} Y_2 + \cdots + \gamma_{jp} Y_p$（$j = 1, 2, \cdots, m$），并计算各观测样本的各主成分得分。

第7步：建立基于主成分分析的多指标综合评价方程及各观测样

---

① 需要注意的是，由于SPSS软件中无对应的主成分分析模块，但存在由主成分法求得的因子载荷矩阵，因此在利用SPSS软件计算主成分系数时，需要根据主成分分析与因子分析的关系，即 $\gamma_{ji} = \dfrac{u_{ij}}{\sqrt{\lambda_j}}$ 来计算主成分系数 γ_{ij}。如果使用的不是SPSS而是其他可直接求出主成分系数的软件，此步则可省略。参见于秀林，任雪松. 多元统计分析 [M]. 北京：中国统计出版社，2003：177-178；李小胜，陈珍珍. 如何正确应用SPSS软件做主成分分析 [J]. 统计研究，2010（8）：105-108；林海明. 如何用SPSS快速计算主成分的结果 [J]. 统计与决策，2011（12）：152-154.

本的综合得分，并进行排序与比较分析。利用方差贡献率 δ_j（j=1，2，…，m）和主成分向量 Z_j（j=1，2，…，m）建立综合评价函数模型：$Z_T = \delta_1 Z_1 + \delta_2 Z_2 + \cdots + \delta_m Z_m$，并计算各观测样本的综合得分。进而对各观察样本的各主成分得分及其综合得分进行排序和比较分析。

4.1.2　指标筛选、数据来源与数据处理

1）指标选取

考虑到农村社区养老服务能力有基础性能力、过程性能力和结果性能力之别，以及指标数据的可获得性和连续性，这里主要从结果性能力和过程性能力角度来选取指标，指标筛选结果见表4-1。

表4-1　　　　　　　　农村社区养老服务能力指标及其说明

指标	单位量纲	指标代码	指标含义	指标反映的能力及能力属性
行政村平均拥有社区养老服务机构和设施	个	X_1	某地区农村社区养老服务机构和设施数与同期该地区行政村数的比值	社区养老服务（供给）能力，属结果性能力指标
行政村平均拥有社区养老服务机构和设施床位数	张	X_2	某地区农村社区养老服务机构和设施床位数与同期该地区行政村数量的比值	社区养老服务（供给）能力，属结果性能力指标
农村社区养老服务机构和设施全托照料服务床位利用效率	%	X_3	某地区农村社区养老服务机构和设施接待全托照料老年人数与同期社区全托照料床位数的百分比	社区养老服务（供给）能力、管理能力，属结果性能力指标
行政村平均拥有村卫生室数	个	X_4	某地区拥有村卫生室数与同期该地区行政村数的比值	社区医疗服务（供给）能力，属结果性能力指标
行政村平均拥有卫生技术人员数	人	X_5	某地区拥有村卫生技术人员数与同期该地区行政村数的比值	社区医疗服务（供给）能力，属过程性能力和结果性能力指标
每百个行政村平均拥有社会工作师人数	人	X_6	某地区农村社区拥有社会工作师（含助理社会工作师）人数与同期该地区行政村数（单位：百个）的比值	社区养老服务管理能力、文化宣传和养老教育服务能力、养老服务创新能力，属过程性能力和结果性能力指标

2）数据来源及数据处理

这里所使用数据均来自《中国统计年鉴》《中国民政统计年鉴》《中国农村统计年鉴》《中国社会统计年鉴》等正式出版物，或政府官方网站，数据来源权威、可靠。当然，随着城乡基本公共服务均等化战略持续推进，近些年中国农村社区养老服务体系建设也在不断展开，中国农村社区养老服务统计正经历着一个从无到有、由粗到细、由宏观到中观和微观的过程，这充分体现在农村社区养老服务相关指标的统计中。从目前可搜集到的统计资料看，2020年《中国民政统计年鉴》中"农村社区养老服务机构和设施"指标在统计口径或范围上包括了"农村未登记的特困人员救助供养机构"（内含未登记的农村敬老院、五保之家、托老所等）、"农村全托服务社区养老服务机构和设施"、"农村日间照料社区养老服务机构和设施"、"农村社区互助型养老设施"及"农村其他社区养老服务设施"（包括农村社区提供的助餐、助医、护理等服务，以及"老年餐桌"等无床位的社区养老服务设施等），相比之前年份的统计数据，不仅涉及范围更广、内容更精细和具体，而且也能更好吻合农村社区养老服务的内涵。农村社区养老服务机构和设施床位数、社区养老服务参与人数等指标的统计数据亦如此。2015—2019年《中国民政统计年鉴》中"农村社区养老服务机构和设施"指标，其统计范围包括农村社区服务站为居民提供养老服务的机构和设施、农村社区养老服务照料机构和设施、农村社区互助型养老设施等，在计算过程中，"未登记的特困人员供养机构"和"其他社区服务机构和设施"因均未提供农村社区养老服务相关统计数据，因此均未计入"农村社区养老服务机构和设施"合计数中。农村社区养老服务机构和设施床位数、社区养老服务参与人数等指标数据的计算亦如此。2013—2014年《中国民政统计年鉴》有关"农村社区养老服务机构和设施"的统计比较粗略，其中仅提供了"农村社区服务站为居民提供养老服务的机构和设施"和"农村社区照料服务机构"数据，统计范围较2020年和2015—2019年明显偏窄，涉及内容也欠全面和精细。农村社区养老服务机构和设施床位数、社区养老服务参与人数等指标亦如此。2012年及之前年份的《中国民政统计年鉴》则因未提供具体、详细的农村社区养老服务数据，故无法用于农村社区养老服务能力建设综合评价，因此，这里仅对2013—2020年农村社区养老服务能力建设进行综合评价。

对于指标数据的标准化，考虑到经 Z-score 法处理的数据在将原始数据列强行拉向均值为 0 的新数据列之时，也将大量低于原均值（$\bar{x}_j$）的数据转化为负值，从而极大提高了评价结果为负的概率；经过极值法处理的数据虽然为正，但同样存在将原数据列强行拉向均值（$\bar{x}_j$）的问题，而且，一旦数列中存在奇异值，则会显著影响指标数据的处理结果，甚至改变原始数据的原有分布特征，因此，这里采用均值法对指标数据进行标准化。相较于 Z-score 法和极值法，均值法不仅简单易行，而且还能较好解决 Z-score 法和极值法存在的上述问题，并能较好保留原始数据列的分布特征。

4.1.3　中国 31 个省（区、市）农村社区养老服务能力建设综合评价结果及分析

对于 2013—2020 年中国 31 个省（区、市）农村社区养老服务能力建设原始数据矩阵 $X_{31 \times 6}$，运用均值法 $y_{ij} = \dfrac{x_{ij}}{\bar{x}_j}$ 进行标准化处理后可得新数据阵 $Y_{31 \times 6}$；之后，运用 SPSS24.0 软件通过降维和主成分分析，可得 2013—2020 年各年份中国 31 个省（区、市）农村社区养老服务能力建设协方差阵 $\sum = \left(c_{ij} \right)_{6 \times 6}$ 及其特征根 λ_j 和特征向量 u_{ij}，以及特征值的方差贡献率 δ_j 和方差累计贡献率 δ_{cumul}。按方差累计贡献率不低于 85% 原则确定主成分数量（m）（邱东，1990），再运用 $\gamma_{ji} = \dfrac{u_{ij}}{\sqrt{\lambda_j}}$ 将特征向量 u_{ij} 转化为主成分系数 γ_{ji}，即可得到各主成分的线性组合模型 $Z_j = \gamma_{j1} Y_1 + \lambda_{j2} Y_2 + \cdots + \gamma_{j6} Y_6$（j = 1，2，…，m）及各观察样本的各主成分得分，而后对各年份中国 31 个省（区、市）各主成分得分进行排序。最后，运用选定主成分的方差贡献率 δ_j（j=1，2，…，m）将各主成分评价函数合并成主成分综合评价函数，即 $Z_T = \delta_1 Z_1 + \delta_2 Z_2 + \cdots + \delta_m Z_m$，

进而计算2013—2020年分年度的中国31个省（区、市）农村社区养老服务能力建设综合评价得分，并予以排序。

这里以2013年为例，简要说明基于主成分分析法的中国31个省（区、市）农村社区养老服务能力建设综合评价过程。

2013年中国31个省（区、市）农村社区养老服务能力建设情况见表4-2。

表4-2 2013年中国31个省（区、市）农村社区养老服务能力建设情况

地区	行政村平均拥有农村社区养老服务机构和设施（个）	行政村平均拥有社区养老服务机构床位数（张）	农村社区养老服务机构和设施全托照料服务床位利用效率（%）	行政村平均拥有村卫生室（个）	行政村平均拥有卫生技术人员（人）	每百个行政村平均拥有社会工作师人数（人）
北京	0.056	0.504	62.12	0.733	0.896	4.571
天津	0.000	0.276	0.00	0.606	1.236	0.135
河北	0.329	3.288	10.13	1.279	1.722	0.119
山西	0.001	0.052	0.00	0.999	1.445	0.018
内蒙古	0.000	0.000	0.00	1.256	1.745	0.000
辽宁	0.020	0.108	13.94	1.723	2.208	0.603
吉林	0.000	0.017	0.00	1.250	2.094	0.629
黑龙江	0.000	0.001	0.00	1.322	2.814	1.886
上海	0.002	0.253	0.00	0.834	0.472	6.460
江苏	0.322	2.312	7.14	1.071	2.736	4.746
浙江	0.011	0.221	29.56	0.441	0.316	0.279
安徽	0.000	0.004	0.00	1.026	3.459	0.281
福建	0.006	0.093	0.00	1.344	1.934	0.069
江西	0.000	0.001	0.00	1.852	2.807	0.012

续表

地区	行政村平均拥有农村社区养老服务机构和设施（个）	行政村平均拥有社区养老服务机构床位数（张）	农村社区养老服务机构和设施全托照料服务床位利用效率（%）	行政村平均拥有村卫生室（个）	行政村平均拥有卫生技术人员（人）	每百个行政村平均拥有社会工作师人数（人）
山东	0.025	0.706	39.35	0.719	1.796	0.082
河南	0.000	0.003	0.00	1.212	2.582	0.281
湖北	0.002	0.024	1.73	0.980	1.684	0.079
湖南	0.004	0.033	47.32	1.072	1.158	0.122
广东	0.021	0.283	0.05	1.494	1.728	0.800
广西	0.409	4.638	32.46	1.527	2.590	0.049
海南	0.001	0.000	0.00	1.051	1.314	0.000
重庆	0.120	1.292	56.80	1.324	2.813	0.373
四川	0.000	0.029	0.00	1.187	1.590	0.179
贵州	0.016	0.336	0.00	1.259	2.153	0.113
云南	0.000	0.040	0.00	1.099	2.961	0.025
西藏	0.000	0.000	0.00	1.011	1.986	0.000
陕西	0.000	0.016	4.17	0.973	1.297	0.075
甘肃	0.099	1.418	0.00	1.046	1.371	0.000
青海	0.000	0.000	0.00	1.044	1.616	0.432
宁夏	0.000	0.004	0.00	1.085	1.615	0.044
新疆	0.001	0.005	0.00	1.220	1.655	0.208

对表4-2数据进行标准化处理，可得新数据矩阵。对新数据矩阵进行主成分分析，可得表4-3所示的协方差阵特征值、方差贡献率、方差

累计贡献率和表4-4所示的初始因子载荷阵（特征向量）。

表4-3　协方差阵的特征值及特征值的方差贡献率和方差累积贡献率

主成分	协方差阵特征值	方差贡献率（%）	方差累计贡献率（%）
1	9.834	58.26	58.26
2	4.506	26.70	84.96
3	2.287	13.55	98.51
4	0.168	1.00	99.50
5	0.069	0.41	99.91
6	0.015	0.09	100.00

表4-4　　　　初始因子载荷阵（特征向量）

标准化后的变量	u_{i1}	u_{i2}	u_{i3}
y_1	2.233	−0.223	−0.253
y_2	2.050	−0.367	−0.091
y_3	0.555	0.113	1.483
y_4	0.026	−0.044	0.014
y_5	0.067	−0.105	−0.015
y_6	0.577	2.073	−0.124

由表4-3可见，选取3个主成分即可保证方差累计贡献率不低于85%。

将初始因子载荷转化为主成分系数，可得如下各主成分线性组合模型：

$$Z_1 = 0.712y_1 + 0.654y_2 + 0.177y_3 + 0.008y_4 + 0.021y_5 + 0.184y_6$$
$$Z_2 = -0.105y_1 - 0.173y_2 + 0.053y_3 - 0.021y_4 - 0.049y_5 + 0.977y_6$$
$$Z_3 = -0.167y_1 - 0.06y_2 + 0.981y_3 + 0.009y_4 - 0.01y_5 - 0.082y_6$$

运用主成分1、主成分2和主成分3的线性组合模型，可得2013年中国31个省（区、市）各主成分得分（表4-5中第2列、第4列和第6列）及各主成分得分之排序结果（表4-5中第3列、第5列和第7列）。之后，由各主成分方差贡献率，可得2013年中国农村社区养老服务能力建设综合评价方程：

$$Z_T = 0.5826Z_1 + 0.267Z_2 + 0.1355Z_3$$

运用上述综合评价方程，可计算出表4-5所示的2013年中国31个省（区、市）农村社区养老服务能力建设综合评价得分（表4-5中第8列）。

表4-5　　　　基于主成分法的2013年中国31个省（区、市）
农村社区养老服务能力建设综合评价结果

地区	第1主成分		第2主成分		第3主成分		综合评价结果	
	得分	排序	得分	排序	得分	排序	得分	排序
北京	2.832	6	5.841	2	0.222	10	3.240	5
天津	0.405	18	0.048	18	−0.051	21	0.241	20
河北	9.247	2	−1.750	30	−1.574	30	4.706	3
山西	0.358	19	0.028	20	1.352	7	0.399	16
内蒙古	0.026	31	−0.060	23	−0.003	11	−0.002	30
辽宁	0.630	15	0.647	7	−0.156	26	0.519	15
吉林	0.210	20	0.765	6	−0.078	23	0.316	19
黑龙江	0.641	14	2.472	4	0.480	8	1.098	10
上海	2.513	7	8.687	1	2.138	6	4.073	4
江苏	9.077	3	4.761	3	−1.962	31	6.293	2
浙江	0.532	16	0.259	12	−0.098	24	0.366	18
安徽	0.120	23	0.271	11	−0.045	20	0.136	23
福建	0.952	9	0.191	14	3.815	3	1.123	9
江西	0.045	28	−0.080	26	−0.007	14	0.004	29
山东	1.358	8	−0.232	27	−0.018	16	0.727	13
河南	0.947	10	0.545	8	4.601	1	1.320	8
湖北	0.109	24	0.037	19	−0.019	17	0.071	26
湖南	0.728	13	0.273	10	3.150	4	0.924	11
广东	0.901	11	0.865	5	−0.198	27	0.729	12
广西	13.191	1	−2.204	31	3.556	2	7.577	1
海南	0.032	29	−0.048	21	−0.005	12	0.005	28

续表

地区	第1主成分		第2主成分		第3主成分		综合评价结果	
	得分	排序	得分	排序	得分	排序	得分	排序
重庆	3.600	4	-0.296	28	-0.628	29	1.933	6
四川	0.109	25	0.173	15	-0.027	18	0.106	25
贵州	0.737	12	-0.071	25	-0.116	25	0.395	17
云南	0.173	21	-0.050	22	0.390	9	0.141	22
西藏	0.027	30	-0.064	24	-0.006	13	-0.002	31
陕西	0.058	27	0.049	17	-0.012	15	0.045	27
甘肃	3.344	5	-0.751	29	-0.523	28	1.676	7
青海	0.132	22	0.523	9	-0.052	21	0.209	21
宁夏	0.453	17	0.123	16	2.243	5	0.601	14
新疆	0.092	26	0.218	13	-0.029	19	0.108	24

结合中国31个省（区、市）2014—2020年农村社区养老服务能力建设数据，按上述步骤，可得表4-6所示的中国31个省（区、市）2014—2020年农村社区养老服务能力建设综合评价结果。

表4-6　基于主成分分析的中国31个省（区、市）2014—2020年
农村社区养老服务能力建设综合评价结果

地区	2014		2015		2016		2017		2018		2019		2020	
	综合得分	排序	综合得分	排序	综合得分	排序	综合得分	排序	综合得分	排序	综合得分	排序	综合得分	排序
北京	1.114	9	2.468	4	2.681	6	1.374	6	0.840	18	1.066	8	0.615	22
天津	0.349	16	0.456	24	0.243	25	0.264	27	0.289	26	0.232	27	1.156	11
河北	2.145	5	1.346	5	2.820	5	1.642	4	1.944	4	0.821	11	0.722	20
山西	0.231	19	0.102	29	1.084	12	1.105	10	1.367	7	1.008	9	0.509	24
内蒙古	0.107	23	0.831	11	0.946	15	0.967	15	1.259	9	1.540	3	1.457	5
辽宁	0.941	11	0.679	15	0.575	21	0.391	26	0.537	24	0.430	25	0.745	17
吉林	0.025	26	-0.127	31	-0.351	31	0.022	31	0.002	31	0.196	30	0.305	27
黑龙江	0.484	13	1.187	8	1.416	11	0.748	20	0.815	20	0.652	17	0.165	29

续表

地区	2014		2015		2016		2017		2018		2019		2020	
	综合得分	排序	综合得分	排序	综合得分	排序	综合得分	排序	综合得分	排序	综合得分	排序	综合得分	排序
上海	1.757	6	5.278	2	6.826	2	2.472	2	2.687	2	0.999	10	1.308	8
江苏	9.706	1	5.675	1	12.246	1	4.973	1	4.589	1	2.292	1	2.130	2
浙江	2.931	3	0.927	10	1.595	10	1.354	7	1.787	5	1.406	4	2.311	1
安徽	1.055	10	1.653	6	1.800	8	1.130	9	1.195	10	0.457	24	1.024	14
福建	0.261	18	0.615	12	0.815	17	1.065	11	0.838	19	0.813	12	1.491	4
江西	-0.014	29	0.061	28	0.015	30	0.972	14	0.196	28	0.464	22	1.236	9
山东	0.489	12	0.628	20	0.699	19	1.219	8	0.904	15	1.576	2	0.606	23
河南	0.087	24	0.497	22	0.273	24	0.429	24	0.638	23	0.328	26	1.422	6
湖北	0.168	20	0.311	21	0.610	20	0.478	23	0.787	21	0.809	13	1.381	7
湖南	-0.026	30	0.481	17	1.050	14	0.960	16	1.017	12	0.716	15	1.193	10
广东	1.314	7	0.862	9	3.660	3	0.990	13	1.309	8	1.153	6	1.151	12
广西	-0.013	28	2.395	3	3.123	4	2.132	3	2.361	3	1.181	5	1.591	3
海南	0.277	17	0.149	27	0.092	28	0.168	29	0.105	30	0.211	28	0.229	28
重庆	3.122	2	1.381	7	2.236	7	1.395	5	1.748	6	1.100	7	0.760	16
四川	0.374	15	0.390	19	0.573	22	0.582	22	0.787	22	0.458	23	1.124	13
贵州	1.193	8	0.614	13	1.057	13	1.030	12	0.930	14	0.617	19	0.816	15
云南	0.467	14	0.283	23	0.218	26	0.406	25	0.483	25	0.207	29	0.159	30
西藏	0.014	27	-0.372	30	0.099	27	0.082	30	0.203	27	0.084	31	0.015	31
陕西	0.111	22	0.299	18	0.525	23	0.788	19	1.000	13	0.691	16	0.724	19
甘肃	2.804	4	0.455	14	0.867	16	0.602	21	0.870	17	0.651	18	0.663	21
青海	0.040	25	0.326	16	0.782	18	0.803	18	1.177	11	0.786	14	0.369	26
宁夏	-0.101	31	0.122	26	1.648	9	0.874	17	0.872	16	0.503	21	0.734	18
新疆	0.133	21	0.235	25	0.064	29	0.247	28	0.136	29	0.519	20	0.383	25

从 2013—2020 年各年份影响农村社区养老服务能力建设综合评价结果和主成分的因素看，2013 年对第 1 主成分起主要作用的是 "行政村

平均拥有农村社区养老服务机构和设施"及"行政村平均拥有社区养老服务机构床位数",影响第2主成分的为"每百个行政村平均拥有社会工作师人数",对第3主成分起主要作用的是"农村社区养老服务机构和设施全托照料服务床位利用效率",这些因素主要体现为农村社区养老服务机构和设施及社区养老服务队伍的专业素质。2014年对第1主成分起主要作用的是"行政村平均拥有农村社区养老服务机构和设施""每百个行政村平均拥有社会工作师人数""行政村平均拥有社区养老服务机构床位数",三者对第1主成分均具正向作用;对第2主成分起主要作用的是"每百个行政村平均拥有社会工作师人数",但其作用方向为负,接下来为"行政村平均拥有农村社区养老服务机构和设施"和"行政村平均拥有社区养老服务机构床位数",两指标对第2主成分均具正向作用,即是说,每百个行政村平均拥有社会工作师人数在农村社区养老服务能力建设中不仅未起到促进作用,而且还可能因数量太少、"贫富"差距太大,而产生负向作用。2015年后,对各年份第1主成分起决定作用的始终为"每百个行政村平均拥有社会工作师人数",而对第2主成分起主要作用的则为"行政村平均拥有农村社区养老服务机构和设施"和"行政村平均拥有社区养老服务机构床位数",对第3主成分起主要作用的因素各年份虽有差异,但2017—2020年间主要为"农村社区养老服务机构和设施全托照料服务床位利用效率"和"行政村平均拥有社区养老服务机构床位数"。2013—2020年各年度影响主成分及农村社区养老服务能力建设综合评价结果的主要因素见表4-7。

表4-7 2013—2020年各年度影响主成分及农村社区养老服务能力建设
综合评价结果的主要因素

年份	主成分个数及主成分的主要影响因素				主成分贡献率(%)			
	个数	主成分1	主成分2	主成分3	主成分1	主成分2	主成分3	累计贡献率
2013	3	X_1,X_2	X_6	X_3	55.259	26.696	13.559	98.507
2014	2	X_1,X_6,X_2	X_6-,X_1,X_2		63.454	21.663		85.117
2015	2	X_6	X_1		58.060	29.504		87.564

续表

年份	主成分个数及主成分的主要影响因素				主成分贡献率（%）			
	个数	主成分1	主成分2	主成分3	主成分1	主成分2	主成分3	累计贡献率
2016	2	X_6	X_1，X_2		59.303	26.638		85.941
2017	3	X_6	X_1，X_2	X_2，X_3	53.668	29.882	8.205	91.755
2018	3	X_6	X_1，X_2	X_3，X_2，X_1-	52.468	31.144	8.503	92.115
2019	3	X_6	X_1，X_2	X_1-，X_2，X_3	43.357	36.310	8.845	88.513
2020	3	X_6	X_1，X_2	X_3	40.936	26.841	20.059	87.836

注：表中，X_1、X_2、X_3和X_6是用于综合评价的原始变量，分别代表"行政村平均拥有农村社区养老服务机构和设施""行政村平均拥有社区养老服务机构床位数""农村社区养老服务机构和设施全托照料服务床位利用效率""每百个行政村平均拥有社会工作师人数"；另外，表中第4列和第5列中变量后的负号，如"X_6-"，是指该因素对该主成分起负向作用，而且，这也是一些省（区、市）有些年份的综合评价结果为负的主要原因。

综上分析可见，在基于主成分法的农村社区养老服务能力建设综合评价中起主要作用的是X_1、X_2、X_3和X_6，指标X_4和X_5对各主成分的作用并不显著，这很可能与目前大多数农村卫生室建设水平不高，医疗技术及服务能力、服务水平难尽如人意，人们有病更倾向于去县级及以上大医院看病有关，而且，这种因基层医疗机构优质医疗资源匮乏所引致的患者蜂拥到县级及以上医院的现象，无疑是近20多年来中国较高等级医院人满为患、进而频现"看病难""看病贵"问题的重要致因。因此，从促进城乡融合发展及城乡基本公共服务均等化着眼，加快加大医疗体制机制改革，着力加强基层医疗机构特别是乡镇和农村社区医疗服务设施和网点建设，配足配强基层医疗机构技术人员，切实将分级诊疗、医养、康养工作落到实处，让农村老年人足不出社区即可放心、满意地享有较优质的医疗服务，是既迫切又必要的任务。

为了更深入了解2013—2020年中国31个省（区、市）农村社区养老服务能力建设综合评价结果的类属，这里以综合评价得分为聚类变量，采用平均欧氏距离和离差平方和法（Ward方法），通过聚类分析，得到表4-8所示的聚类分析结果。

表4-8　　基于主成分法的中国31个省（区、市）2013—2020年
农村社区养老服务能力综合评价得分聚类分析结果

年份	第1类	第2类	第3类	第4类
2013	江苏、广西	北京、河北、上海	黑龙江、福建、河南、湖南、重庆、甘肃	天津、山西、内蒙古、辽宁、吉林、浙江、安徽、江西、山东、湖北、广东、海南、四川、贵州、云南、西藏、陕西、青海、宁夏、新疆
2014	江苏	浙江、重庆、甘肃	北京、河北、辽宁、上海、安徽、广东、贵州	天津、山西、内蒙古、吉林、黑龙江、福建、江西、山东、河南、湖北、湖南、广西、海南、四川、云南、西藏、陕西、青海、宁夏、新疆
2015	上海、江苏	北京、河北、安徽、广西、重庆	天津、山西、内蒙古、辽宁、吉林、黑龙江、浙江、福建、江西、山东、河南、湖北、湖南、广东、海南、四川、贵州、云南、西藏、陕西、甘肃、青海、宁夏、新疆	
2016	江苏	上海	北京、河北、广东、广西、重庆	天津、山西、内蒙古、辽宁、吉林、黑龙江、浙江、安徽、福建、江西、山东、河南、湖北、湖南、海南、四川、贵州、云南、西藏、陕西、甘肃、青海、宁夏、新疆
2017	江苏	上海、广西	北京、河北、山西、内蒙古、黑龙江、浙江、安徽、福建、江西、山东、湖南、广东、重庆、贵州、陕西、青海、宁夏	天津、辽宁、吉林、河南、湖北、海南、四川、云南、西藏、甘肃、新疆

续表

年份	第1类	第2类	第3类	第4类
2018	江苏	河北、上海、浙江、广西、重庆	北京、山西、内蒙古、辽宁、黑龙江、安徽、福建、山东、河南、湖北、湖南、广东、四川、云南、贵州、陕西、甘肃、青海、宁夏	天津、吉林、江西、海南、西藏、新疆
2019	江苏	北京、山西、内蒙古、上海、浙江、山东、广东、广西、重庆	河北、黑龙江、福建、湖北、湖南、贵州、陕西、甘肃、青海	天津、辽宁、吉林、安徽、江西、河南、海南、四川、云南、西藏、宁夏、新疆
2020	江苏、浙江	天津、内蒙古、上海、安徽、福建、江西、河南、湖北、湖南、广东、广西、四川	北京、河北、山西、辽宁、山东、重庆、贵州、陕西、甘肃、宁夏	吉林、黑龙江、海南、云南、西藏、青海、新疆

由表4-8聚类结果可见，除2015年外，其余年份均划分为4类。从31类各年份所属类别看，2013—2020年江苏均稳居1类区，上海除2014年和2015年外均在2类区，北京和重庆在2类和3类区间转换，河北、浙江、安徽、山东和广东基本处在2类偏3类区，山西、内蒙古、福建、湖南、甘肃、黑龙江、湖北和贵州多数年份均处于3类区，云南、西藏、吉林、天津、海南、青海和新疆则基本处在4类区，其余省份，如江西、河南、辽宁、四川、陕西和宁夏等则主要在3类和4类区间转换。为了进一步讨论全国31个省（区、市）农村社区养老服务能力建设综合评价得分的类区归属，这里结合表4-8的聚类分析结果，运用加权算术平均法，得到中国31个省（区、市）农村社区养老服务能力建设总的类区归属（见表4-9）。

表4-9   中国31个省（区、市）农村社区养老服务能力建设
综合评价得分类区归属

地区	类区归属	地区	类区归属	地区	类区归属
北京	2-3类偏3类（2.63）	安徽	3-4类偏3类（3.13）	四川	3-4类（3.50）
天津	3-4类偏4类（3.63）	福建	3-4类偏3类（3.13）	贵州	3-4类偏3类（3.25）
河北	2-3类（2.63）	江西	3-4类（3.50）	云南	3-4类偏4类（3.75）
山西	3-4类偏3类（3.25）	山东	3-4类偏3类（3.25）	西藏	3-4类偏4类（3.88）
内蒙古	3-4类偏3类（3.13）	河南	3-4类偏3类（3.38）	陕西	3-4类偏3类（3.38）
辽宁	3-4类（3.50）	湖北	3-4类偏3类（3.38）	甘肃	3-4类偏3类（3.13）
吉林	3-4类偏4类（3.88）	湖南	3-4类偏3类（3.13）	青海	3-4类（3.50）
黑龙江	3-4类偏3类（3.38）	广东	2-3类偏3类（2.88）	宁夏	3-4类（3.50）
上海	2类（2.00）	广西	2-3类偏2类（2.25）	新疆	3-4类偏4类（3.88）
江苏	1类（1.00）	海南	3-4类偏4类（3.88）		
浙江	2-3类偏3类（2.63）	重庆	2-3类（2.50）		

注：表中，括号内数值为各省（区、市）2013—2020年农村社区养老服务能力建设聚类分析结果（所属类区）的加权算术平均数。这里需要说明的是：根据各地区8年的加权算术平均数值，对小数点后小于0.5的（如3.25、3.38等），向前一类归并，小数点后大于0.5的（如2.63，3.75等），向后1类归并；对于小数点后恰好为0.5的（如2.50、3.50），则不做偏向性归类；对于加权算术平均数值为整数的，直接归于相应类别，如1.00，即直接归为1类区。

表4-9中归属1类区的，亦即所有地区中农村社区养老服务能力建设最好的地区，归于2类区的为农村社区养老服务能力建设较好地区，归于3类区的则为农村社区养老服务能力建设较差地区，归于4类区的为农村社区养老服务能力建设最差的地区；而且，某地区加权算术平均数值越偏向前一类区，说明该地区越接近前一类区，而越偏向后一类区，则说明该地区越接近后一类区。如福建和山东，虽然二者均属于3-4类偏3类区，但因福建的加权算术平均数值小于山东，因此，福建比山东更接近3类。

由表4-8和表4-9可见，目前农村社区养老服务能力建设做得最好的首推江苏，其次是上海，接下来依次为广西、重庆、北京、河北、浙江和广东，云南、天津、辽宁、江西、四川、青海和宁夏等属较差类区，吉林、海南、西藏和新疆则为农村社区养老服务能力建设最差地区，表4-9中偏4类区及虽为偏3类区但加权算术平均数在3.0以上的省（区、市）的农村社区养老服务能力均亟待改进和加强。

4.2 农村社区养老服务能力建设影响因素：基于中国省域面板数据

农村社区养老服务能力建设是一个综合的系统化过程，基于前文综合评价结果，接下来运用省域尺度面板数据，探讨一下影响中国农村养老服务能力建设的因素。

4.2.1 指标选取、数据处理与模型构建

1）指标选取与说明

（1）指标选取

基于典型代表性、数据可获得性和数据连续性原则，经反复研究、推敲，最终筛选出表4-10所示的12项指标。

表4-10　　影响农村社区养老服务能力建设的指标及其性质

指标	单位	代码	指标性质
农村人口老龄化率	%	PAGR	反映农村人口老龄化程度，系农村人口社会状况指标
农村老年人赡养比	%	ODR	反映农村劳动力人口经济负担轻重，系农村人口社会经济状况指标
农村村庄内道路硬化率	%	RHR	反映农村村庄内道路建设水平，系农村村庄基础设施建设状况指标

续表

指标	单位	代码	指标性质
农村家庭宽带入户率	%	HBBAR	反映农村信息化基础设施建设情况，系农村信息化程度指标
城乡居民收入比		URIR	反映城乡居民收入差距，系城乡收入差距指标
农村居民人均可支配收入	元	DIPA	反映农村居民人均收入水平，系农村居民家庭经济状况或能力指标
行政村平均拥有农业机械总动力	千瓦	ATAM	反映农村农业机械化和现代化水平，系农业经济发展能力指标
农村人均用电量	千瓦时	PCEC	反映农村电力总体利用情况，系农村经济发展指标
地区（省域）人均财政收入	元	FRPC	反映地区（省、区、市）经济发展水平，系地区总体经济发展水平指标
行政村村委会成员中中共党员所占百分率	%	PPMA	反映农村基层党的建设，系农村社区组织能力和管理能力指标
行政村村委会成员中大专及以上学历者比重	%	NCYDX	反映农村村委会成员受教育水平，系农村社区组织、管理及学习成长和变革创新能力指标
农村村委会主任、书记"一肩挑"比重	%	NCZRB	反映农村基层党政工作统一化程度，系农村社区组织和管理能力指标

（2）指标说明

在表4-10中，农村人口老龄化率反映的是农村人口老龄化程度及农村社区所承受的养老服务压力，它直接影响农村对社区养老服务需求。农村老年人赡养比是指一定时期、一定地域内每百名15～64岁劳动年龄人口所负担的65岁及以上老年人口数，这里用百分率表示。通常，老年人赡养比越高，则该地区农村劳动力人口的养老负担越重。农村村庄内道路硬化率是一定时期、一定地域内农村村庄内硬化道路长度占该地农村村庄内道路总长度的比率。通常，农村村庄内道路硬化率越高，说明农村基础设施建设越好，村庄经济往往越发达，农村发展社区养老服务的条件也越好。农村家庭宽带入户率指一定时期、一定地域内农村宽带接入户数占该地农村总户数的百分率。宽带既是互联网时代农村社区发展智能智慧化养老服务的基本物质和技术条件，也是农村和农业生产及管理数智化、现代化的基础。

经济能力是支撑农村社区养老服务能力建设的基本力量。严格地讲，农村社区经济能力是就组成农村社区的行政村或自然村的集体经济能力而言的，但因缺乏反映各地区农村集体经济发展状况的统计资料，因此，这里选取农村居民人均可支配收入、行政村平均拥有农业机械总动力、农村人均用电量和地区（省域）人均财政收入，来从不同角度间接反映农村居民家庭、农村社区及地区（省、区、市）的经济能力。通常来讲，一定时期某地区农村居民人均可支配收入水平越高，说明该地区农村居民家庭养老的经济能力越强，农村面临的养老经济压力越小，同时越有助于农村社区养老服务向辖区困难老年人倾斜；另外，农村居民人均可支配收入高，还有助于农村社区资金和物资捐助（赠）活动的开展，进而助力农村社区养老服务能力建设。行政村平均拥有农业机械总动力是指代农村农业机械化水平和农业生产能力的指标，可间接反映某地区农村农业经济现代化水平。农村人均用电量可侧面反映一定时期某地区农村经济发展情况和水平，常被人们用来间接指代区域经济发展状况。通常，农村人均用电量越多，农村经济往往越发达。地区（省域）人均财政收入是反映一定时期某地区整体经济发展水平的指标。通常来讲，一地区总体经济发展水平越高、经济能力越强，其对农村社区及其养老服务能力建设的支持力度往往越大，但在现实中，地区总体经济发展水平和能力能否转化为地方对农村社区及其养老服务能力建设的支持，是值得商榷的。这与地方政府对农村社区及其养老服务能力建设的重视程度有关。

坚持和加强党对农村工作的全面领导，提高新时代党全面领导农村工作的能力和水平，发挥基层党组织的战斗堡垒作用及党员干部的先锋模范作用，是新时代夯实农村基层组织建设基础、提高农村社区治理能力、促进乡村振兴的基本方针和要求。为了体现农村基层党组织建设及农村干部素质建设的重要性，这里选取行政村委会成员中中共党员所占百分率、行政村村委会成员中大专及以上学历者比重和农村村委会主任、书记"一肩挑"比重等指标，来从不同侧面反映省域尺度下农村基层组织建设情况。

2）数据来源与数据处理

本文使用数据均源自《中国统计年鉴》《中国民政统计年鉴》《中国农村统计年鉴》《中国人口和就业统计年鉴》《中国社会统计年鉴》，年限为2013—2020年，资料来源权威、可靠。

对于所选指标，如农村人口老龄化率、老年人赡养比、农村村庄内道路硬化率、农村家庭宽带入户率、城乡居民收入比、行政村村委会成员中中共党员所占百分率、行政村村委会成员中大专及以上学历者比重和农村村委会主任、书记"一肩挑"比重等，这里取其小数形式，无需标准化处理；对于农村居民人均可支配收入和地区人均财政收入，首先用农村居民消费价格总指数和GDP平减指数对其进行平减处理，后取自然对数；对于行政村平均拥有农业机械总动力和农村人均用电量，均取自然对数。

3）模型构建

考虑到数据序列为面板数据，故采用面板数据模型。考虑到面板数据模型中混合模型过于理想化，而且模型截距相等、系数相同的建模要求有违社会经济问题复杂性的事实，同时，考虑到研究中涉及变量较多，因此这里构建变截距模型。模型的具体形式如下：

$$APSARC_{it} = \alpha_{it} + \beta_1 \cdot PAGR_{it} + \beta_2 \cdot ODR_{it} + \beta_3 \cdot RHR_{it} + \beta_4 \cdot HBBAR_{it} +$$
$$\beta_5 \cdot URIR_{it} + \beta_6 \cdot \ln DIPA_{it} + \beta_7 \cdot \ln ATAM_{it} + \beta_8 \ln PCEC_{it} +$$
$$\beta_9 \cdot \ln FRPC + \beta_{10} \cdot PPMA_{it} + \beta_{11} \cdot NCYDX_{it} + \beta_{12} \cdot NCZRB_{it} + \varepsilon_{it}$$

式中，APSARC代表农村社区养老服务能力建设综合评价得分，PAGR代表农村人口老龄化率，ODR代表老年赡养比，RHR代表农村村庄内道路硬化率，HBBAR代表农村家庭宽带入户率，URIR代表城乡居民收入比，DIPA代表农村居民人均可支配收入，ATAM代表行政村平均拥有农业机械总动力，PCEC代表农村人均用电量，FRPC代表地区

（省域）人均财政收入，PPMA 代表行政村村委会成员中中共党员所占百分率，NCYDX 代表行政村村委会成员中大专及以上学历者比重，NCZRB 代表农村村委会主任、书记"一肩挑"比重；α_{it} 为常数项，ε_{it} 为随机误差项，β_1，β_2，$\cdots$，β_{12} 为待定系数；i 表示地区，i = 1，2，$\cdots$，31，分别代表全国 31 个省（区、市）；t 表示时间，为 2013—2020 年。

4.2.2 模型回归与结果分析

1）模型回归

由于这里探究的是哪些因素在影响农村社区养老服务能力建设，故直接进入建模过程。

（1）数据序列平稳性检验

为避免伪回归现象，首先用 Fhiser-ADF 单位根检验法对各变量数据序列进行平稳性检验。检验结果表明，除因变量 APSARC 及自变量 URIR、lnDIPA、lnFRPC 和 PPMA 为 0 阶平稳序列外，其余均为 1 级平稳序列，这其中，PAGR、ODR、lnPCEC 和 NCZRB 数据序列在 5% 显著水平下 1 阶平稳，其余变量均在 1% 显著水平下 1 阶平稳，说明以此建立面板回归模型不存在伪回归。

（2）LR 检验、Hausman 检验与面板回归模型确定

在估计面板模型前，首先需判定面板回归模型的维数，为此，这里对面板数据进行双固定效应回归，之后对回归结果进行 LR（Likelihood Ratio）检验。LR 检验结果表明，Cross-section F 在 1% 显著水平下强烈拒绝原假设，而 Period F 检验结果在 5% 显著水平下接受原假设，但在 10% 显著水平下拒绝原假设，说明面板回归模型存在个体效应，不存在时点效应，且回归模型为 1 维。

接下来做 1 维回归，并对回归结果做 Hausman 检验，结果表明，个体随机效应 Hausman 检验的卡方统计量为 14.611，P 值 0.2634，表示不拒绝"随机效应模型有效"的原假设，即该面板数据回归模型为个体随机效应模型，回归结果为表 4-11 的模型 I。

表4-11 面板数据回归模型

变量	模型Ⅰ			模型Ⅱ		
	回归系数	标准误	t统计值	回归系数	标准误(S.E.)	t统计值
C（常数项）						
C_BJ	2.068			2.068		
C_TJ	1.032			1.032		
C_HEB	2.008			2.008		
C_SHX	1.653			1.653		
C_NMG	1.015			1.015		
C_LN	0.355			0.355		
C_JL	1.730			1.730		
C_HLJ	1.083			1.083		
C_SH	1.376			1.376		
C_JS	3.979			3.979		
C_ZJ	1.102			1.102		
C_AH	1.150			1.150		
C_FJ	1.080			1.080		
C_JX	1.502			1.502		
C_SD	1.043			1.043		
C_HEN	1.350			1.350		
C_HUB	1.363			1.363		
C_HUN	1.332			1.332		
C_GD	1.228			1.228		
C_GX	2.650			2.650		
C_HAIN	1.209			1.209		
C_CQ	1.502			1.502		
C_SC	1.100			1.100		

续表

变量	模型 I			模型 II		
	回归系数	标准误	t统计值	回归系数	标准误（S.E.）	t统计值
C_GZ	1.395			1.395		
C_YN	0.801			0.801		
C_XZ	1.633			1.633		
C_SHXI	0.937			0.937		
C_GS	1.524			1.524		
C_QH	2.105			2.105		
C_NX	1.238			1.238		
C_XJ	1.191			1.191		
PAGR	23.666	18.655	1.269	23.666**	11.581	2.043
ODR	−12.131	10.502	−1.155	−12.131**	5.841	−2.077
RHR	−0.656	0.755	−0.870	−0.656	0.421	−1.559
HBBAR	0.186	0.390	0.478	0.186	0.298	0.625
URIR	0.114	0.532	0.215	0.114	0.329	0.347
lnDIPA	−0.778	0.785	−0.991	−0.778**	0.340	−2.288
lnATAM	0.270	0.241	1.118	0.270	0.181	1.493
lnPCEC	0.613***	0.184	3.333	0.613*	0.333	1.838
lnFRPC	−0.135	0.128	−1.053	−0.135	0.082	−1.646
PPMA	2.722***	0.978	2.782	2.722*	1.447	1.880
NCYDX	−0.125	1.346	−0.093	−0.125	2.352	−0.053
NCZRB	−1.335**	0.546	−2.445	−1.335***	0.340	−3.928
R^2	0.141			0.141		
$R^2_{adj.}$	0.097			0.097		
F−statistic	3.222			3.222		
Prob（F−statistic）	0.000			0.000		

注：表中，***、**和*分别表示在1%、5%和10%水平上显著。

　　为避免面板模型同期相关，还需对个体随机效应模型做同期截面相关检验。同期截面相关检验结果表明，Breusch-Pagan LM 统计值为 815.632，Pesaran Scaled LM 统计值为 11.498，Pesaran CD 统计值为 4.275，均在 1% 显著水平下拒绝原假设，即回归模型存在截面相关，因此需要进行系数稳健性修正。考虑到残差很可能存在异方差，因此同时进行残差异方差和截面相关修正，修正后的个体随机效应回归模型见表 4-11 模型 Ⅱ。

　　2）模型回归结果及讨论

　　由表 4-11 模型 Ⅱ 回归结果可见，农村人口老龄化率（PAGR）、农村人均用电量（PCEC）和行政村村委会成员中中共党员所占百分率（PPMA）均对农村社区养老服务能力建设综合评价得分（APSARC）具有显著正效应，而农村老年赡养比（ODR）、农村居民人均可支配收入（DIPA）及农村村委会主任、书记"一肩挑"比重（NCZRB）则对农村社区养老服务能力建设综合评价得分具有显著负效应。具体来看，农村人口老龄化率每上升 1%，农村社区养老服务能力建设综合评价得分将提高 23.67%，也就是说，农村人口老龄化率提高会在增加农村养老服务总需求的同时，极大增强农村老年人对社区养老服务的需求，在农村家庭养老功能日趋弱化的目前情况下尤其如此。农村人均用电量也对农村社区养老服务能力建设综合评价得分具有提升作用，农村人均用电量每增加 1 个单位，农村社区养老服务能力建设综合评价得分提高 $e^{0.613}$ = 1.846 个单位。由于农村人均用电量反映的是农村经济发展状况，即农村社区经济能力，因此，农村社区经济能力越强，越有助于农村社区加大社区养老服务能力建设投入，农村社区养老服务能力也往往越强，这一结论在浙江宁波滕头村、江苏张家港永康村以及河南新乡刘庄村和漯河南街村等经济较发达农村均得到了验证。行政村村委成员中中共党员比重对农村社区养老服务能力建设综合评价得分的显著正效应则表明，行政村村委成员中中共党员比重越高，越有助于农村基层组织凝聚力和战斗力的形成，也有助于乡村振兴和农村社区养老服务能力建设，原因是，中共党员作为农村社会中具有较高政治觉悟、较强组织意识和具有奉献精神的先锋组织成员，其中很多人亦是农村精英分子和具有较高科学文化素质人员，因此，农村村委会成员中中共党员比重的高低，既可一定程度反映农村基层组织政治觉悟、组织能力、管理能力的高下，也可反映践行党和国家大政方针的坚定性和意志力，这对落实乡村振兴和城乡融合发展战略、促进城乡基本公共服务均等化及农村社区养老服务能力建设，是十分必要且有益的，而这也充分说明党的建设在农村基层组织和农村社区养老服务能力建设中的重要性，是乡村振兴和城乡融合发展的核心驱动力量。农村老年赡养比对农村社区养老服务能力建设综合评价得分的显著负效应表明，由人口老龄化导致的农村劳动力人口赡养老年人数量增多，对农村社区养老服务能力建设具有掣肘作用，因为劳动力人口负担老年人数量越多，越不利于农村劳动力人口将注意力转移到农村社区养老服务能力建设上，而是越有可能把精力放到出外务工、经商等经济活动上，从而愈加凸显家庭和社区养老服务供给之欠失。而农村居民人均可支配收入对农村社区养老服务能力建设的负效应则表明，单纯的农村居民人均可支配收入和家庭经济能力的提升，并不一定带来农村社区养老服务能力建设状况的改善，甚至还可能制约农村社区养老服务能力建设，因为农村居民人均可支配收入越高，人们越有可能通过家庭购买市场养老服务而非寄希望于社区养老来满足家庭的养老服务需求[6]，进而影响农村居民及其家庭参与社区养老服务能力建设的积极性和主动性。农村村委会主任、书记"一肩挑"比重对农村社区养老服务能力建设综合得分的显著负效应可能意味着，一味强调农村村委会主任、书记"一肩挑"，并不一定能带来农村社区养老服务能力建设状况的改善，甚至还可能对农村社区养老服务能力建设产生负面影响，因为村委会主任、书记"一肩挑"虽然有利于农村基层组织统认识、统一决策和统一指挥，但也极易导致村级组织决策的"一言堂"，一些行政村党政一把手甚至会置社会利益和长远利益于不顾，一味强调经济利益和眼前利益，这一问题在当前中国农村并不鲜见，应引起足够重视。

农村村庄内道路硬化率、农村宽带入户率、城乡居民收入比、行政村平均拥有农村机械总动力、地区（省域）人均财政收入和村委会成员中大专及以上学历者比重等其他变量，对农村社区养老服务能力建设综合评价得分的影响均不显著，这一方面与当前中国农村仍以家庭养老为主、农村村庄道路和互联网等基础设施建设仍不够完善、城乡收入差距依然较大、农村村委会成员中大专及以上文化程度者比重仍然较低，其作用仍未发挥出来有关，另一方面则可能与面板数据时序偏短有关，但这并不能否定加强农村基础设施建设、提高农村信息化水平、促进城乡互联互通互动、全面提升村级组织成员科学文化素质，对农村社区养老服务能力建设的必要性和迫切性。

4.3　研究结论与不足

综合上文 2013—2020 年中国 31 个省（区、市）农村社区养老服务能力建设综合评价结果及其影响因素实证研究结果，可以得出如下结论：

（1）农村经济特别是农村集体经济发展是农村社区养老服务能力建设的重要驱动力量。由全国 31 个省（区、市）农村社区养老服务能力建设综合评价结果可见，那些综合评价得分排在前列的地区，大多也是农村经济特别是农村集体经济较发达的地区，如江苏、上海、北京、浙江和广东等，而且，这一结论无论从农村养老服务能力建设影响因素实证研究（农村人均用电量对农村社区养老服务能力建设具有显著正效应），还是农村实地调研中（村集体经济较发达的行政村，其社区养老服务做得也较好，社区养老服务能力亦较强），均得到较好印证；相反，那些农村社区养老服务能力建设综合评价得分居后的地区，其农村经济特别是农村集体经济发展大多也相对落后。

（2）各级地方政府重视有助于农村社区养老服务能力建设的广泛、有效开展。从全国 31 个省（区、市）农村社区养老服务能力建设综合评价结果看，广西、重庆、河北等农村经济特别是农村集体经济处于中游或中下游地区的综合得分居前，很可能与这些地方政府比较重视农村社区养老服务能力建设有关。像广西、河北，虽然农村集体经济发展水平不及江苏、浙江和广东，但农村社区互助养老不仅开展得早，而且非常普及。2020 年广西和河北农村互助型社区养老服务设施覆盖率分别为68.97%和54.90%，平均每万名农村60岁及以上老年人拥有互助型养老床位分别为218.09张和241.53张，均居全国前列。不过，长期来看，这种靠地方政府行政力而非农村集体经济发展推动的农村社区养老服务能力建设，因经济基础不牢靠，通常难以持续，这一问题从近年河北等地农村社区养老服务能力综合评价排名快速下滑可见一斑。

（3）农村家庭收入水平提高不一定带来农村社区养老服务能力提升，甚至可能产生负向作用。面板数据回归结果表明，农村居民人均可支配收入对农村社区养老服务能力建设具有显著负效应，原因是，社区养老与家庭养老是两个有关联却具不同养老责任主体的养老模式，农村家庭收入水平提高通常改进的是家庭经济能力，而非社区经济能力，因此，农村家庭收入水平提高或家庭经济能力增强，很可能使农村家庭更倾向于购买市场化养老服务，而非出钱资助村集体发展社区养老。当然，如果农村家庭收入水平提高主要是由村集体经济发展，而非个人或家庭自身因素带来的，那么，家庭收入水平提高与农村社区养老服务能力建设可能会产生互促作用，然而，目前中国大多数农村的情况并非如此。

（4）加强党对农村工作的领导及村级组织建设，是乡村振兴和农村社区养老服务能力建设的可靠组织保证和重要推动力量。面板数据回归结果表明，行政村村委会成员中中共党员所占百分率对农村社区养老服务能力建设具有显著正效应，原因是，行政村村委会成员中中共党员比率是农村基层党建的重要体现，也是农村基层组织坚定奉行党的路线、方针和政策，积极践行乡村振兴战略和城乡融合发展战略、着力推动农村社区养老服务能力建设的基本组织保证。由于农村中共党员中集中了很多有理想、有抱负、有知识、有才干的农村精英分子，这些人有的头脑灵活、善经营、会经商，有的有威信、善于团结群众，有的是致富能手、农民企业家，是农村社会的"关键少数"，因此，通过加强基层党组织建设，充分调动和发挥中共党员在农村社区治理及乡村产业和经济振兴中的战斗堡垒和先锋模范作用，至关重要。

当然，由于在指标选取和面板数据建构时深受统计数据可获得性、指标统计口径一致性及统计数据时序连续性等限制，从而使得农村社区养老服务能力建设综合评价指标的选取、影响农村社区养老服务能力建设指标的选取、面板数据时序长度等均受到较大影响，而且，这也或大或小地影响了农村社区养老服务能力建设综合评价结果及面板数据回归结果，这些均是今后研究中有待不断完善和加强的。

第5章 农村社区养老服务能力建设与农村社区治理体系重构和治理机制创新

农村社区养老服务能力建设是一项复杂的系统工程。虽然表面看来，农村社区养老服务能力建设只是一个供给侧问题，但在农村社区众多，且大多数农村集体经济仍不发达、农村社区养老服务资源相对匮乏和碎片化、农村社会集体养老观念和互助意识仍相对滞后情况下，农村社区如何在深入落实乡村振兴和城乡融合发展战略基础上，通过自练内功和自我发展，在不断完善和加强社区组织和自我治理能力建设的同时，尽快提高集体经济能力及其他养老服务能力，就显得格外必要和重要。

5.1 以社区养老服务能力建设为推力的农村社区治理体系重构

5.1.1 不同社会治理目标下中国农村基层社会治理体系与治理模式回顾分析

社会治理是一国或地区为了改良社会环境、维护社会秩序、促进经济发展和社会公平正义、改善公民福祉，由政府主导，通过动员、引导、组织和激发全社会力量（包括企业、社会组织、社区和个人等），以平等合作、沟通协商方式，来依法处理社会公共事务、解决社会问题、应对社会危机，最终实现社会利益最大化目标的过程。社会治理的目标是多元的，手段是多样的，它既可能基于政治目标，也可能基于经济、文化、社会、环境和社会治安或社会安全目标，还可能基于社会福利平等或基本公共服务均等化目标，社会治理的手段既可以是政治的、行政的、法律的，也可以是经济的、文化的、教育的，既可以采用控制或惩罚性手段，也可以采用激励性措施。而且，不同历史时期和不同政治、经济、文化和法治背景下，社会治理的目标及采取的手段和方法往往不同。农村社区作为农村社会的基本单元及其社会治理的基本实现单位，其治理体系和治理模式通常受不同时期社会治理目标的深刻影响，并由此决定了不同社会治理目标下中国农村基层社会治理体系和治理模式的差异性。

1）中华人民共和国成立初期治乱维稳和复苏经济目标下农村基层社会"行政化"管理体系与模式

中华人民共和国是在饱受战争及日本和西方列强掠夺和殖民痛苦基础上建立起来的。中华人民共和国成立初期，一方面各种反动力量和颠覆势力冥顽不化、蠢蠢欲动，各种破坏活动及反动宣传阴魂不散，社会不安定、不稳定因素广泛存在；另一方面，社会生产力水平低下，国家贫穷落后，百姓生活困难，人们既迫切希望社会安定，又极度渴望丰衣足食。在此情况下，中央政府从耕者有其田及消除饥饿、促进经济发展和社会安定着眼，一方面通过"土改"运动及颁布《中华人民共和国土地改革法》，废除封建土地所有制，夺取地主阶级及宗族和政治势力对土地的所有权，来解放和激发农村农业生产力，恢复和发展农村经济；另一方面，通过颁布政策法令及在农村普遍建立区、乡（行政村）人民政府，加强党和政府对农村工作的绝对领导，来整治社会乱象，打击反动及黑恶势力，维护社会安定稳定。这一时期的农村基层组织体制出现两种情况：一是实行区、乡建制，即在县以下设立区公所，区公所下设乡政府，村一级不设立政府组织；二是实行区、村两级行政体制，村作为农村最基层的政府组织。1954年《中华人民共和国宪法》颁布后，国家对区村制和区乡制并存的行政体制进行了改革，以前的乡和村（指设立有基层政府组织的村）统称为乡，设立乡政府，为农村最基层的政府组织，乡以下设置行政村，行政村由按自然村划定的居民小组构成①。行政村是中华人民共和国成立后中央政权为维护农村社会经济秩序和社会稳定，领导广大农民开展农村经济、社会和文化建设，对农村居民开展政治宣传和动员，以及进行意识形态教育等所建立的基层组织，带有浓厚政治色彩；同时，行政村也是国家整合基层社会、推动国家法规政策和战略措施落实的重要抓手②。与此同时，以家庭和邻里互助为主要特征的互助合作生产方式也在全国农村迅速推广开来。这种家庭互助联合生产组织在恢复、激活家庭和社会生产力的同时，也对提振广大农民的精气神，弘扬邻里、家庭和社会团结友爱精神，重建社会信任，特别是恢复和发展农村农业生产和个体经济，起到了极其重要作用。

这一时期的农村基层组织建设较大程度延续了解放战争时期农会组织建设的思路与特征，政治面貌和家庭出身被视作农村基层组织干部选拔的基本条件，此种情况下，那些不具党员身份和家庭出身不好③的传统"乡绅""乡贤"和知识分子等，多被排斥在农村基层组织之外，成

① 贺雪峰. 论半熟人社会——理解村委会选举的一个视角 [J]. 政治学研究，2000（3）：61-69；项继权. 从"社队"到"社区"：我国农村基层组织与管理体制的三次变革 [J]. 理论学刊，2007（11）：85-89.
② 李增元. "社区化治理"：我国农村基层治理的现代转型 [J]. 人文杂志，2014（8）：114-121.
③ 在中华人民共和国成立至改革开放后的较长一段时期内，以家庭出身和家庭成分论"英雄"，一直是中国农村基层组织乃至政府部门和企事业单位选任干部的基本条件。

为远离农村基层组织核心的"边缘人"。然而，由于当时中国农村人口文盲率极高，绝大多数贫下中农均未受过或只受过较少教育，因此，农村基层组织中集中了大量文盲和半文盲干部，这种干部素质反过来又对村级组织治理形成了强大制约。不过，由于当时农村经济基础十分薄弱，农村基层政权和社会安定亟待巩固和加强，土地运动、阶级斗争及农村基层政权建设和稳固乃农村基层工作重中之重，因此，以基层政权建设和政治斗争为主导的农村基层组织和社会治理同样取得了显著成效，并有力保证了"三年恢复期"（1950—1952 年）和"一五"时期（1953—1957 年）中国农村经济社会的稳步和快速发展。统计资料显示，1949—1957 年全国人均粮食产量净增 97.1 公斤，年均增速 4.89%，人均棉花产量净增 1.8 公斤，年均增速 15.88%，人均油料产量净增 1.9 公斤，年均增速 4.34%，人均糖料产量净增 13.5 公斤，年均增速 17.35%。然而，"三年恢复期"和"一五"时期的巨大成功，并未带来 1958 年后中国农村农业经济的健康发展及农村居民生活水平和社会福利的持续改善。

2）急功冒进和"以阶级斗争为纲"目标下农村基层社会"社–队制"①管理体系与模式

"一五"时期中国经济社会发展的巨大成功，极大激发了人们建设社会主义现代化国家的信心，同时也滋长了人们无视经济规律的急功冒进思想。1957 年 10 月《全国农业发展纲要（修正草案）》公布，为此后农业生产"大跃进"提供了纲领性文件，而 1958 年 5 月提出的"超英赶美"目标及 1958 年 8 月掀起的人民公社运动，使农村经济陷入"有指标、无增长"及"平均主义""大锅饭"的困境，农村基层社会治理在一定程度上脱离了"以经济建设为中心"和"民生为本"的正确发展轨道。统计资料显示，与 1957 年相比，1962 年全国人均粮食、棉花、油料、糖料和水产品产量均出现了大幅度下降，分别减少了 65.7 公斤、1.5 公斤、3.6 公斤、13 公斤和 1.5 公斤，年均增速分别为 –7.77%、

---

① 所谓"社–队制"，是指自 1958 年农村实行人民公社制后所推行的"人民公社–生产大队–生产队"基层社会管理体制和模式。"社–队制"延续了中华人民共和国成立初期农村基层"行政化"管理的特征，通过完全公有制及"政社合一"和农村"大集体"形式，将农村土地及其主要生产资料收归国家和集体所有，并将农民利益与社队集体紧紧捆绑在一起，农民身份和权益被"公有化"或"集体化"。

−15.81%、−4.59%、−21.15%和−7.05%。这其中的确有三年严重困难和人口增长等因素的原因，但在农村实行人民公社制及社会治理目标从强调农村经济发展转向"超英赶美"和"以阶级斗争为纲"后，农村社会关注点的转移、农民劳动积极性的下降及农业劳动生产率的快速下滑，无疑是全国主要农产品人均产量大幅度下降的重要原因之一。而且，由于这一时期国家推行的是"以农补工""以乡补城"的工农业产品价格"剪刀差"政策，及城乡"二元制"的户籍和社会福利制度①，加之农村农业劳动生产率普遍低下，从而使得农村很多社队在交完农业税及扣除集体提留和粮种后，很少有粮食分给社员。可以说，在农村实行家庭联产承包责任制前的近20年中，农民家庭春节过后靠"救济粮"和"反销粮"度日的现象时有发生。这一时期，虽然农村社队经济看似热火朝天，一片繁荣景象，实则发展迟缓，甚至出现了较大程度倒退。农村居民生活水平不升反降，贫困成为困扰农村、农业和农民的"魔咒"，温饱成了中国农民辛勤劳作亦无法跨越的"高墙"。据有关资料，1978年，按当时贫困标准估算的农村绝对贫困人口25 000万人，贫困发生率30.7%②。

农村基层组织建设和基层社会治理方面，1958年8月《中共中央关于在农村建立人民公社问题的决议》公布，推动了社队管理体制在农村的广泛实施。据有关资料，仅1958年8—10月，全国即有74万多个农业生产合作社联合组建了2.6万多个人民公社，入社农户1.2亿多户，占农村总户数的99%以上③，自此，中国农村步入了长达近25年的"三级所有，队为基础"的农村社队管理体制时期。

人民公社由高级农业生产合作社的小社变大社发展而来。人民公社一般由若干生产大队（行政村）构成，生产大队下设生产小队④，这其

---

① 这种城乡"二元制"的户籍和社会福利制度，充分体现在城与乡、工与农在经济、政治、文化、社会福利、劳动就业和基本公共服务等多领域、多方面的显著差别上，这其中既有因城乡社会生产力和经济社会发展水平自然导致的差别，也有国家或政府制度安排导致的差别。其中受诟病最多的当属由国家或政府制度安排所造成的城乡差别和工农差别。
② 佚名.新中国成立70周年，脱贫攻坚重大成就［EB/OL］.［2023-03-18］. https：//www.sohu.com/a/344938962_100213685.
③ 佚名.中国农业现代化的"六条道路"［EB/OL］.［2023-03-18］. https：//www.szhgh.com/Article/gnzs/farmer/318657.html.
④ 需要说明的是，农村的生产小队，有的由单个自然村构成，有的则由自然村中居民组构成，也有的由自然村或自然村的居民组重新划定产生。

中，生产小队，也称生产队，是农村最基本的产权单位、生产单位和经济独立核算单位。

人民公社制是一种组织与功能相融合的体制①，这种体制的基本特点是"一大二公"②、"政社合一"和"党、政、经"不分。所谓"政社合一"，是指国家基层政治权力与社会经济管理权力统合为一体的政权形态；而"党、政、经"不分则体现为在人民公社、生产大队乃至生产小队层面党、政、经统合的"一元化领导"体制。通常，人民公社一级设党委，公社党委设党委书记，生产大队一级设党支部，大队党支部设党支部书记，生产小队一级设党小组，但党小组组长并不一定由生产小队队长担任（因为生产小队队长不一定是中共党员）。人民公社制是农村基层高度集权化和行政化的组织形式，在人民公社制下，公社党委书记和生产大队党支部书记分别集公社或生产大队的党、政、经权力于一身，实行"一元化"领导，生产小队长主要负责本生产小队的事务决策及农业生产经营管理等活动，从而形成公社党委全社（公社）党、政、经、社"一把抓"、生产大队党支部全村（行政村）党、政、经、社"一起管"、生产小队"抓革命、促生产"的乡村基层社会管理格局。党和政府的政治和行政权力深入农村基层，在有力保证农村基层政治、经济、文化活动有序开展的同时，也实现了国家政权对农村基层社会的全面掌控。

"社-队制"是生产资料高度公有制及实行"大集体"统一生产、统一调配、统一劳动及集体分配和集体保障的管理体制，在这种体制下，农村集体承担着保障社队全体社员劳动和基本生活权利的责任和义务。然而，由于"社-队制"是一种"平均主义""大锅饭"的分配体制，"干多干少一个样""干和不干一个样"，加之这种体制强调"一元化"领导的高度集权管理，创新或创造性建议和贡献一般得不到充分重视和有效激励，从而严重抑制了劳动者的劳动积极性和生产创造性，因此，社队集体不仅劳动生产率低下，生产资料和集体资源浪费严重，而

① 项继权. 从"社队"到"社区"：我国农村基层组织与管理体制的三次变革 [J]. 理论学刊，2007 (11)：85-89.
② "一大二公"是人民公社制的两个特点，即：一是规模大，二是生产资料高度公有化。

且集体经济严重积累不足，多数社队集体的经济基础异常薄弱。这种薄弱、缺乏充分积累的集体经济，又进一步制约了社员劳动所得的增加和家庭生活水平的提高。因此，在"社-队制"下，多数社队社员的基本生活权利并未得到有效保障，而且，多数农村社队因集体经济积累不足和集体经济能力有限，致使社队社员分不到满足其家庭成员基本生活需要的钱粮，进而成为改革开放前中国农村贫困人口规模巨大、农村贫困发生率长期居高不下的根本原因。保障社队社员和农村"五保"户基本生活需求尚且不易，社队集体更无法为那些不符合国家或政府政策"扶助"标准的弱势群体提供救济或保障[①]，致使这一时期农村贫困呈群发性特征[②]。

3）脱贫致富和建设小康社会目标下农村基层社会"乡-村制"[③]治理体系与治理模式

1978年后农村家庭联产承包责任制的广泛推行，农户和农民不仅获得了集体土地的使用权、经营权和转让权（实际为土地经营权的转让），而且改变了"社-队制"下统一决策、统一生产、统一调配和平均分配的经营管理格局，使农民在获得充分的生产、经营和管理自主权及受益权的同时，也极大激发了农民的生产积极性、主动性和创造力，农民在较短时间内即解决了吃饭问题。统计资料显示，1982年全国人均粮食产量351.5公斤，人均棉花、油料、糖料和水产品产量分别达到3.6公斤、11.7公斤、43.2公斤和5.1公斤，绝大多数农民达成了温饱目标；与此同时，农村居民家庭人均纯收入也由1978年133.6元提高到1982年的270.1元，按可比价计算的农民人均纯收入1982年比1978年增长92.3%。然而，家庭联产承包责任制在解决了广大农民温饱问题之时，却未能使农村和农民真正富裕起来，特别是1984年后

---

① 这一时期，由于国家实行的是集体或单位福利制，按照国家要求，农村社队集体只对那些符合国家或政府政策标准者，如"五保"户、革命军烈属和符合条件的残疾人等，提供社队集体扶助或生活保障。

② "社-队制"时期农村贫困的群发性通常与农村社队集体经济发展状况、经济能力有关。即是说，"社-队制"时期，由于很多农村家庭生活或经济来源具有单一或唯一性，因此，农村家庭经济状况直接受社队集体经济发展状况和经济能力影响，或者说，农村社队集体经济状况直接决定着其社员的家庭经济状况或生活水平。这种情况下，一旦社队集体经济发展不好，那么，社队大多数社员家庭必然同时受累，甚至陷入贫困境地。

③ "乡-村制"，即人们所说的"乡政村治"模式，是指将乡级政府作为基层政权组织、将村民委员会作为村级自治组织的乡村基层社会治理体系和治理模式。在"乡-村制"下，乡作为国家基层政权组织，通过党政两种力量来领导和管理农村基层社会，村级组织（村级党组织和村民委员会等）在上级党委和政府领导下实行民主自治。

国家改革重点由农村转向城市后，城市经济社会的快速发展和城镇居民收入水平的快速提升，使农村、农业和农民发展后劲不足问题进一步凸显，农业"增产不增收"，农村经济"有增长，无发展"，城乡居民收入比在呈现短暂缩小趋势后又重新扩大。统计资料显示，1983—1985 年城乡收入比一度降至 1.9 以下，1986 年后重新恢复到 2.1 以上，2002 年超过 3.10，2007 年达到 3.33，为改革开放以来历史最高位。城市社会经济的快速发展，城乡收入比的持续扩大及人口跨城乡、跨区域流动限制的松动，彻底激发了农村人口特别是青壮年劳动力人口乡—城流动和跨区域流动的热情，而农村劳动力和人口的持续大量外流，则导致了农村耕地撂荒、家庭住宅闲置荒芜及农村人口"空心化"和老龄化加剧等问题，大量村庄逐渐在荒芜和衰败中消失①。统计资料显示，1990 年中国有自然村 377.3 万个，2000 年减至 353.7 万个，年均减少 2.36 万个②。

家庭联产承包责任制实施后农村集体组织资源、资产和生产资料的部分或全部丧失，不仅从根本上动摇了农村集体组织的经济基础，而且严重削弱了农村集体组织的号召力、控制力和组织力，虚化了农村社队的管理功能；而农民和农户生产经营自主权和独立性的复归，特别是城乡消费市场和劳动力市场放开后农村劳动力和人口流动性的增大，在使农村社队集体原有的控制、强制和奖惩手段失去效力的同时，也从思想观念、管理体制、管理模式及权力配置等方面对农村基层社会治理体系、治理机制和模式提出了新要求。

鉴于社队管理体制和管理模式在改革开放后出现的与农村经济社会发展和农民需求不相适应问题，1983 年 10 月中共中央、国务院发布了《关于实行政社分开 建立乡政府的通知》，要求以原有公社为基础③建立乡政府和乡党委，实行政社分开，各乡镇可根据生产需要和群众

---

① 这里需要指出的是，改革开放特别是 20 世纪 80 年代末、90 年代初期以来中国自然村的减少，其原因是多方面的，这其中既有"人去、屋空、村荒废"的原因，也有国家基于扶贫帮困及水利、道路和桥梁等基础设施建设及生态恢复和保护等的移民撤迁原因，还有城市扩张、合村并乡及行政区划改变等导致的村庄被撤并等原因。
② 中华人民共和国住房和城乡建设部. 中国城乡建设统计年鉴（2018）[M]. 北京：中国统计出版社，2019.
③ 《关于实行政社分开 建立乡政府的通知》规定，管辖范围较大的公社可以采取化大为小的方式重新划定乡镇区域管辖范围。

意愿建立经济组织；以行政村（生产大队）为基础设立村民委员会（以下简称"村委会"），实行村民自治。村委会作为基层群众性自治组织，主要负责办理本村公共事务和公益事业，并协助乡政府开展村级行政和生产建设工作。统计资料显示，到1983年底，全国乡（镇）数量为4.97万个、村委会数量为31.2万个，1985年乡（镇）政府和村委会数量分别增加到10.49万个和94.9万个，村委会成员人数达到379.6万人。至此，这种由国家或政府力量"明推"、社会力量"暗推"的"社-队制"改"乡-村制"工作①基本完成，一个强调民主、自治和法治的农村基层社会治理框架基本搭建起来。然而，从基层社会治理来看，治理框架建设固然重要，但治理体系内部运行机制，特别是权责分配与均衡、利益导向和实际运行效果等同样重要，因为一座大楼即使建得再好，倘若不能与一定社会生产力和经济条件下人们的生产生活相适应，甚至影响和制约人们正常的生产和生活，都将引致矛盾和问题。农村基层社会治理体制由"社-队制"向"乡-村制"转变后即遇到了类似问题。

传统"社-队制"下的农村基层社会管理体制是一种自上而下的政府指令和控制型管理体制，在这种体制下，政府将行政权力"触角"深深嵌入村队组织中，并通过政治（或行政）和经济两种力量对村队组织和社员实行严格控制和约束，统一决策、统一生产、统一调配和平均分配的集体经济管理方式，在将农民及其利益紧紧捆绑在社队集体这一政府行政权力"代理人"身上之时，也大大弱化了传统家庭具有的生产功能，并建构起一种由政府行政权力直接嵌入和控制的农村集体组织和乡村权力结构。在这种乡村权力结构下，农村基层社会实行高度集权的统一管理，基层社会自治力量被政府行政力量屏蔽和湮灭，农村社区自治

---

① 这里之所以说"社-队制"向"乡-村制"转变是国家或政府力量"明推"、社会力量"暗推"的结果，主要是因为强调"以阶级斗争为纲"的"社-队制"不仅未能使广大农民过上温饱、富裕的生活，而且使很多地方的农村陷入了经济发展困境，农民温饱受到了生活资料不足的挑战。在此情况下，以安徽凤阳县小岗村为代表的中国农村，为了解决农民温饱问题，探索实行包产到户（也称"大包干"）制度，亦即联产承包责任制在中国农村社会的早期尝试，并由此推动了中国1982年后家庭联产承包责任制在中国农村的广泛实施，及1983年后中国农村基层社会治理体制和治理模式的根本性变革，由此"社-队制"快速向"乡-村制"转变。

的可能性被彻底扼杀①。

　　在"乡-村制"治理模式下，乡级政府借助行政权力将原本由乡级政府承担的责任和任务"下派"给村级组织，乡事村做，而且，还直接或间接干预村级组织及其干部选任；而村级组织则因较大程度承袭了"社-队制"时期生产大队与人民公社间的行政关系"基因"，因此，"唯政府指令是从"、一切"围着政府指令转"，自然成了村级组织的工作常态②。再加上村民参与农村基层社会治理的渠道缺乏、参与机制不健全，因此，人们对农村基层社会治理大多持观望或"旁观者"态度，"能躲就躲"，能不参与就不参与，从而导致村民自治在很多农村并未得到有效落实，村民自治更多停留在口头上、形式上。

　　"乡-村制"下乡级党政组织与村级组织及村级组织内部的结构关系主要包括：（1）乡级党委与村级党组织（党支部）的关系。两者属党组织系统下的领导与被领导关系。（2）乡级政府与村委会的关系。按照《村民委员会组织法》，两者属指导与被指导关系。乡级政府无权干预村民自治范围内事项，村委会有协助乡级政府开展工作之义务。（3）村党组织（党支部）与村委会的关系。按2019年中共中央印发的《中国共产党农村基层组织条例》，村党组织作为党在农村的基层组织，全面领导行政村各类组织和各项工作，即是说，村党组织与村委会间为领导与被领导关系。（4）村委会与村民小组③的关系。两者属指导与被指导关系。即是说，在村民自治意义上，村委会有权指导和监督村民小组的工作，但无权干预村民小组的正常自治行为和合法活动。然而，在实践中，特别是在如何有效落实各级各类组织关系方面却产生了诸多问题，极大影响了"乡-村制"下农村基层社会自

---

① 曹海林. 农村社区治理：何以可能与何以可为？[J]. 人文杂志，2009（4）：159-165.
② 在农村调研时发现，在很多地方，传达和落实上级政府文件指令及接受上级部门评估检查，仍然是农村基层组织的主要和重要工作，村政务治理反而退居其次。
③ 村民小组是村委会下设的村民编组，其划分目的在于方便管理。村民小组不具独立法人资格，其既非经济组织，亦非行政组织，而是村委会管理或治理职能向农户的延伸。村民小组作为村委会实施村民自治的基层延伸，在对本组村民进行自我管理、自我教育的同时，还担负着搜集、整理本组村民意见、建议和诉求，并向村委会反映和伸张，以及代表本组村民参与日常村政村务决策、管理和维护本组村民正当权益的责任；村委会有权指导村民小组活动。

治的效果。

从 20 世纪 80 年代党和国家颁布的相关法规文件不难看到，国家实施"乡-村制"的目的在于为农村基层社会自治"松绑"，还村政于民，然而，由于现实中的"乡-村制"由高度集权化、行政化的"社-队制"脱胎而来，加之家庭联产承包责任制及农村税费改革和全面取消农业税[①]等体制改革基本"掏空"了农村基层组织的经济基础，从而导致村级组织对政府财政的依赖度不降反升，因此，虽然法律规定乡级政府与村级组织间是指导与被指导的关系，但现实中这种关系却演变成了指令与被指令的上下级关系。村级组织和干部为迎合"上级"，把主要注意力放在关注和落实政府指令上，很少听取村民意见，回应村民诉求，致使村级组织工作重心偏离村民意愿和诉求，干群关系日趋疏离和紧张化；乡级政府则紧盯自身"政绩"而不考虑农村基层社会自治规律和农民需求[②]，致使"乡政"与"村治"在目标和利益追求上出现偏差，甚至产生"道德风险"[③]。

从"乡-村制"实施以来农村自治实践看，村级组织在自身建设及领导农村自治中出现了如下突出问题：一是村党组织（党支部）在村级组织建设和农村自治中未能发挥好领导核心或"主心骨"作用，基层党组织建设乏力导致村级组织软弱涣散。国内相关研究和笔者的实地调研结果均表明，那些发展得好、村民满意度高的村庄，大都是基层党组织建设得好、群众基础牢靠、党组织具有凝聚力和战斗力的村庄，而那些发展得不好、群众满意度低、村民自己顾自己的村庄，则大多是基层党组织软弱涣散、缺乏凝聚力和领导力的村庄。二是广泛存在村党组织书记"越权"或过度插手村政村务、致使村委会主任权责被压缩或被"架空"的问题，结果造成村级组织党政"一把手"不和，拉帮结派、相互掣肘，极大影响了村级党政组织的凝聚力和战斗力，有些农村甚至出现

---

① 为减轻农民负担、规范农村税费行为，增加农民收入，2001 年后国家对农村税费制度进行了一系列改革，其中包括：取消乡统筹和农村教育集资等专门向农民征收的行政事业性收费和集资等；取消屠宰税；取消统一规定的劳动积累工和义务工；调整农业税政策和农业特产税政策；改革村提留征收使用办法。2006 年 1 月废止《农业税条例》，至此，农业税被全面取消。

② 李诗悦. 农村社区治理创新的现实困境与对策研究——基于湖南 23 个实验区的调查 [J]. 江西社会科学，2017，37（10）：236-243.

③ 柳云飞. 合理构建乡村社会未来的治理模式 [J]. 社会主义研究，2005（1）：103-105.

村级组织被农村黑恶势力操控的问题，严重影响农村基层政权稳定及社会和谐、安定。三是有些村干部特别是村党组织书记和村委会主任的心思不在村政村务和村民身上，自己顾自己，在其位不谋其政，或者敷衍应付工作，或者成年累月在外务工经商，导致村政村务治理基本处于停滞或半停滞状态。四是农村基层社会的村民自治始终未能落地生根，村民自治或者成了乡、村两级组织的"二人转"，或者成了村级组织的"独角戏"，村民变成了农村基层社会治理的"局外人"或"旁观者"。五是村级组织因缺乏经济基础或经济基础不牢靠而有心无力，加之无法将村民发动和组织起来，因此，或者只能做些力所能及之事，听之任之，或者只能看"政府脸色行事"，唯政府指令是从，以致演变成基层政府部门在农村的代办机构。六是村级组织因领导乏力和凝聚无力，村民自治演变成了农村家族或宗族势力争权夺势、钩心斗角的"角斗场"，既干扰了农村基层社会治理，也对国家意志和政策有效执行形成了挑战。如何有效解决"乡-村制"实施中出现的上述问题，助力农村基层社会民主自治落地生根，是今后摆在中国政府和社会面前的重要课题和棘手难题。

4）乡村振兴和城乡基本公共服务均等化目标下农村基层社会"社区制"治理的实践探索

进入21世纪后，国家从缩小城乡差距和工农差距、促进农村农业发展和农民增收致富奔小康着眼，出台了包括税费减免、财政补贴（助）和项目补助等一系列支农惠农政策，这些政策涉及农业和农民增产增收、土地确权和土地流转、生产生活基础设施和互联网通信设施建设、环境治理和生态建设，以及农村教育、文化、医疗、卫生、科技、就业、住房和社会保障等诸多领域和方面，从而有效改善了农村、农业和农民的生产生活环境，一定程度缩小了城乡差距。与此同时，城乡居民收入比和城乡居民消费比自2010年以来均呈现不断缩小趋势，2020年城乡居民收入比和城乡居民消费比分别由2010年的3.23和3.07下降至2.56和1.97，2020年农村居民人均可支配收入和人均消费支出分别达到17 131.5元和13 713.4元。从农村居民收入结构看，工资性收入和转移性收入占农村居民收入比重长期呈现增势，特别是工资性收入，2015

年以来已成为农村居民人均可支配收入的第一来源，相比之下，经营性收入所占比重则明显下降，从2000年的63.34%降至2020年的35.48%，财产性收入所占比重基本未变。1993—2021年中国农村居民人均可支配收入来源的结构性变化如图5-1所示。在农村居民收入水平和生活水平持续提高的同时，农村基层组织建设及农村社区治理问题也越来越受到政府和社会重视，并由此推动了"乡-村制"治理模式向"社区制"治理模式的转变。

■工资性收入比重（%）■经营性收入比重（%）■财产性收入比重（%）■转移性收入比重（%）

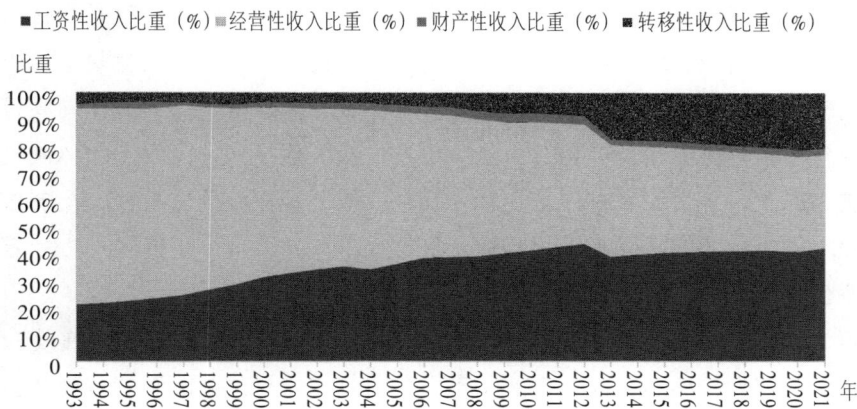

图5-1 1993—2021年中国农村居民人均可支配收入来源的结构性变化

2006年党的十六届六中全会提出的坚持统筹城乡发展、积极推进农村社区建设的战略要求，拉开了中国农村社区建设的序幕[①]。为落实党的十六届六中全会精神、探索并逐步完善农村社区建设思路，2007年3月民政部印发了《全国农村社区建设实验县（市、区）工作实施方案》，选取并确定304个县（市、区）、2.04万个行政村开展农村社区建设[②]，然而，由于此后国家把社区建设的重点放在了城市，因此，农村社区建设在全国各地的进展并不一致，甚至差距巨大：有的地方农村社区建设搞得红红火火，通过改革基层社会管理体制和治理机制，让"死

[①] 虽然早在2006年之前，全国很多地方，如江西、湖北、福建和浙江等即开展了农村社区建设试点工作，但国内学者多认为中国农村社区建设的起始时间为2006年10月党的十六届六中全会后。不过，从中共中央、国务院及其各部委较大密度发布的有关农村社区建设的法规和政策性文件考察，由中央政府广泛、深入推动的农村社区建设运动应始于2015年，因为从党的十六届六中全会至2015年间，鲜见中共中央、国务院发布的有关农村社区建设的文件，只是在一些党政会议报告或规划中偶尔提及农村社区建设问题。

[②] 滕玉成，牟维伟. 农村社区建设和治理研究述评 [J]. 东南学术，2010（6）：85-94.

棋"活了起来，收到良好效果；有的地方农村社区建设则"新瓶装旧酒"或"穿新鞋走老路"，换了牌子未换脑子、未改体制和机制，到头来又重回"乡-村制"老路，结果乡村干部丧失动力，村民没有了参与热情。

这一时期，由于国家对农村社区建设采取的是只出题目、划范围，定大调、不规定套路，不定小调策略，鼓励各地在加强基层党组织建设、巩固党组织领导核心地位基础上，按照地域相近、规模适度和群众自愿原则区划农村社区范围，要求在明确社区定位及理顺乡级党委政府与村级党组织和村民自治组织关系的同时，探索适应本地农村基层社会治理的领导体制、工作机制和经费投入方式，探索推进公共服务向农村延伸、引导村民和社会各方力量参与农村社区建设和社区服务的体制机制，因此，各地在农村社区建设实践中获得了较充分的自决权，能够按照自己对社区的认知来谋划和建设农村社区，并涌现出了很多具有地方特色和特点的农村社区治理模式，像江苏太仓的"政社互动"模式、山东诸城"联村建社区"的"社区发展委员会"模式和莒南"并村建社区"的"大村庄制"模式、浙江舟山和温州"联村建社区"的"社区管理委员会"模式、宁波"联村建社区"的"社区联合党委"模式和绍兴的"乡村典章"模式、湖北秭归的"幸福村落"模式，等等。从这一时期形成的具有代表性的农村社区治理模式看，有的是地方政府力量推动的结果，有的为民间力量自发的产物，而且，这些治理模式在取得显著成效的同时，也遇到了诸多问题，如农村社区治理的法律依据不足与法治意识淡薄、农村社区"行政化"色彩积重难返[①]、社区定位模糊、村社融合程度差[②]、农村社区自治缺乏经济支持[③]、村民自治基础薄弱、村民参与意识不强[④]、人们对农村社区的认同度低、归属感差[⑤]，以及

---

① 许爱花，甘诺. 转型社会中农村社区治理困境及对策 [J]. 青海社会科学，2011 (6)：165-169；李勇华. 联村社区治理的若干问题论析 [J]. 中州学刊，2014 (5)：5-11；李增元，李洪强. 农村社区化治理：现状、问题及对策 [J]. 中州学刊，2016 (4)：66-72.
② 黄俊尧. 农村社区化：基层治理结构的转型与调适 [J]. 新视野，2015 (6)：46-52.
③ 张忠根，李华敏. 农村村级集体经济发展：作用、问题与思考 [J]. 农业经济问题，2007 (11)：30-34；杨勇，叶志鹏，殷存毅. 财力配置与农村治理成效研究——4地4村案例比较 [J]. 北京行政学院学报，2016 (1)：26-31.
④ 桂萍，黄学贤. 论服务型政府语境下的"政社互动"[J]. 云南行政学院学报，2013 (4)：34-48.
⑤ 李诗悦. 农村社区治理创新的现实困境与对策研究——基于湖南23个实验区的调查 [J]. 江西社会科学，2017，37 (10)：236-243.

村"两委"角色不清、权责不明，等等。为适应农村利益主体日趋多元化和农村居民服务需求日益多样化的需求，促进政府治理与村民自治更好衔接和互动，在创新农村基层社会治理的同时推动城乡融合发展，2015年5月中共中央办公厅和国务院办公厅印发了《关于深入推进农村社区建设试点工作的指导意见》，自此，由中央政府推动的农村社区建设正式开始①。

党的十八大特别是2015年后，由中共中央、国务院推动的农村社区治理工作从向老、少、边、穷等农村地区选派"驻村第一书记"、加强农村基层组织建设及巩固基层党组织的战斗堡垒作用等方面着力，并与精准扶贫和乡村振兴战略相配合，不仅使农村基层组织建设工作重新找到了"抓手"，而且通过精准帮扶及乡村产业振兴、文化振兴、生态振兴和人才振兴等具体行动，一方面为农村集体经济发展、做实农村集体经济"蛋糕"找到了突破口和新路径，另一方面也为农村社区建设与城乡融合发展战略，进而推动城乡基本公共服务均等化及农村社区养老服务能力建设，提供了有力的组织保证、经济基础及人才和文化力量支持。而为了助推农村基层组织建设和社区治理工作，2015年后，《中共中央 国务院关于加强和完善城乡社区治理的意见》（2017）、《关于加强乡镇政府服务能力建设的意见》（2017）、《关于建立健全村务监督委员会的指导意见》（2017）、《中国共产党农村基层组织工作条例》（2019）、《中国共产党农村工作条例》（2019）和《关于规范村级组织工作事务、机制牌子和证明事项的意见》（2022）等一系列法规政策文件陆续颁布。这些法规政策文件不仅对乡级党委政府与村级党政组织的关系做了更加具体而清晰规定，而且进一步明确了乡级党委、政府及村党组织和村委会的各自职责范围，为建立健全由基层党组织领导和基层政府主导的、以村民自治组织为基础、以社会力量为协同的农村基层社会治理体系，提供了基本框架和方向指南。应该讲，与2015年前农村社区自治的地

---

① 2015年5月22日，民政部印发的《民政部关于学习贯彻〈关于深入推进农村社区建设试点工作的指导意见〉的通知》指出，"这是中央层面下发的第一个推进农村社区建设的政策文件，肯定了农村社区建设实验试点工作的初步成效，指引了深化农村社区建设试点的基本方向。"按照中共中央、国务院文件精神，2017年12月民政部确定北京房山区等全国48个单位作为首批全国农村社区治理实验区（《民政部关于同意将北京市房山区等48个单位确认为全国农村社区治理实验区的通知》，2017年12月27日）。

方实验阶段（2007 年前）和由民政部推动的农村社区建设实验阶段
（2007—2015 年）相比，2015 年后，随着农村社区建设和治理相关法规
制度的日趋健全，特别是党的十九大乡村振兴战略和城乡融合发展战略
的提出与实施，使农村基层组织建设和社区治理更加有目标和方向可
循、有"抓手"可握，并由此架起了连接农村社区建设、社区治理与农
村社区养老服务能力建设的"桥梁"，使农村社区养老服务能力建设有
了更加可靠的组织、管理、文化、人才和生态保障及更加坚实的经济基
础。农村社区组织建设与乡村振兴和农村社区养老服务能力建设间的逻
辑关系如图 5-2 所示。

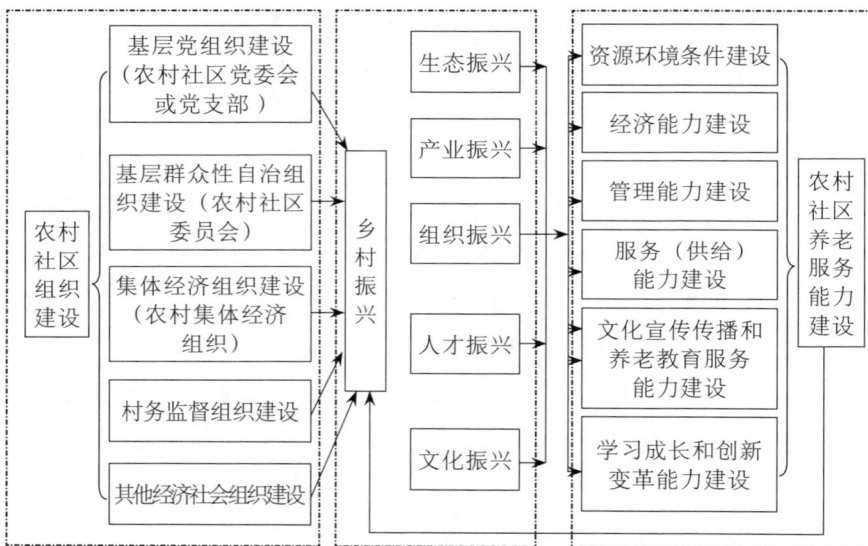

图 5-2　农村社区组织建设与乡村振兴和农村社区养老服务能力建设之间的关系

　　中国农村基层社会在经历了中华人民共和国成立初期的土地私有化
转公有化及之后的"社-队制"和改革开放后的"乡-村制"后，人们的
共同体认同基础或居民"凝聚力核心"也在解体和建构中发生着变化。
由于中华人民共和国成立后的村庄是由土地私有的自然村落经行政区划
后转变而来，因此，尽管解放后农村实行了私有土地公有化政策，并对
村庄进行了行政化改造，但因那时的村庄相对封闭，人们集中居住、共
同生活，邻里友好往来、互帮互助，同村人荣辱与共，有着较高的血缘、
地缘、邻里和村落文化认同，进而形成以村庄边界为区域空间的社会生

活共同体。实行"社-队制"后,虽然血缘、地缘和邻里认同仍在人们心目中发挥着"凝聚力核心"作用,然而,政府行政力和政治力借助社队组织及通过家庭出身和阶级成分划分给人们带来的共同体认同影响同样是巨大的。改革开放后,随着家庭联产承包责任制的实行及社队集体瓦解,特别是20世纪90年代以来社会主义市场经济体制的实施、劳动力和人口流动迁移限制的逐渐放开,以及劳动就业形式的日益多样化和多元化,农村基层社会逐渐由传统的"熟人社会"向"半熟人社会"转变①,与此同时,农村基层组织对农民的号召力和控制力持续弱化,"社-队制"时期培育起来的村队集体意识及共同体认同基础趋于消失。而当建立在集体经济及政府行政和政治控制基础上的共同体认同基础崩塌或"凝聚力核心"丧失后,如何将身份、职业、价值观和权益追求等日益分化和多元化的村民重新聚集起来,重建村民对村级组织和村庄的信任、认同和归属感,实际是改革开放后30多年时间里政府和社会一直未能解决好的问题。

家庭联产承包责任制和农村税费改革虽然解决了农民的温饱和"增产不增收"问题,使大多数农村家庭过上了小康乃至富裕生活,但部分农村地区心散人不聚、户富村穷问题愈益突出。农村集体经济薄弱,不仅直接影响了农村基础设施和人居环境建设,而且严重制约了社区基本公共服务供给,拖慢了城乡基本公共服务均等化进程。大量农村社区建设和发展的实践均已证明,那些村民认同感和归属感强的村庄,大都是农村集体经济发展得好、村集体有能力和实力为村民特别是老幼弱病残群体提供良好基本公共服务的村庄,而且,这些村庄有一个共同特点:村里有一个坚强可靠的党组织和一个有远见、有威信、能够也愿意带领大家共同致富的村集体"带头人"。而那些村民认同感和归属感弱的村庄,则大都是农村集体经济发展得不好、村集体没能力也无实力为村民特别是老幼弱病残群体提供满意基本公共服务的村庄,这些村庄也有一个共同特点:村党组织领导乏力,村级组织软弱涣散,缺乏凝聚力、号召力和战斗力,村干部自己顾自己或者没有能力和精力带领大家共同致

---

① 贺雪峰. 论半熟人社会——理解村委会选举的一个视角 [J]. 政治学研究, 2000 (3): 61-69.

富。党的十八大特别是 2015 年后党和政府对农村基层党组织建设的重视及精准扶贫、乡村振兴和城乡融合发展战略的实施，让人们看到了通过乡村振兴和集体经济发展，特别是通过社区养老等基本公共服务供给，将村民重新凝聚起来、使村民重建对农村基层组织和农村社区认同感和归属感的希望。

5.1.2 以"公共服务"①为认同基础的农村社区治理体系建构与治理模式选择

1）以"公共服务"为认同基础建构农村社区治理体系和治理结构的可行性与必要性

从建构以"公共服务"为认同基础的农村社区治理体系的可行性和必要性看，首先，经过 40 多年的改革开放和经济社会发展，中国农村已根本消除了绝对贫困，大多数农村家庭生活水平已经达到或接近小康生活标准，这既是建构以"公共服务"为认同基础的农村社区治理体系的基本社会经济条件，也是建构以"公共服务"为认同基础的农村社区治理体系的现实要求。目前，虽然仍有部分农村家庭处于温饱状态，自然灾害和伤残疾病等随时可能使这些家庭返贫，但随着乡村振兴战略和全民健康计划的全面深入落实及社会保障体系和社会救助制度的日臻完善，专门针对经济脆弱家庭的社会救助和保障措施也会愈加系统和完善，各种防灾救灾及疾病预防、救治和救助措施亦会愈加精准、有力，农村家庭因灾因残因病返贫致贫概率将大大降低，而建构以"公共服

---

① 对于公共服务，目前人们的理解并不完全一致。如，有的倾向从物品的规定性角度来理解，认为公共服务是指政府和社会提供的公共物品和准公共物品；也有的认为公共服务是由政府或公共组织，或经政府授权的组织提供的具有公共消费性质的公共物品和服务。在这里，我们将公共服务定义为：为维护社会成员的生存、生活、安全和发展权利，促进社会公平正义与和谐，由政府或经公共授权的组织（包括社区、非营利组织和企业等）提供的具有公共消费性质的服务和产品（包括有形的和无形的）。它既可能体现为某种过程，如提供政策或法律咨询、解答问题等，也可能是某种产出（包括产出某种物品，如食物、路灯，和无形产出，如提供某种解决问题的思路、办法等），还可能体现为服务过程及其产出的综合效应或结果等。公共服务通常可分为基本公共服务和非基本公共服务。需要说明的是，这里之所以使用"公共服务"而未使用"基本公共服务"，主要考虑农村社区所提供的服务既包含承接政府的基本公共服务，也包括由社区根据自身经济能力和条件提供的非基本公共服务，比如在国内一些经济发达的农村，其向村民提供的公共服务已远远超出目前基本公共服务所能包含的服务层次、品质和数量。当然，对大多数农村，特别是集体经济欠发达的农村而言，能够承接、履行和完成基本公共服务的供给责任，目前来看仍是一件很不容易的事，而这恰恰体现了不同农村社区在提供基本公共服务上的差异，是不同区域、不同农村社区公共服务能力差异的现实体现。

务"为认同基础的农村社区治理体系，正是适应农村经济社会发展进入新阶段后的客观要求，也是对广大农村居民在摆脱贫困、过上富裕生活后期待更加美好幸福生活的及时回应。

其次，农村基层组织在经历了改革开放后30多年的"虚置"和"空转"后，随着农村民主自治意识日益觉醒，特别是基层党组织凝聚力和战斗力逐渐复归，以及国家乡村振兴战略的深入落实，可以为以"公共服务"为认同基础的农村社区治理体系建设提供强有力的组织保证、群众基础和必要的经济支持。

治理是一个建立在利益相关者共同利益和共同目标基础上的多主体协商共治过程，"治理的实质在于建立在市场原则、公共利益和认同之上的合作。它所拥有的管理机制主要不依靠政府的权威，而是合作网络的权威。其权力向度是多元的、相互的，而不是单一的和自上而下的。"①治理意味着办好事情的能力不再限于政府权力及其发号施令②，而是依靠利益相关者集体力量，群策群力，为同一个目标共同努力。随着越来越多的农村居民过上小康乃至富裕生活，特别是农村人口文化科技水平的整体提升，人们的眼界和需求也在发生着变化，吃好、穿好、住好已不再是"奢望"，而是逐渐沉淀为人们的基本需求，而过得好、活得有尊严、有存在感和成就感，则已成为越来越多农民的新期待，并由此激起了人们对政治、文化和社会活动等参与的期望，这既是农民自决、自主和自治意识觉醒的标志，也是农村建构社区治理体系的民意要求和必然选择。此外，源自1995年江苏省的"雏鹰工程"、开始于党的十七大后的大学生"村官"计划③，在为新农村建设培养了大批骨干人才和"知农民、懂农村"的基层党政干部的同时，也为农村基层组织建设和经济社会发展注入了生机和活力；而2015年开始的"驻村第一书

① 俞可平. 治理与善治［M］. 北京：社会科学文献出版社，2000：6.
② 曹海林. 农村社区治理：何以可能与何以可为？［J］. 人文杂志，2009（4）：159-165.
③ 1995年江苏省的"雏鹰工程"拉开了招聘大学生担任农村基层干部的序幕。1999年海南省推出了大学生"村官"计划，同年，浙江省宁波市通过公开招考方式招聘大学生"村官"，成为全国首个推行"一村一名大学生"计划的地区。此后，广东、河南、河北等地纷纷效仿。到2004年，全国启动大学生"村官"计划的省、区、市达到10余个。2008年3月，中共中央组织部、教育部、财政部与人力资源和社会保障部联合发布《关于选聘高校毕业生到村任职工作的意见（试行）》，至此，大学生"村官"计划在全国31个省（区、市）和新疆生产建设兵团全面展开。

记"工作，则为加强农村基层党的建设、增强基层党组织在乡村振兴及农村社区治理中的凝聚力、号召力、组织力和战斗力增添了重要筹码，成为新时期建构以"公共服务"为认同基础的农村社区治理体系和治理结构的组织保证。

再次，国内大量先进农村社区建设和发展的实践业已证明，相较于经济认同的脆弱性及政治或行政认同的强制性或非自愿性，服务性认同在凝聚人心、维系社区稳定性方面不仅能很好体现自觉自愿原则，而且符合农村社区由"人治"向"法治"、从"政府管治"到"村民自治"的演进逻辑，并与城乡基本公共服务均等化和城乡融合发展的国家战略高度契合。而要使公共服务在社区建设和发展中具有和发挥"凝聚力核心"作用，首先就必须建构具有基本公共服务能力的农村社区治理体系和治理结构，以社区建设和社区治理推动社区服务，以社区服务凝聚人心、促进社区可持续发展。

最后，农村由封闭性和凝固态向开放性和流动态发展、由"熟人社会"向"半熟人社会"演进，迫切需要用公共服务认同替代经济或产权认同，需要农村社区治理从村民自治向居民自治转变。20世纪80年代中期后人口流迁加剧和农村城镇化加速，农村社会分化出两种性质的群体组织，一种是由集体经济或产权关系联结起来的农村集体经济组织，另一种是由居住和共同生活关系联系起来的农村生活共同体组织。农村集体经济组织通过土地等集体产权联结起来，其成员边界清晰、权益分享对象明确，而且，现实中农村集体经济组织的边界与农村生活共同体组织边界高度重合，亦即两种群体组织的成员基本是同一群人；而农村生活共同体组织则受人口流迁和农村城镇化等因素影响，其成员处于变动不居状态，很多成员并非村庄的原住村民，具有典型的社会生活共同体特征，是一种现代型社区①。对于这种原住村民与外来人口共同居住的农村社区，倘若仍采用传统的村民自治方式，显然不符合农村社区发展要求，由此就需要改变传统的以原村村民为主体的村民自治逻辑，建构基于现有居民的、以"公共服务"为

---

① 李增元."社区化治理"：我国农村基层治理的现代转型［J］. 人文杂志，2014（8）：114-121.

认同基础的社区治理结构和治理体系，这是由社会变迁和社区发展的客观要求所决定的。

综上可见，无论从农村居民家庭生活条件和水平，还是农村人口的民主自治意识及农村社区治理结构和治理体系建构的组织保障，抑或农村基层社会治理演进发展的态势和要求，均为以"公共服务"为认同基础的农村社区治理体系建构奠定了基础、创造了条件，从而使以"公共服务"为认同基础的农村社区治理体系建设具有现实可行性和客观必然性。

2）以"公共服务"为认同基础的农村社区治理体系和治理结构建构与治理模式创新

党的十九届四中全会提出建立和完善"党委领导、政府负责、民主协商、社会协同、公众参与、法治保障、科技支撑的社会治理体系，建设人人有责、人人尽责、人人享有的社会治理共同体"，健全"党组织领导的自治、法治、德治相结合的城乡基层治理体系"，"推动社会治理和服务重心向基层下移，把更多资源下沉到基层，更好提供精准化、精细化服务"，这既是党中央从战略层面做出的建设以"公共服务"为认同基础的农村社区治理体系和治理结构、推动公共服务特别是基本公共服务"下沉"的重要部署，也是今后农村社会治理体系和治理结构建构工作的方向和行动指南。

（1）建构以"公共服务"为认同基础的农村社区治理体系和治理结构应遵循的原则

农村社区治理体系和治理结构建构有3个基本目的或目标：一是通过社区治理体系和治理结构重建，促进乡村振兴和新农村建设再上新台阶；二是通过农村社区治理体系和治理结构重构来提高农村社区治理能力，促进农村社区和谐及农村居民获得感、幸福感和安全感提升；三是通过有效治理进一步缩小城乡差距和工农差别，以社会协同、公众参与、法治保障和科技支撑助推城乡融合发展及中国特色社会主义现代化强国目标如期实现。

基于上述目标，建构以"公共服务"为认同基础的农村社区治理体系和治理结构应坚持如下原则：

① 以人为本原则。以人民为中心、以增进人民福祉为出发点和落

脚点，建设居民有获得感、幸福感和安全感的社区，是中国政府和社会建设与治理好城乡社区的目标追求，以人为本则是上述理念和思想的总体凝练。这里的以人为本至少有两层含义：一是社区建设和社区治理以服务于辖区居民为根本，争取做到居民有需求、社区有服务；二是社区建设、社区治理和社区服务离不开广大社区居民及企业、社会组织等的参与，社区居民、社区企业和社会组织既是社区服务的享有者，也是社区建设、社区治理和社区服务的管理者与提供者，因此，在农村社区建设和发展中，必须立足于自我治理、自我服务、共同享有理念，转变"等、靠、要"观念。

②党组织领导核心原则。党是领导农村社区建设和社区治理工作的核心，这是《村民委员会组织法》《中国共产党农村基层组织工作条例》《中国共产党农村工作条例》等反复强调的。因为只有坚持党的领导，坚定不移按照党中央有关农村及其社区建设工作的统一部署行动，才能确保农村工作不走样、不变色、不变味，厚植和夯实党在农村的执政基础，也才能使得党组织在凝民心、汇民智、聚民力、惠民生的过程中很好地发挥号召力、组织力及其先锋模范和战斗堡垒作用，领导和带领广大农村居民攻坚克难，通过乡村振兴和城乡融合发展走上富民强国的幸福路。

③民主自治和法治原则。农村社区作为有着共同文化和价值认同、以农业生产为主要经济手段的地域性社会生活共同体，其社区组织是一种典型的群众性自治组织，因此，在农村社区建设、管理和发展中，坚持民主自治原则不仅必要，而且可行。不过，由于社区是构成社会的基本单元，因此，在法治社会中，农村社区建设、管理和建设必须遵循法治原则，坚持自治与法治相结合，依法治社，必须将农村的村规民约、自治章程和乡风民俗等统一于国家法律法规和政策规定之下，以法治引领自治，以自治完善法治，同时通过德治为自治和法治注入生机与活力，"三治融合"，进而达到善治之目的。

④多元参与原则。社区治理是一个自下而上的多元参与过程，这里的多元通常指参与主体的多元。参与主体的多元化要求，即在农村社区建设、治理及社区服务中，应尽可能动员一切力量，整合与合理配置

一切可利用资源，群策群力，共建共治，互帮互助，共享共荣，共同推动农村社区治理能力和社区服务能力提高。

⑤ 治理有效和考评激励原则。社区治理体系和治理结构重构的目的在于消除"乡-村制"时期村民自治低效甚至无效及基层政府将行政触角伸得过长、对村政村务干预过多等问题，因此，在建构以"公共服务"为认同基础的农村社区治理体系和治理结构时，必须遵循科学合理、治理有效原则。一是要科学规划、布局和建设社区。考虑到农村地理区位、地形地貌、气候特征和人文环境等的差异，农村社区的管理区域不宜过大或过小，服务人口也不宜过多或过少，否则，社区的治理和服务效能就可能不足或难以发挥出来，这是由一定社会经济和技术条件下社区的治理和服务能力所决定的。二是建立权责明确、相互制衡的农村社区内部治理结构，尽量避免社区治理中的越位、错位、缺位和懒政怠政现象。三是建立科学的考评激励机制，有效激发广大农村居民及社会组织、企业等参与社区治理的热情和主动性，变"要我参与"为"我要参与"，以激励促参与，以参与促发展。

（2）以"公共服务"为认同基础的农村社区治理体系和治理结构建构及治理模式创新

如前文所述，目前中国主要有"一村一社区""多村一社区""一村多社区"三种农村社区类型，考虑到三者间的结构差异性，农村社区治理体系和治理结构建构应采取求同存异理念。所谓"求同"，就是寻求农村社区治理中具有共性特征的方面，如，农村社区治理应始终坚持党的领导，同时根据《村民委员会组织法》及相关法律法规要求，始终奉行村民自治、民主协商和村民监督原则；所谓"存异"，是指根据不同地区、不同类型农村社区特征，因地因类制宜，在基本结构基础上，构建具有不同类型特征的农村社区治理体系和治理结构。另外，在以"公共服务"为认同基础的农村社区治理体系和治理结构建构中，我们还奉行了"双轮驱动"理念。所谓"双轮"，一是指基层党组织建设之"轮"，即通过基层党组织建设来夯实农村社区治理的组织基础、群众基础和执政基础，发挥党组织和党员在社区治理中的战斗堡垒和先锋模范作用；二是指利益相关者之"轮"。

"利益相关者"一词1965年由美国学者安索夫（H.I.Ansoff）最早引入管理学。1984年，弗里曼在《战略管理：一种利益相关者路径》一书中将"利益相关者"定义为"能够影响一个组织目标的实现，或者受到一个组织实现其目标过程影响的所有个体和群体。"[①]1994年，克拉克森（Clarkson）将利益相关者与对企业投资联系起来，认为"利益相关者以及在企业中投入了一些实物资本、人力资本、财务资本或一些有价值的东西，并由此承担了某些形式的风险，或者说，他们因企业活动而承受风险。"[②]在这里，笔者将利益相关者定义为：与农村社区建设、经营和管理活动及其效果有着直接或间接利益关联的那些个人、群体和组织。利益相关者有直接和间接之分[③]，就农村社区而言，从服务享有情况可将利益相关者分为直接利益相关者和间接利益相关者，其中，直接利益相关者包括村民、社区社会组织和社区内企业等，间接利益相关者则包括政府组织以及社区外社会组织、群团组织和企业等。与其他个人、群体和组织相比，利益相关者特别是直接利益相关者通常对其所在社区的建设、治理和服务等有着更高关注度，因为这直接关系和影响着他们的获得感、幸福感和安全感。

基于上述原则和理念，我们建构了具有"一核一轴双轮"共性特征的中国农村社区治理体系、治理结构和治理模式。所谓"一核"，是指始终坚持党对农村的核心领导地位；"一轴"，是指构建以农村社区居民会议、农村社区居民代表和农村社区议事会为决策层、以农村社区居民委员会为执行层、以农村社区居民事务监督委员会为监督层的农村社区治理"轴"型结构；"双轮"，是指农村社区基层党建和农村社区利益相

---

① FREMAN R E.Strategic Management：A Stockholder Approach［M］. Boston：Pitman Publishing Inc，1984.

② 贾生华，陈宏辉. 利益相关者的界定方法述评［J］. 外国经济与管理，2002（5）：13-18.

③ 对于利益相关者的类别，学术界众说纷纭，人们从不同角度进行了划分。如，Frederick（1988）按与企业发生市场交易的情况，将利益相关者分为直接利益相关者（如股东、企业员工、债权人和供应商等）和间接利益相关者（如政府、社会团体、媒体和一般公众等）；Charkham（1992）则按照是否与企业签订交易性合同将利益相关者划分为契约型利益相关者（包括股东、员工、顾客、供应商、分销商、债权人等）和公众型利益相关者（如政府、媒体、社区、全体消费群体等），等等。

关者两个驱动轮。

接下来，结合"一村一社区""多村一社区""一村多社区"三类农村社区，来探讨基于"一核一轴双轮"共性特征的农村社区治理体系和治理结构重构问题。

①"一村一社区"型农村社区治理体系、治理结构和治理模式

"一村一社区"是中国农村分布较广、数量较多的社区类型。相比于"多村一社区"和"一村多社区"类型，"一村一社区"型农村社区在治理结构上比较简单，因为它通常不涉及村与村或社区与社区间的权益均衡和协调问题。当然，由于"一村一社区"包括了"多自然村—行政村—社区"和"并村社区"两种亚型，因此也涉及不同宗族、家族及不同利益群体、不同自然村间的权益均衡和协调问题，不过，此属于同一行政村（社区）内部问题，解决起来相对简单。

现实中，由于"一村一社区"的行政村区划与社区区划边界基本重合，因此这类社区通常不涉及土地权益纠纷问题，不过，应注意的是，随着20世纪90年代以来人口城—乡和乡—城流动的加剧，特别是商品房地产开发项目持续向城市周边农村蔓延，一些城郊村庄已出现明显的外来购房居民与农村原住居民（即具有所在行政村户籍的村民）混合居住现象。对于这类村庄，为避免外来居民与原住居民在农村社区建设和服务供给中可能出现的外来人口权益排斥问题，首先必须处理好农村集体土地确权及农村集体资产（源）折股分配问题，将原住居民由村民变"股民"，把农村原住居民的集体经济权与生活居住权分割开来，让原住居民带着股份与外来居民以同等权益身份进入社区。另外，还应处理好政府与农村社区、社区（村）党组织与社区（村）居民委员会、社区（村）居民委员会与社区（村）居民小组之间的关系，避免正常法律关系被扭曲和被异化。

基于上述原则和理念，这里构建了如图5-3所示的"一村一社区"型农村社区治理体系。

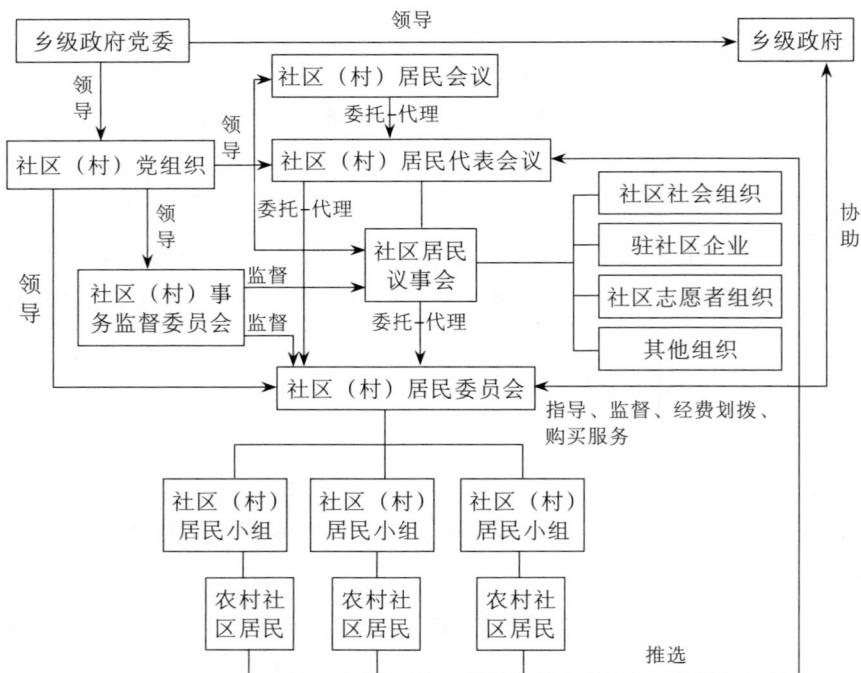

图5-3 "一村一社区"型农村社区治理体系和治理结构

在图5-3中，社区（村）党组织在农村社区治理中居领导核心地位，是农村社区治理的领导层。一方面，社区（村）党组织按照《村民委员会组织法》《中国共产党农村工作条例》《中国共产党农村基层组织工作条例》等法律、文件要求，本着立党为公、执政为民及全心全意为人民服务原则，领导和带领农村社区各级各类组织和广大辖区居民努力开展农村社区治理及乡村振兴工作，促进农村社区治理能力和治理水平及服务能力和服务水平不断提高；另一方面，社区（村）党组织借助党建工作不断培育、发展和壮大社区（村）党员队伍，按照《中国共产党章程》要求，凝聚力量、提振士气、壮大队伍，在与农村黑恶势力和歪风邪气进行坚决斗争的同时，不断为农村社区治理及乡村振兴和城乡融合发展注入新的生机和活力，切实彰显党组织的战斗堡垒作用。另外，社区（村）党组织在农村社区治理及农村工作中还担负和发挥着纠偏、矫治和监督作用，时刻教育、警示和诫勉党员干部在农村工作尽量不犯错误和少犯错误，确保党的农村工作不走样、不变质、不变色。社区（村）居民会议、社区（村）居民代表会议和社区居民议事会共同构成农村社区治理的决策层，这其中，社区（村）居民会议是最高决策层，社区（村）居民代表会议由社区（村）居民推选产生，是代表广大社区（村）居民利益的委托-代理性组织。在实践中，社区（村）居民会议和社区（村）居民代表会议一般为非实体机构，是在村政村务特别是重要重大事项决策、讨论和表决以及选举或罢免社区（村）居委会成员时定期或不定期召集的会议。根据《村民委员会组织法》，社区（村）居民会议和社区（村）居民代表会议一般由社区（村）居民委员会召集，按照《村民委员会组织法》赋予的权利履行责任和义务，同时监督社区（村）居民委员会及其下属各委员会工作。社区居民议事会是为充分吸纳社会组织、企业和志愿者组织等的意见、聆听利益相关者心声、回应利益相关者诉求、维护和保障广大利益相关者权益而设置的机构，它与社区（村）居民会议和社区（村）居民代表会议的区别：一是社区居民议事会成员来源广泛，既包括社区（村）居民代表、社区（村）党组织代表，还包括社区社会组织代表、驻社区企业代表、社区志愿者组织代表、政府部门代表，以及法律顾问、技术顾问、特邀行业专家和社会代表等；二是社区居民议事会所议事项通常比社区（村）居民会议和社区（村）居民代表会议所议事项宽泛，而且一般不涉及村民集体经济权益及社区（村）居委会成员选举和罢免等问题；三是社区居民议事会可以实体形态存在，办公室可设在社区（村）居委会，采取"两套班子，一群人马"的办公形式。社区（村）居委会为农村社区治理的执行层，按照《村民委员会组织法》行使其职责范围内一切权力和义务，既负责办理本社区（村）的公共事务和公益事业，调解民间纠纷，协助维护社会治安，向政府部门反映居（村）民的意见、要求和提出建议，也负责承接政府购买的基本公共服务的落实及组织管理、服务监督和质量考评工作等，同时还负责本社区（村）公共服务特别是基本公共服务能力建设及社区服务供给和管理等。社区（村）居民小组作为村民自治的基础单元，在农村社区治理中不仅具有承上启下的"桥梁"作用，而且具有"小微治理"功能，包括倾听村民心声、搜集、传递和表达村民意愿和诉求、调节组内家庭矛盾纠纷、处理民间细小琐碎事务、维护基层社会治安、动员和组织村民参与社区治理活动，以及维护本组居（村）民权益等。在现实中，特别是自"生产小队"变为村民小组后，村民小组在多数农村基层社会中处于被弱化或"虚置"状态。在以"公共服务"为认同基础的农村社区治理体系和治理结构建构中，如何解决社区（村）居民小组在农村基层社会治理中"隐身"或"遁形"问题，充分调动和有效发挥社区（村）居民小组在农村社区治理中的作用，是一个值得深入探讨的问题。

社区（村）事务监督委员会是社区（村）居民对社区（村）事务管理和民主自治进行民主监督的机构，属于农村社区治理的监督层。按照《村民委员会组织法》和中共中央办公厅、国务院办公厅印发的《关于建立健全村务监督委员会的指导意见》，社区（村）事务监督委员会负责村务和财务管理等的监督，并受理和收集村民有关意见和建议，具体监督内容包括社区（村）事务决策和公开情况、社区（村）财产管理情况、社区（村）工程项目建设情况、惠农政策措施落实情况、农村精神文明建设情况，及其他应当监督的事项，如基本公共服务能力建设和社区养老服务供给情况等。

在以"公共服务"为认同基础的社区治理结构中，乡级党委与农村社区（村）党组织是领导与被领导关系，而乡级政府与农村社区（村）居委会属指导与协助关系，乡级政府有权指导但无权指令农村社区治理工作，更无权将政府应办事项或工作强行或指令性转嫁给农村社区。乡级政府交由农村社区办理的事务或工作，必须在征求农村社区意见情况下，按照自愿和"事权与财权对等"原则，以购买服务形式进行。应由政府承担的基本公共服务事项，政府需要在科学、精准和公正考评基础上，及时足额下拨基本公共服务购买费用，或以购买服务方式委托社会组织和企业等在社区（村）居委会监督下提供服务；同时，政府应直接或委托第三方评估机构，对购买服务费用和政府下拨社区的管理运营经费的使用情况进行监督考评，专款专用，确保基本公共服务的质量和实效。

②"多村一社区"型农村社区治理体系、治理结构和治理模式

与"一村一社区"型相比，"多村一社区"因涉及多个行政村间的

权力纠葛和利益平衡，情况相对复杂。李勇华①结合国内"联村社区"（"多村一社区"）建设实践，分析了浙江舟山2006年前后实行的"社区管理委员会"模式、山东诸城"社区发展委员会"模式和浙江宁波"社区联合党委"模式的各自特征及存在问题，认为：浙江舟山"社区管理委员会"模式通过设置"管委会"而将政府行政之"脚"伸进社区，并将法律规定的乡级政府与农村社区间"指导与协助"关系扭曲成"命令与执行"关系，是一种错误做法。山东诸城"社区发展委员会"模式同样具有乡级政府的"影子"，但相比于舟山的"社区管理委员会"模式，该模式较好定位了"发委会"与村级组织的关系，未对村民自治制度造成新侵害，然而，"发委会"作为乡级政府的派出机构，能否收得住伸向村级组织的欲望之手，让人忧虑。与前两种模式选择"行政路线图"不同，浙江宁波的"社区联合党委"模式选择了"党组织路线图"，即通过建立村"联合党委"和行政性"社区委员会"将各行政村联结起来，借此，将乡级党委与行政村党组织的领导被领导关系，变成了乡级政府与村"联合党委"、村"联合党委"与下属行政村党组织的领导被领导关系，既符合《中国共产党章程》和《村民委员会组织法》的规定，也克服了社区自治组织乏力困境，避免了政府行政权力对村民自治权力的侵害。

借鉴浙江宁波"联合党委"模式的做法，这里在建构"多村一社区"型农村社区治理结构时，一是采取了多村联建"社区党组织"的办法，下属各行政村党组织可设置为分社区（村）党组织或党支部；二是建立"联村社区居民委员会"，各行政村村委会设置分社区（村）居民分委员会或分社区（村）居民支委员会，原行政村村民小组或者本着规模适度和服务可及性原则进行适度合并或拆分，或者保持原人口或区划不变；三是建立"联村社区事务监督委员会"，专门负责联村社区财务、社区事务及政府政策措施落实等的监督检查工作。这既遵循了《村民委员会自治法》等法规要求，也可使联村社区组织及下属行政村组织各履其职、各尽其责。按此思路及"一核一轴双轮"理

---

① 李勇华. 联村社区治理的若干问题论析［J］. 中州学刊，2014（3）：5-11.

念构建的"多村一社区"型农村社区治理体系和治理结构如图 5-4 所示。

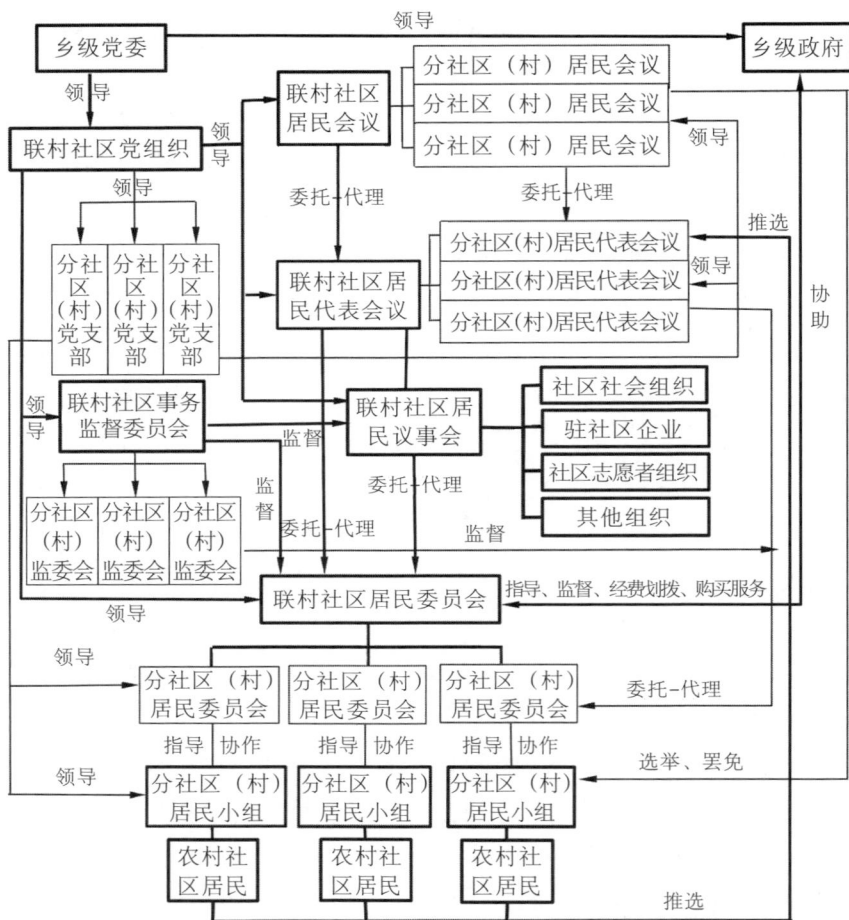

图5-4 "多村一社区"型农村社区治理体系和治理结构

图5-4中，用黑线标出的部分是"一村一社区"型农村社区治理体系和治理结构基本框架的延续。从"多村一社区"型联村社区实践看，联村社区党组织和联村社区居委会等"总部"性机构大多设在社区的中心村，至于说这种设置是否科学合理，可谓见仁见智。需要指出的是，虽然目前"多村一社区"或"联村社区"模式在中国农村占较大比

重①，而且这种社区建设模式较好吻合了治理有效的规模化原则，但应看到的是，目前中国农村社区建设和社区治理仍面临诸多亟待解决的矛盾和问题，这些矛盾和问题不仅存在于"一村一社区"型农村社区中，而且也突出表现在"多村一社区"型农村社区中。首先，目前中国农村社区建设和治理缺乏相应法律依据，无法可依、无规可循严重制约农村社区建设和发展。法律规章是组织建设的依据，若从2006年民政部开展农村社区建设试点算起，中国农村社区建设已经走过17个年头，在此期间，《村民委员会组织法》也已修订两次，同时还出台了一系涉及农村社区建设或治理的法规文件，但时至今日，有关农村社区建设和治理的一些基本问题仍未得到解决，特别是农村社区的性质、定位、组织结构及其与行政村的关系等方面，无法可依、无规可循。2015年中共中央办公厅、国务院办公厅印发的《关于深入推进农村社区建设试点工作的指导意见》，虽然指出了农村社区建设的意义、作用及其涉及方面和内容等，但并未对农村社区的性质、地位、组织结构及其与行政村的关系等进行界定；2017年6月发布的《中共中央 国务院关于加强和完善城乡社区治理的意见》和2021年12月国务院办公厅印发的《"十四五"城乡社区服务体系建设规划》等文件，同样未能解决上述问题。实践中，人们只能根据自身认识、循着地方政府偏好开展农村社区建设和治理工作，从而导致农村社区"虚置化"、形式化和行政化等现象，人们对社区的认同度和归属感很低。其次，农村社区与行政村难以融为一体，村社"两层皮"、各行其是现象突出。无论"一村一社区"型，还是"多村一社区型"，抑或"一村多社区"型农村社区，均存在公共产品和服务提供的双平台问题：社区平台提供政府性公共产品和服务，由政府出资和负责，被视作"政务"范畴；村庄平台提供行政村自治自助性产品和服务，由村集体出资和负责，被视作"村务"范畴②。"多村一社区"型农村社区原本是政府为解决农村公共服务对象分散化、降低公共服务的"下乡"成本、提高公共服务的效益和普惠供给能力而进行

① 有调查指出，在辽宁西部的锦州、葫芦岛、盘锦、阜新和朝阳五市，"一村一社区"建设模式约占30%左右、"多村一社区"建设模式约占40%左右，"一村多社区"建设模式约占20%左右（张丽凤，占鹏飞，吕赞. 农村"空心化"环境下的社区建设模式与路径选择[J]. 农业经济问题，2014（6）：33-38.）
② 李勇华. 联村社区治理的若干问题论析[J]. 中州学刊，2014（3）：5-11.

的联村建社活动，农村社区建设治理与村庄建设治理的目的和目标应该是一致的，本应相互配合、相互补充、融而为一，但在现实中，由于农村社区与行政村有着不同的主导者，一为政府，一为村级组织和集体，而且他们所遵从的绩效考评体系和各自追求的目标也不尽相同，由此即导致了农村社区与行政村的"各为其主"问题。基层政府和社区为落实国家和上级政府下达的指标任务，借助政府权力"强行"推动公共产品和公共服务"下乡"，村级组织为了为村民争取更多"政府项目"和公共利益，只要不涉及本村出钱、出物、出人及让权担责等问题，均来之不拒，因为在村干部和村民眼里，社区所提供的公共产品和服务属"公"，"公家的便宜不占白不占"，而且"多多益善"；村里所提供的自助性公共产品和服务属"私"，"不能'公''私'混淆"，社区要"想打村里的算盘，从村里'揩油'，是不行的"（调研中村干部言）。这种"你的""我的"公私分明现象，既直接影响了政府性公共产品和服务与行政村自治自助性事务的融合统一，也严重制约了社区与行政村的融合和一体化，以致出现"社区干，村里看"的"旁观者"现象，及行政村不愿出钱出力、一切"等、靠、要"的依赖政府心理[①]，社区与行政村难以形成合力，进而直接影响了农村社区建设和治理的有效性，并造成严重资源浪费。再次，行政村间相互攀比，达成合作治理关系困难。与"一村一社区"型农村社区不同，"多村一社区"型农村社区因涉及跨行政域治理问题，因此给社区的村际关系协调与整合带来了诸多困难。实践中，由于联村建社各行政村的区位、地形地貌特征、人口、土地、村集体资源（产）保有量，以及各村的建设水平、经济发展水平和村集体经济能力等不尽相同，甚至相差较大，因此，各行政村对社区建设和社区治理及服务的要求和期待也不同。受各地政府财政能力及其对当地农村社区财力扶持力度不同的影响，很多地方农村社区公共产品和服务供给很难完全靠政府力量来完成，有时甚至需要各行政村出资出力，特别是那些意在促进社区内村域均衡发展的项目及需要政府与各行政村集体组织合作提供的公共产品和服务。在这种情况下，各行政村往往多从自

① 李勇华. 联村社区治理的若干问题论析 [J]. 中州学刊，2014（3）：5-11.

身利益考虑，在出资出力问题上相互观望、彼此攀比，唯恐自己吃亏，有时，即便村干部首肯了，在村里也往往很难贯彻下去①，从而导致社区建设和治理项目因资金无法及时到位而受阻或被搁置。最后，在"多村一社区"型农村社区中，如何给联村社区组织和行政村组织定位，以及如何界定和确定联村社区组织与行政村组织间的权责关系，也是一项非常棘手的工作。就"多村一社区"型农村社区而言，在乡级党委领导下，通过党内选举建立联村社区党组织，形成联村社区党组织与其下属行政村党组织间的领导与被领导关系，这样做并不违背《中国共产党章程》和《中国共产党农村基层组织工作条例》的规定，但在"多村一社区"型农村社区中如何给联村社区居委会和联村社区居民事务监督委员会等社区组织定位，以及如何确定联村社区组织与行政村村级组织间的关系，目前仍无法可依、无章可循。也就是说，目前《村民委员会组织法》和中共中央办公厅国务院办公厅印发的《关于建立健全村务监督委员会的指导意见》等法律、文件只对行政村村委会和村务监督委员会做了法律规定②和规范，却未对农村社区性质、地位、组织结构及其与行政村关系等进行界定，这无疑给联村社区组织与行政村组织关系的处理带来了困惑。若把联村社区组织与行政村组织的关系界定为领导与被领导关系，这样做似乎不妥，而若将二者关系界定为指导与协作关系，又会导致联村社区组织被"虚置"或"空壳化"，既无经济权，又无行政权和人事权，联村社区组织的效力和权威何在？又何谈号召、组织和带领下属行政村开展正常的社区建设、治理和社区服务呢？

由此可见，"多村一社区"型农村社区建设和治理模式既涉及村社融合，又涉及村村合作，还涉及"众人拾柴添薪"问题，因此其困难和难度远比"一村一社区"型多而大。如何处理好村与社、村与村以及政府性公共产品和服务提供与行政村自治自助性公共产品和服务供给间的关系，同时又避免政府行政权力过度干预农村社区自治，在相关法律法规尚不健全的情况下，确实是摆在农村社区实践者面前的一项颇具难度

---

① 李勇华. 联村社区治理的若干问题论析 [J]. 中州学刊，2014（3）：5-11.
② 在《村民委员会自治法》和中共中央办公厅、国务院办公厅印发的《关于建立健全村务监督委员会的指导意见》等法律、文件中，村委会被界定为"村民自我管理、自我教育、自我服务的基层群众性自治组织"，村务监督委员会则被界定为"负责村民民主理财，监督村务公开等制度的落实"的机构。

和挑战性的工作。

③"一村多社区"型农村社区治理体系、治理结构和治理模式

"一村多社区"是一种存在于人口规模较大、居住相对集中区域的农村社区类型，虽然这类社区目前在一些地方占有一定比例，但从社区管理和服务的有效性和规模效应角度看，其科学合理性值得商榷。首先，"一村多社区"型农村社区通过将一个区域和人口规模较大的行政村拆分成若干区域和人口规模较少的社区，化大为小，这种做法本身即有欠科学合理之处。因为从目前中国行政村的情况看，大的行政村大多由地理位置相近、村庄相连、道路相通的两个或两个以上自然村经行政区划而成，这类村庄的人口规模大多在3 000—5 000人之间，人口规模达到或超过6 000人的行政村所占比例较小①，而且，随着农村人口向城镇流迁，很多行政村的人口规模仍在缩小。就这类村庄而言，只要行政村下辖自然村（组）居住相对集中，符合管理和服务的可及性原则，即需将行政村作为一个农村社区，按"一村一社区"和"多村一社区"相融合的社区模式进行规划建设，这样做不仅更具科学合理性，而且也符合规模效应原则，同时还可降低社区管理和服务成本，一举多得。实际上，前文讨论的"多村一社区"型农村社区建设模式及山东等地开展的"并村建社"做法，恰恰体现了"大村制"的规模效应建设思路。当然，这里说的农村社区管理和服务的规模效应，也并非说社区规模越大越好，而应适度，因为若社区规模太大，很可能导致管理和服务的"鞭长莫及"，而若社区规模太小，又会导致社区管理和服务的"不经济"，浪费管理和服务资源。其次，行政村与其下属社区的权责关系难以调和。"一村多社区"型农村社区是由行政村及其下属若干个社区构成的，由此引致的问题是，如何定位行政村及其下属社区的性质和权责关系，才既不违反法律规定，又能体现分工合理和治理有效原则呢？这无疑是一个颇为棘手的问题。行政村是为加强政府对农村基层社会的管控而建构的具有明显行政色彩的农村基层单位，农村社区则是以人们的文化和价值认同为纽带，靠文化和价值认同及利益相关原则凝聚而建立起

---

① 由前文表3-1可见，2020年全国家庭户数在1 000～3 000户的行政村占同期行政村总数的18.98%，家庭户数在3 000户以上的行政村仅占3.17%，若按当年农村家庭户均人口数（农村户均2.70人）粗略估算，2020年人口规模在6 000人以上的行政村应不超过13%。

来的区域性生活共同体，两者虽均为群众性自治组织，但行政村村级组织建设以《村民委员会组织法》为依据，有法可依，有章可循，而农村社区则不然，目前仍处于无法可依、无章可循状态。另外，按照"一村多社区"型农村社区的建设思路，农村社区由行政村衍生或区划而来，也即意味着，在保留现行政村建制情况下，农村社区的建设、治理和服务活动不可避免地会受到其"母体"或上级单位——行政村的钳制和管控。当然，这样做也有好的一面，即同一行政村治下的农村社区更便于社区间的权益协调，也更容易达到"村务"与"政务"的融合，即是说，有助于行政村将其提供的村庄公共产品和服务与社区提供的政府性公共产品和服务协调统一起来，便于行政村在社区"政务"供给基础上通过"村务"来对辖区居民的公共产品和服务需求查漏补缺，改变行政村的"旁观者"心态及不愿为社区建设、治理和服务"掏自家腰包"的状况。

基于上述分析，笔者认为，从科学定位与合理处置行政村与下辖社区的性质、地位和权责关系着眼，"一村多社区"型农村社区应坚持"一村一社区"型与"多村一社区"型兼收并蓄的治理路径，即首先将行政村改制为农村社区（或称总社区），而将其分化出来的多个社区按分社区建设，在行政村层级设置"农村社区（村）党组织""农村社区（村）居民委员会""农村社区（村）居民会议""农村社区（村）居民代表会议""农村社区（村）居民事务监督委员会""农村社区（村）居民议事会"等社区治理组织，在分社区（自然村或村民组）设置"分社区党支部""分社区居民委员会""分社区居民（代表）议事会""分社区居民事务监督委员会"等，分社区层级不再设置"分社区居民会议"和"分社区居民代表会议"，其职责交由"分社区居民（代表）议事会"履行。如此建构"一村多社区"型农村社区治理结构的好处在于，它既可较好解决农村社区性质、权责配置、组织结构及其与"母体"单位——行政村的关系问题，避免农村基层组织自治权责被扭曲和异化，也可克服"多村一社区"型农村社区治理模式下行政村不愿出资出力的弊端，便于资源和服务的统一调动与分配。基于上述理念、原则和思路，我们建构了图 5-5 所示的"一村多社区"型或"1+N"①农村社区治理体系和治理结构。

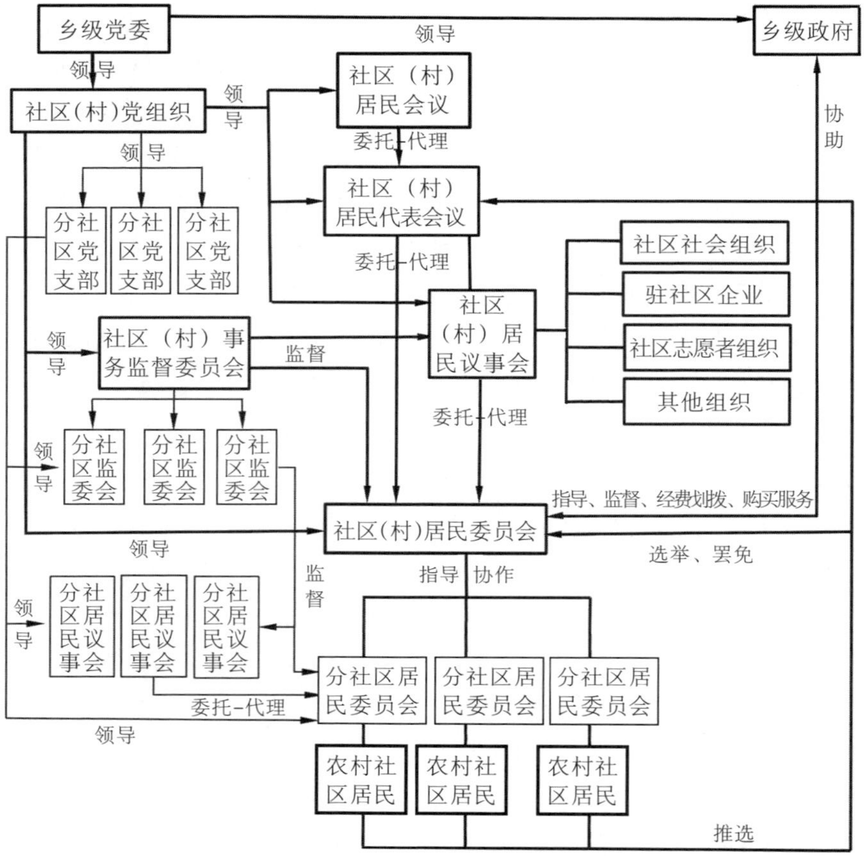

图5—5 "一村多社区"型农村社区治理体系和治理结构

由图 5-5 "一村多社区"型农村社区治理体系和治理结构图不难看到，它实际是"一村一社区"型农村社区治理结构与"多村一社区"型农村社区治理结构兼收并蓄、取长补短的产物。"一村多社区"型农村社区治理结构建构应重点关注的：一是行政村村级组织与其分化衍生出的农村社区的责权关系处置，也就是说，既不能将这些分社区简单视作总社区（行政村）的下属机构，将二者间"指导与协作"关系扭曲为

---

① "1+N"中的"1"指1个村级农村社区（行政村），"N"指由行政村（总社区）衍生出的N个自然村或村民小组及分社区。

"领导与被领导"关系，也不能人为抹杀农村社区应有的自治权，而是应建立行政村（总社区）与其衍生社区间的相互配合与合作关系，将行政村资源与"政务"性资源、产品和服务等充分整合起来精准配置和有效利用；二是充分发挥"一村"型村级党政组织在村集体资源挖掘、整合和调动及"集中力量办大事"中的优势，主动谋划和积极配合"政务"性公共产品和服务"下乡"利民惠民工作，合力推动城乡基本公共服务均等化与城乡融合发展；三是避免农村社区治理行政化倾向，积极探索"三治融合"的中国特色社会主义新型农村社区治理路径。

5.2 城乡融合发展视域下农村社区治理机制创新

机制与机理的内涵并不相同。机制（mechanism）是指事物内部各要素间以及事物与事物间的结构联系、作用关系及运行方式，意在说明事物内部各要素或事物与事物间的相互影响和作用关系；机理则指事物内部的结构及其运作原理，意在说明事物的内部结构及其运作规则、原理或规律等。基于此，这里将农村社区治理机制定义为：农村社区按照一定价值理念和目标追求建立起来的、确保各利益相关者参与到社区治理活动中、进而保障社区各项活动有序开展和有效进行的组织结构形态及相互影响和作用关系。从社区治理结构与社区治理机制的关系看，社区治理结构是社区治理机制得以有序、有效运行的基本结构安排与前提条件，而社区治理机制又是社区治理结构和治理体系发挥效用和效能的重要途径和方法。

农村社区治理机制由内在机制和外在机制两部分构成。农村社区治理的内在机制是指农村社区内部各利益相关者（包括个体、群体和组织）间以社区治理结构体现出来的相互影响和作用关系，这种关系既表现为社区内部各利益相关者的责权分工和权力制衡，又体现为彼此依赖、相互影响和不可分割，共同支持和维护着农村社区健康、平稳和可持续发展，促进着农村社区由政府行政主导下的"村民自治"模式向党委领导下的"居民治理"模式转变。农村社区治理的外在机制则指农村社区外部各利益相关者，特别是政府行为对农村社区治理所具有的直接或间接影响和作用关系。现代社会的农村社区并非封闭、孤立的农村基层单元，而是无时无刻不在与外部世界发生各种联系、进行着物质、能量、信息、技术、文化以及价值理念等互动和交换的开放性农村基层单位，因此，农村社区的外部因素，特别是国家法规政策和各级政府行为，既是农村社区建设、发展及达成有效治理目标过程中不可或缺的必要保障，也是农村社区不断创新治理机制、迸发新的动力和活力的"助力器"。

5.2.1　城乡融合发展视域下农村社区治理的内在机制及创新

与西方国家的社区治理不同，中国的农村社区治理是在中国共产党领导下进行的由上而下、再由下至上的农村基层社会治理体制、治理体系、治理机制和治理模式变革，这场变革的发起者是中央及各级地方政府，领导者是中国共产党及中央和各级地方政府，实施者是农村社区（行政村）及其广大居民，因此，中国农村社区治理变革一开始即带有明显的党和政府参与基层社会治理的特点。然而，应该看到的是，农村基层社会在从"社-队制"到"乡-村制"、再到"社区制"的转变过程中，特别是随着中国基层社会民主自治意识的觉醒和增强，以及政府治理理念的更新、转变，政府干预农村社区治理的强度、力度和面域均呈下降或缩小之势，在城乡基本公共服务均等化及乡村振兴和城乡融合发展战略实施背景下，中国农村社区治理正面临着一场千载难逢的体制机制变革和创新运动。基于前文研究，接下来将从农村社区治理内在机制所内含的机制方面，来探讨以"实现基本公共服务均等化"及落实乡村振兴战略和促进城乡融合发展为目标的农村社区治理内在机制建设和创新问题。

1）社区基层党建引领机制

坚持和加强党对农村工作的全面领导，发挥党的基层组织在农村工作中的领导、组织、动员、凝聚和战斗堡垒作用，是中国共产党农村工作的基本方针，也是中国农村社区治理的优势和特色。与西方国家不同，中国的城乡社区治理是在中国共产党领导下进行的，一方面，中国共产党作为中国特色社会主义事业的领导核心，在农村基层组织建设及推动和监督国家法律法规、政策方针及重大战略措施落实中，肩负着统一领导、统一谋划、统筹协调、政策指导、推动落实及监督检查等责任，是乡村振兴、城乡融合发展及城乡基本公共服务均等化的倡导者、支持者及农村基层社会治理的"主心骨"；另一方面，中国共产党在领导中国革命和社会主义现代化建设中积累了丰富经验，在中国基层社会有着广泛而深厚的群众基础，深受人民群众拥戴、信赖和赞誉，这既是农村基层党组织建设的基石，也是党全面领导农村工作及号召、动员、组织和引领广大人民群众积极投身于农村社区治理的基本条件，是基层党组织和广大农村党员通过积极作为发挥号召、引领和带头作用的必要前提。

中国农村社区治理体系和治理结构重构的原因在于：一是降低政府特别是基层政府对农村社区治理的行政干预成本[①]和制度性交易成本[②]，在法治、德治、自治框架下给农村社区应有的自主权和自治权；二是厘清党、政（府）、社（区）、群（社会组织、群团组织等）等在农村社区治理中的权责关系，明晰各自角色和权责边界，该退的退、该进的进、该减的减、该增的增，解决社区治理中因主体和人员"缺位""失位""越位""在其位，不谋其政"等导致的自治组织"悬浮"[③]和治理无效问题，改善和提高农村社区治理绩效；三是发挥基层党组织和党员在农村社区治理中的领导、组织、动员、凝聚和示范带头作用，以及社区利益相关者对农村社区治理的赋能增效作用，通过提高农村社区治理能力和服务能力来凝聚人心、汇集人气，提高人们对社区的认同感和归属感，促进农村社区治理由政府行政主导的"村民自治"向党委领导的"居民治理"转变。

社区基层党建引领是指基层党组织通过基层党的建设及宣传党和国家的法规政策与战略方针，强化党的影响力、凝聚力和统领力，进而团

---

① 行政干预成本是指政府部门运用行政权力对市场及社会经济活动主体（企事业单位、社会组织等）进行超经济干预，及因政府行政不作为、行政乱作为及行政行为不当等给经济活动主体带来的成本。行政干预成本是一种额外成本。

② 制度性交易成本是指社会经济活动主体（企事业单位、社会组织等）因遵循政府制定的法规、规章和政策，及因市场和社会经济活动主体所需要的法规、规章和政策不健全、不完善，或因政府主管部门执法不力等，给社会经济活动主体带来的成本。

③ 卢宪英. 紧密利益共同体自治：基层社区治理的另一种思路——来自 H 省移民新村社会治理机制创新效果的启示 [J]. 中国农村观察，2018（6）：62-72.

结、教育和引导基层社会各阶层和各群体，积极投身或参与到社区建设和社区治理中来的过程。基层党建主要涉及两方面内容：一是基层党组织自身建设，也就是通过正风肃纪和自我革命，来对农村社区党组织进行刮骨疗毒和祛邪纠偏，同时通过强筋健体，根本解决农村社区党组织软弱涣散问题；二是通过宣传党的治国理政纲领和方针政策，及在基层社会培育培养积极分子和发展新党员，或在基层社会群团组织和企业中建立党组织，来扩大和增强党在基层社会的影响力、凝聚力和号召力。通过将基层党建嵌入社区群团组织、企业及社区社会，可以广泛培育培养听党话、跟党走、代民言、替民呼、做实事、敢担当的农村社区党员干部和积极分子，厚植党在农村基层社会的执政基础，同时增强党对农村基层社会的号召力和组织力。另外，基层党组织通过将基层党建目标与农村社区发展目标及社区居民、群团组织和企业发展需求相耦合①，还可激发和促进农村社区和社会资源整合，从而为农村社区治理提供可靠的资源保障。

　　一个坚强、有韧性、有拒腐防变能力、善学习、敢斗争的基层党组织，既是农村社区治理实现"良治"或"善治"的基本保证，也是树立党对农村社会黑恶势力的威慑力及在人民群众中威信力的重要前提。因此，要解决农村村级组织软弱涣散问题，必须从加强农村社区党组织建设及正风肃纪着力，在选优配强农村社区党政经组织干部的同时，持续加强党风党纪建设，一方面通过理论学习、警示教育和强化多方位监督来规范党员干部行为，另一方面，通过加强对农村社区党员干部的人文关怀、生活和工作关爱，增强农村基层党员干部的存在感、被尊重感和荣誉感，改变机械对待基层党员干部及将基层党员干部"神化"②的错误做法，以存在感、被尊重感和责任担当的荣誉感，来激发基层党组织的战斗力及党员干部率先垂范的"榜样"力量，并通过设置"先锋示范岗""服务标兵""致富能手""党员先锋队"等荣誉称号，及完善激励

---

① 孟燕，方雷. 动员型治理：党建引领城市社区治理的内在机理与实现机制 [J]. 探索，2022（6）：85-97.

② 这里所说的将基层党员干部"神化"，主要指一些上级部门和领导及群众对基层党员干部只知提要求、立规矩，不知关心、关怀和体谅基层党员干部工作和生活疾苦及家庭、个人困难和心理感受的现象。这种片面将基层党员干部简单化为不食人间烟火的"神"，而非有七情六欲的"凡人"的现象，实际上既是对人性和人格的无端蔑视，也是对人的生存权和发展权的不尊重，其结果很可能事与愿违，甚至导致个别党员干部的信仰危机。

机制、改进激励方式，切实将党员干部责任担当与其需求挂起钩来，使"不让实干肯干的人吃亏"成为社会风尚及奖勤罚懒、扬能抑庸的风向标。

2）协商共治机制

民主协商、共建共治共享，既是农村社区治理的题中之义，也是党和国家对农村社区治理体系和治理结构建构的基本要求。农村社区治理的本质是在法治框架和党的领导下，通过凝聚共识、统一目标，来对农村社区建设、服务和管理的重要事务或事项进行民主协商和共同治理。在农村社区治理体系和治理结构重构过程中，为体现农村社区利益相关者的协商共治原则，图5-3、图5-4和图5-5的农村社区治理体系和治理结构，在社区（村）居民大会和社区（村）居民代表会议基础上，专门设置了"社区（村）居民议事会"。社区（村）居民议事会是农村社区各利益相关方协商议事的机构，由农村社区居民代表及其他各利益相关方代表共同组成，属于农村社区治理的决策部门之一。社区（村）居民议事会与社区（村）居民会议和社区（村）居民代表会议共同构成了农村社区治理的"决策层"，但与社区（村）居民会议和社区（村）居民代表会议通常以"虚体"存在不同的是，社区（村）居民议事会可以实体部门存在，它既可单独设置，也可与社区（村）居民委员会合署办公。社区（村）居民议事会既可对经社区（村）居民会议、社区（村）居民代表会议讨论的有关社区建设、服务和管理事务或事项进行协商，也可对由社区社会组织、企业、志愿者组织以及政府等利益相关者提出、未经社区（村）居民会议和社区（村）居民代表会议讨论的有利于社区建设和发展的事务或事项进行讨论。经社区（村）居民议事会协商决定的事务或事项，即可交由农村社区（村）居民委员会执行和落实。当然，社区（村）居民委员会、社区（村）居民小组乃至社区居民均可以书面提案或提议形式向社区（村）居民议事会提出意见和建议，经整理归纳后，提交社区（村）居民议事会进行讨论协商，并对提案（议）方予以回应，切实将"广开言路"落到实处。

3）监督与权力制衡机制

农村社区作为农村社会的重要组成单元及中国社会大系统的子系

统，其内部治理结构的权力制衡机制，对维护农村社区平稳、健康和可持续运行与发展具有重要作用。在图 5-3、图 5-4 和图 5-5 所示的农村社区治理体系和治理结构中，监督与权力制衡机制主要通过社区各主体与客体间的领导与被领导、管理与被管理、服务与被服务、委托与代理以及彼此间的相互监督关系等体现出来，这种关系既表现在社区（村）党组织与社区（村）居委会、社区（村）事务监督委员会之间，以及社区（村）居民会议、社区（村）居民代表会议、社区（村）居民议事会和社区居民之间，也表现在社区（村）居委会与社区（村）居民议事会、社区（村）居民小组和社区居民之间，还表现在社区（村）居民监督委员会与社区（村）居委会、社区（村）居民议事会之间，这是对社区治理体系中监督与权力制衡的广义解读。狭义上的监督与权力制衡关系，主要是就农村社区治理结构中社区（村）居民事务监督委员会对社区（村）居委会和社区（村）居民议事会的监督而言的，在这里，社区（村）居民监督委员会代行的是社区居民及其他利益相关者赋予的监督责任，它是社区居民及其他利益相关者权益的代言人，同时其行为又受社区居民和其他利益相关者及以维护人民利益为宗旨的党组织等的监督和约束。

4）社区经济能力建设与经济发展促进机制

与城市土地归国家所有，城市社区建设、治理和发展资金由城市政府财政负担不同，由于农村土地归村民集体所有，农村是独立核算的生产单位，因此，行政村不仅担负着农村基层社会政治、文化、社会建设及资源环境保护等责任，而且担负着发展农村经济、保障农村和农业生产及进行自身经济能力建设的责任，由此即决定了农村社区不仅是农村政治、文化和社会发展的建设者，而且是农村产业振兴和经济发展的实践者。

产业振兴和促进农村经济发展是乡村振兴的中心任务，也是农村其他各项事业得以发展的经济基础和物质保障，而农村产业要振兴、集体经济要发展，就必须有一个领导有力、踏实肯干、勇于开拓创新、积极进取的农村基层组织。长期的历史实践业已证明，只有把农村基层组织建设好，农村基层组织才有可能义无反顾地带领辖区居民通过产业振兴把集体经济搞上去，也才可能将共建共治共享和共同富裕的理念落到实处，切实将农村社区建设、治理和发展成为"老有所养、老有所乐、幼有所教、病有所医、弱有所扶、困有所助"的社区社会。进一步讲，也只有农村产业振兴了、集体经济发展了、农村集体经济能力提升了，农村社区才有充分财力和能力为辖区居民提供全面、可靠的社区服务，农村老年人也才可能获得充分的社区养老服务保障。单纯的农村家庭收入水平提高和家庭经济能力增强，虽然可以改善个别家庭的养老经济能力和养老状况，却难以带来农村社区经济能力和养老服务能力的提升，也难以解决农村老年群体的养老服务问题。因此，在谋求城乡基本公共服务均等化及促进乡村振兴和城乡融合发展大背景下，如何在重构农村社区治理体系和治理结构的同时，通过建立和完善农村社区经济能力建设和经济发展促进机制，在内部挖潜、外部搞活及整合、吸引和利用农村社区内外两种资源（本）基础上，立足于农村及自身优势，通过发展农村特色产业、新兴产业及提高农村和农业生产的科技含量，适度扩大规模化经营及促进农业产业化和现代化，在拓宽农村和农民增收渠道、增加农村居民收入的同时，提升农村集体经济能力，是农村社区治理和农村社区养老服务能力建设中必须首先面对的课题。

5）资源统合管理机制

资源统合管理是指组织或系统具有的将其内部零散分布和处于休眠或闲置状态的资源进行挖掘、整理，并与外部输入资源整合起来进行统一管理和调配的过程。资源统合管理机制的作用：一是对农村社区内部自有资源进行调查、挖掘、统计和分类整理；二是将农村社区内部资源与外部输入资源（包括国家或政府提供的扶持性资源和开发性项目，以及社会捐赠捐助的资源等）进行整合及统一管理与调配，从系统和全局角度提高资源配置和利用效率，避免资源（本）的重复性投入、项目的重复性建设及服务的无效或低效配置。应该讲，资源统合管理机制在农村社区建设和治理中发挥着为农村社区各部门、各项目及社区各种事务和各项活动的开展增补能量和动力的作用，是农村社区建设和社区治理的"加油机"和"助力器"。

农村社区治理离不开必要的资源和资本投入，否则，农村社区治理将成无源之水、无本之木，或者因资源、能量和动力不足而无法持续。同时，农村社区治理又以生产或创造社区居民所需要的公共产品和服务、满足社区居民日益增长的对美好生活的需求为目标，"取之于民，用之于民"是建立资源统合管理机制的出发点和落脚点。党的十六大特别是党的十八大后，虽然国家逐渐加强了"以工促农、以城带乡"及促进乡村振兴和城乡融合发展战略的落实力度，然而，由于中国农村分布广、数量多，而且不同地区、不同村庄的基础条件和发展状况千差万别，农村社区建设和发展的难度不尽相同，特别是在国家财力有限、各地政府财政能力差别不一情况下，把农村社区建设、治理及社区养老服务能力建设的"宝"完全压在国家或政府身上，既不可取，也不适合，因此，就需要各地在重构和完善农村社区治理体系、治理结构和治理机制的同时，通过研判和挖掘自身潜力，立足自身优势，加强与市场组织、社会组织、大专院校和科研院所等的合作，通过资源（本）的有效配置和利用，来谋求社区治理能力、经济能力、管理能力和服务能力的不断提升，切实将有限资源整合好、管理好、配置好和利用好。

6）自我完善与调节机制

农村社区作为中国社会大系统的子系统及农村社会的基本单元，其自我完善与调节能力对维护农村社区平稳运行及健康和可持续发展至关重要。农村社区治理中自我完善及调节机制作用的发挥，一方面借助国家法律法规、政策规定及农村社区自有的村规民约、自治章程和习俗道德等来实现，它们从法和社会规制角度来规范、约束、矫治和修正社区治理者、社区居民及其群体的价值取向和行为，使人们按照符合国家法律法规、政策规定及社区自治章程和村规民约要求的方式来行事；另一方面则借助农村社区具有的学习成长与变革创新能力，通过学习、自省、借鉴和创新，来不断矫正和完善社区的治理理念、目标、规划及其治理规则和治理行为，确保农村社区在变革中发展，在发展中创新。自我完善与调节机制是农村社区在法治和德治框架下，将自治、共治与自我矫正及变革创新能力有机融合的过程，也是确保农村社区治理始终沿着正确政治方向和科学发展理念为社区居民谋福祉的有力保证。

7）激励机制

激励机制是有效激发社区居民及社区社会组织、企业和志愿者组织等积极投身和参与到农村社区建设、治理和服务中来的必要驱动力量，也是确保农村社区治理永葆活力和可持续性的重要手段。从农村社区治理及社区服务能力建设角度讲，激励机制一方面可以通过奖勤罚懒、扬能抑庸，来对积极参与农村社区治理和社区服务并做出贡献者给予物质、精神及提拔任用等激励，褒奖先进、鞭策后进，激发社区居民、群体和组织参与社区治理和社区服务的积极性和主动性，以解决农村社区居民、群体和组织参与社区治理和社区服务不足问题；另一方面，可以通过合资合作、土地和其他集体资源（产）租赁优惠，以及外来资金、技术及人力资本、知识资本参股入股等方式，来激励和吸引企业、社会组织及个人积极参与到农村资源开发、产业振兴和社区治理中来，以资本、信息和技术带动农村传统产业改造升级，促进农业生产规模化、现代化、集约化及农副产品特色化、精品化，探索具有中国特色的以农村基层组织建设及社区治理结构和机制创新带动农村产业振兴、以产业振兴助推农村社会、文化、生态和人才振兴的农村社区治理和发展道路。

8）外联机制

外联机制是农村社区与外界进行物质、文化、信息、技术、服务和思想观念等沟通交流的渠道和重要手段。随着经济发展、社会进步、文化繁荣及人口跨城乡、跨区域流迁日益广泛和频繁，农村村庄原有的封闭性已经被打破，除极少数偏远农村外，目前大多数中国农村已由 20 世纪 90 年代前的"熟人社会"，演变成"半熟人"甚至"陌生人"社会，昔日的自成系统、自给自足、很少与外界交流的封闭半封闭村庄时代已经一去不返。在目前的"半熟人"和"陌生人"农村社区形态下，只有秉持开放包容、合作共赢和创新发展理念，积极主动与外界联系与沟通，互学互鉴、互通有无，来不断改造、更新、增益和完善自我，农村社区才可能通过治理体系和结构重构及治理机制创新获得更多更好的发展机会，也才可能走出一条自主、自治、自立、自强的农村社区现代化治理道路。应该讲，外联机制在加强农村社区与外界联系、促进城乡融合发展及农村社区治理能力和社区养老服务能力建设中具有"桥梁"和"纽带"作用，是现代农村社区治理机制中不可或缺的重要组成部分。

5.2.2 城乡融合发展视域下农村社区治理的外在机制及创新

农村社区治理的外在机制表现为农村社区外在因素，特别是国家法规政策和政府行为等对农村社区建设和治理的直接或间接影响与作用关系，这种关系实际是社会大环境的具体体现。农村社区治理的外在机制主要有法规政策供给机制、政府投入保障机制、基本公共服务购买机制、社区专门人才培养培训机制和城乡融合发展促进机制等。

1）法规政策供给机制

中国社会是一个法治社会，农村社区建设和治理的一切活动和行为，均需在国家法律法规和政策框架下进行。2006年民政部从推动城乡统筹发展和城乡基本公共服务均等化着眼，开启了在全国农村开展社区建设试点的工作，自此，农村社区建设开始由民间自发型向政府推动型转变。2010年修订的《村民委员会组织法》首次将"推动农村社区建设"列为村民委员会的职责；党的十八大初次将"社区治理"写入报告，并要求"在城乡社区治理、基层公共事务和公益事业中实行群众自我管理、自我服务、自我教育、自我监督，……健全基层党组织领导的充满活力的基层群众自治机制"。2015年5月中共中央办公厅、国务院办公厅印发的《关于深入推进农村社区建设试点工作的指导意见》，对农村社区的性质及农村社区建设的作用、思路和内容等进行了设计，它标志着以农村基层党组织建设为统领的中国农村社区建设和治理开启了新的篇章。而为推动农村社区治理工作，2015年后国家陆续印发的《关于加强城乡社区协商的意见》《中共中央 国务院关于加强和完善城乡社区治理的意见关于加强和完善城乡社区治理的意见》《关于建立健全村务监督委员会的指导意见》《民政部关于大力培育发展社区社会组织的意见》《中共中央 国务院关于实施乡村振兴战略的意见》《乡村振兴战略规划（2018—2022年）》《数字乡村发展战略纲要》《中国共产党农村基层组织工作条例》《中国共产党农村工作条例》《关于规范村级组织工作事务、机制牌子和证明事项的意见》等法律法规和政策文件，分别从不同侧面对农村社区建设和治理进行了规范，是今后中国农村开展社区治理的重要法规和政策依据，它们与地方性法规政策，共同构成了目前中国农村社区治理法规政策体系的基本框架。

当然，如前文所述，虽然目前国家及各级地方政府陆续出台了一系列法律法规和政策措施，但从农村社区治理需求角度看，现有法规政策仍难以满足农村社区治理的需要，诸多方面及其内容仍有待进一步修正、完善和加强，特别是随着农村社区建设和治理逐渐向广度和深度推进，一些问题和矛盾正逐渐凸显出来，查漏补缺、不断加强和完善农村社区治理的法规政策体系，是中国社会变革和农村社区治理之于法规政策供给机制建设的基本要求。

2）政府投入保障机制

中国地域辽阔、村庄众多，而且各地各村的基础条件、自我发展能力和发展水平差异明显，由此即决定了城乡基本公共服务均等化、乡村振兴及城乡融合发展不能完全寄希望于各地各村庄，而应分情况区别对待，实行不同的中央与地方、上下级地方政府间按比例分担农村社区建设和治理资金或经费的政策。对于经济发达地区，农村社区建设和治理资金或经费可由当地政府自行负担，至于上下级地方政府间分担的比例可由当地各级政府协商解决；对于经济发展较好地区，可在考评下级政府财政承负能力基础上，采取上下级地方政府分担农村社区建设和治理资金或经费的方式，分担比例可根据下级政府财政承负能力及其下辖农村社区数量、农村社区总体发展情况和自我发展能力等综合确定，经费不足部分，中央政府可视情况给予适当补贴；对于经济发展较落后地区，农村社区建设和治理资金或经费可采取上级政府担大头、下级政府担小头的分担方式，上级政府不具备担大头能力的，则由上级政府与其上上级政府协商彼此的分担比例①，中央政府作为顶级政府亦应参与到此类地区农村社区建设和治理费用的分担中来，视当地各级地方财政承

---

① 这里的上级政府应视下级政府所处层级而定。如下级政府为乡镇级，则上级政府应为区县级，上上级政府则为地市级；倘若下级政府是区县级，则上级政府为地市级，上上级政府为省级。上上级政府至中央政府为止。

负能力来确定应负担比例；对于经济欠发达或落后地区，特别是老少边穷地区，农村社区建设和治理资金或经费则可采取省市级地方政府与中央政府视情况分成负担，或采取发达省市对欠发达省市农村社区"对口帮扶"与中央财政资金扶持相结合的方式。为避免地方政府、基层政府和农村社区的"等、靠、要"现象，防止下级合谋骗取上级政府乃至中央财政资金或经费问题，必须建立资金或经费扶持方对被扶持方经济发展状况和经济能力的综合考评与监督机制，对已具备必要经济基础和自我发展能力的地区和农村社区，上级政府应适时减少乃至停止财政补贴或投入，以提高政府财政投入的经济效益和社会效益。政府投入资金或经费必须专款专用。为确保专款专用，中央及各级地方政府应建立健全政府财政投入资金或经费的使用定期和不定期审核与监督机制，对违规使用专项资金或经费的相关部门和责任人，视情节轻重给予问责和惩罚，构成犯罪的，追究其刑事责任；防微杜渐，杜绝专项资金或经费随意挪用、占用和肆意浪费行为，确保政府财政资金投入使用安全。

政府对农村社区建设和治理的资金或经费投入通常集中在两个方面：一是与农村社区建设、治理和发展密切关联的道路交通、水电设施、通信设施、卫生环保设施、生态治理，以及文化、教育、体育、医疗和养老服务等基础设施建设、修缮和维护的投入，此属国家和各级地方政府的规划性投入，是促进城乡基本公共服务均等化及乡村振兴和城乡融合发展、改善农村社区基本条件的必要投入，具有刚性特征。二是对农村社区建设、治理及购买基本公共服务等的资金或经费支出。这其中，购买基本公共服务经费亦应属于刚性投入，不过，基本公共服务经费投入通常受服务人口规模、服务供给方式以及服务内容和管理水平等影响，具有伸缩性或"弱刚性"特征；农村社区建设和治理经费是确保农村社区建设和治理得以正常运营的基本费用保障，它有一个最低限额，即是说，当此类经费投入低于某一额度时，农村社区建设和治理的正常活动将受到影响或制约，甚至可能因经费不足或短缺而难以为继，由此即决定了政府对那些经济能力较差农村社区给予经费补贴或支持的必要性。可见，就农村社区特别是经济能力较差的农村社区而言，必要的政府投入或经费保障至关重要，因为它直接影响和决定着农村社区建设和治理能否开展及是否可持续。

　　3）基本公共服务购买机制

　　基本公共服务是一定社会生产力水平或社会经济条件下，为维护社会公平正义、保障全体公民基本的生存权和发展权，由政府主导提供的具有公共消费性质的产品和服务。建立健全基本公共服务购买机制，既是体现社会公平正义、保障全体公民基本生存权和发展权的需要，也是促进城乡融合发展、实现城乡基本公共服务均等化的现实要求。从人的生存权和发展权角度看，基本公共服务主要包括基本生活服务、基本安全服务、基本就业服务、基本养老服务、基本医疗服务、基本教育服务、基本文化服务、基本卫生环境服务，以及基本的交通运输和通信服务等。这些基本公共服务，有的需要政府直接投资建设，有的需要政府以公开招标、定向委托和邀标等形式，将原本由自己承担的基本公共服务项目转交给社会组织、企事业单位、社区及其他服务主体来履行。基本公共服务购买机制建设涉及基本公共服务项目规划和政策保障、基本公共服务购买经费预算与保障、基本公共服务供给标准制定、基本公共服务招投标、基本公共服务供求对接或有效配置、基本公共服务供给责任履行、基本公共服务供给结果和效果监督考评等主要环节和内容。这其中，基本公共服务购买经费保障、基本公共服务供给标准制定、基本公共服务供求精准对接或有效配置及基本公共服务供给过程监督与效果考评至关重要，因为只有做好上述四方面工作，才能防止或避免基本公共服务供求出现偏差，也才能确保基本公共服务购买的实际效果和效益，从而赢得基本公共服务需求者的信任、认可和满意。

　　中国地域辽阔，不同地区、不同村庄及不同家庭和个人的经济能力和生活境况不同，从满足社会低收入阶层和弱势群体的生活生产需求、促进社会公平正义与和谐发展着眼，国家有义务、有必要建立健全基本公共服务购买机制，通过向经济欠发达地区、集体经济能力较弱村庄及低收入家庭或弱势群体提供免费或低收费的基本公共服务，保障全体农村居民的生存权和发展权，维护他们分享社会经济发展成果、过体面和有尊严生活的权利，从而在政府和社会帮扶下获得更好、更充分发展权，在改变个人和家庭命运的同时发展和成就自我，切实把"实现人的全面发展"目标落到实处。

4）社区专门人才培养培训机制

社区管理、技术和服务类人才既是农村社区建设和治理的"短板"，也是制约和影响农村社区治理和发展的关键因素。农村专门人才培养培训既离不开国家和政府的制度安排和政策扶持，也离不开社会力量的大力支持。要确保农村在社区建设、治理和发展中获得充足的人才支持，国家和政府就必须在现有基础上，一方面进一步健全和完善农村兴业人才培养计划，通过为人才搭建施展才华平台等方式，吸引有才干、有抱负者到农村创业兴业，并通过建立激励机制，确保人才引得来、容得下、留得住、干得好；另一方面建立农村社区亟需人才培养培训体系，充分利用好大专院校、科研院所和社会办学力量，采取正规教育培养与人才培训实训相结合的人才培养培训模式，在做好定向培养、委托培养和大力引进大中专毕业生充实农村专业技术及基层管理和服务队伍的同时，着力做好农村干部党员知识技能全面提升工作，建立社区人才长效培养培训机制，宣传普及农村社区建设、治理和服务知识及现代农业和新兴产业经营与管理技术，以人才振兴带动产业振兴、文化振兴、生态振兴、社会振兴和服务振兴，全面提升农村社区治理和服务能力与水平。

5）城乡融合发展促进机制

重构农村社区治理体系、完善农村社区治理机制，全面提升农村社区治理和服务能力，进而促进城乡基本公共服务均等化及乡村振兴和城乡融合发展，并非一蹴而就之事，它既需要农村各级党、政（府）、社（区）、群团组织等共同努力，也需要国家和各级地方政府法规政策建设及物力、财力、人力、信息和技术等的综合支持，还需要社会力量的大力参与和协助，需要通过农村一二三产业融合发展，以及城乡基础设施融合、市场融合、产业融合、制度融合、技术和信息服务融合、社会保障和福利制度融合及文化和价值融合，来促进基本公共服务融合及农村社区治理能力和基本公共服务能力的全面提升。无论就城乡融合发展而言，还是就城乡基本公共服务均等化而论，单靠农村社区和农村基层政府均很难做到，由此就需要国家及省、市级政府建立城乡融合发展促进机制，"一张蓝图绘到底"，通过定制度、建机制、强保障、抓落实、夯基础、促长效，切实将区域性城乡发展统筹起来，引导城乡联动、互动及相互取长补短和共同繁荣，从而将建设"以工促农、以城带乡、工农互惠、城乡一体的新型工农城乡关系"目标落到实处。

第6章　城乡融合发展视域下农村社区养老服务能力建设思路和对策

农村社区养老服务作为农村社区服务的重要内容及农村养老服务社会化的主要手段之一，在促进城乡基本公共服务均等化过程中扮演着重要角色，具有"保基本、兜底线、织密网"的重要作用，是建立普惠型、多元化、多层次中国农村养老服务体系的关键环节。

6.1　城乡融合发展视域下农村社区养老服务能力建设思路及其机理

从农村社区养老服务能力建设及乡村振兴和城乡融合发展角度看，农村社区养老服务能力建设是与农村社区治理体系和治理结构重构、治理机制创新，以及乡村振兴战略和城乡融合发展战略的落实紧密联系在一起的。如果没有农村社区治理能力的改善、提升及乡村振兴，就很难谈农村社区养老服务能力的健康和可持续发展；如果没有城乡的融合发展，农村产业、经济、文化、信息、科技、人才和管理理念等不能与城市联动和互动，农村和农业传统的生产、经营和管理方式就很难得到深层次改造和创新；如果城乡物流、人流、资金流、信息流、科技流和文化流等无法实现和相互取长补短，农村的产业融合及新业态、新技术发展和农业产业化、现代化等将无从谈起，农村集体经济亦很难走出"贫弱—落后"的恶性循环圈。为此，就需要兼顾好农村社区养老服务能力建设与农村社区治理能力、乡村振兴和城乡融合发展之间的关系，通过农村社区治理能力提升为乡村振兴和城乡融合发展注入动力和活力，通过乡村振兴和城乡融合发展为农村集体经济发展和农村社区养老服务能力建设提供可靠的经济保障，以社区治理体系、治理结构重构和治理机制创新带动农村社区养老服务能力建设。

从农村社区养老服务能力建设机理看，农村社区养老服务能力建设需要"建设一个平台、完善五种能力"。这里的"一个平台"是指"农村社区养老服务平台"，它是实现农村社区所承接的政府购买养老服务、社会（包括企业、社会组织和志愿者等）供给的养老服务、社区自身提供的养老服务与养老服务需求家庭和老年人有效对接的场所和手段。在农村社区养老服务供求对接过程中，社区养老服务管理能力是精准识别和评估辖区老年人养老服务需求、实现养老服务供求有效配置及监督和考评养老服务实施过程和效果的必要能力，是维护被服务家庭和老年人合法权益、确保养老服务质量和服务满意度的关键环节。"五种能力"是指构成农村社区养老服务能力体系的五方面能力，即经济能力、管理能力、服务（供给）能力、文化宣传传播和养老教育服务能力、学习成长和变革创新能力。对于每种能力之于农村社区养老服务能力建设的作用，前文已有讨论，这里不再赘述。基于城乡融合发展的农村社区养老服务能力建设机理如图6-1所示。

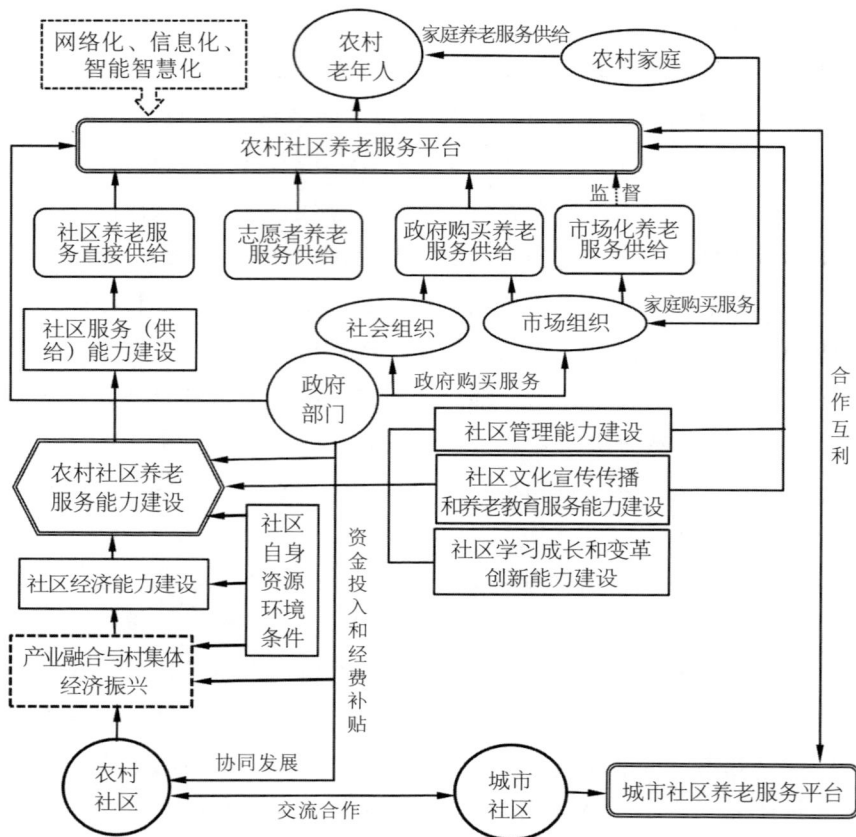

图6-1　基于城乡融合发展的农村社区养老服务能力建设机理

图6-1的上半部分，农村社区养老服务供给主要包括四种渠道，即社区养老服务直接供给、志愿者养老服务供给、政府购买养老服务供给和市场化养老服务供给①。受养老服务供给渠道、特征及养老服务类型和性质等影响，农村社区在不同供给渠道养老服务中所扮演的角色和发挥的作用不同：对于农村社区直接供给的养老服务，农村社区既是养老服务的供给者，也是规划者和管理者，农村社区供给养老服务的数量、质量和类型完全由社区经济能力、养老服务（供给）能力和管理能力等决定，同时还受其文化宣传传播和养老教育服务能力以及学习成长和变革创新能力等影响。由农村社区直接供给的养老服务，根据服务类型、

---

① 这里的市场化养老服务供给，专指由家庭出资、经所在农村社区推介或担保购买的养老服务。由家庭出资、但未经农村社区推介或担保购买的养老服务不包括在内。

特征和要求，既可以免费服务，也可以采取低收费服务，其服务形式包括居家服务（上门服务）、在社区服务（如在社区的托老服务、日间照料服务及文体娱乐服务和精神慰藉服务等）及居家与在社区混合型服务等。对于政府购买的养老服务①，农村社区既可能是服务管理者和监督者，也可能是服务的供给者。作为政府购买养老服务的管理者和监督者，农村社区需要凭借自身具有的养老服务管理能力，在承接政府购买养老服务的同时，根据家庭和老年人养老服务需求及政府购买养老服务的数量、类型和特征，及时准确地将政府所购买养老服务分配给辖区有需求的家庭和老年人，并监督养老服务供给方及时认真履行养老服务责任，考评被服务家庭和老年人对养老服务供给方及其服务的满意度；作为政府所购买养老服务的供给者，农村社区有责任按政府所购买养老服务的数量、类型和要求，通过合理规划和有效配置，及时、保质保量地提供给辖区老年人，并接受服务对象及社会和政府有关部门的监督、考评。对于志愿者供给的养老服务，农村社区所扮演的是管理者角色，即农村社区需要结合志愿者组织或个人提供养老服务的时间、数量、类型和特征，及时精准地将志愿者提供的养老服务配置给辖区有需求老年人，并倾听服务者和被服务者意见和建议，一方面做好意见反馈及与志愿服务者和被服务者的协调管理工作，另一方面不断改善自身管理能力和水平，进而争取更多、更优质的志愿者服务。对于市场化养老服务供给，特别是家庭以社区为"纽带"购买的养老服务，农村社区所扮演的是管理者和监督者角色，即：一方面根据家庭对养老服务供给时间、数量、质量和类型等的要求，引导和帮助家庭与具有相应资质和能力且值得信赖的市场组织进行对接，发挥"桥梁"和"纽带"作用；另一方面，对所推介的市场化养老服务实施过程和效果进行监督，确保市场组织在服务过程中保质保量、尽职尽责，以维护社区家庭和老年人的正当权益，防范和化解养老服务供求矛盾，管控养老服务供求分歧和风险。

　　图6-1下半部分，一方面，农村社区基于自身资源环境条件，通过治理体系和治理结构重构及治理机制创新，以落实乡村振兴和城乡融合

---

　　① 政府购买养老服务指由政府出资向企事业单位（包括养老机构、医疗机构、家政服务公司、教育机构等）、社会组织和社区等购买的养老服务。

发展战略为契机，以组织振兴促进产业振兴、人才振兴、文化振兴、社会振兴和生态振兴，以城乡基础设施融合、市场融合、产业融合、制度融合、技术和信息服务融合，来带动城乡基本公共服务融合、社会保障融合、生态环境、空间融合及文化和价值融合，进而不断提振和增强农村集体经济实力，逐步壮大农村社区经济能力；另一方面，农村社区通过与城市社区开展城乡养老服务交流与合作，在增进了解、互鉴互学、互通有无及优势互补的同时，不断增强自身养老服务的管理能力和服务（供给）能力，为农村社区养老服务能力建设培养和锻炼人才，从而促进城乡社区养老服务协同发展和共同进步。

另外，从加强农村社区养老服务平台的网络化、信息化和智能智慧化着眼，在农村社区养老服务能力建设中，亟需各级政府加大对农村社区养老服务能力建设的网络化、信息化和智能智慧化投入，一方面进一步加强农村地区互联网基础设施及其更新换代工作，在巩固已有成果的同时，积极推进大数据、人工智能和区块链等高新技术在农村社区养老和医疗保健等方面的推广应用，提高农村社区养老服务的智能智慧化水平；另一方面着力加强农村信息技术服务和管理人才的培养培训工作，以人才振兴和技术进步助推农村社区养老服务智能智慧化水平不断提升。

6.2 基于城乡融合发展的城乡社区养老服务协同发展问题

城市和农村作为构成社会系统的两大部门是相互依存、互相联系、不可分割的。然而，受城乡二分认识范式影响，城市和农村一直被视作社会系统中两个对立竞争的独立范畴，认为城乡差别和分割对立只有通过工业化和城市化才能得到最终解决[①]。而现实中基于城市偏向认识范式的制度安排，则在带来农村和农民利益受损的同时，导致了城乡差距的进一步拉大[②]。历史是现实和未来发展的一面镜子，通过对国内外经

[①] 毛丹，王萍. 英语学术界的乡村转型研究 [J]. 社会学研究，2014（1）：194-216.
[②] 刘守英，龙婷玉. 城乡融合理论：阶段、特征与启示 [J]. 经济学动态，2022（3）：21-34.

济发展和城乡关系的回顾与反思不难看到，经济社会发展中的城乡关系并不必然是非此即彼、相互对立的，而是可以彼此兼容、互利共进的，并由此引发了人们对城乡关系"第三条道路"①的思考。

要正确处理当今社会工业化与农业现代化、城市化与农村非农化的关系，就需要在发展城市文明与扬弃传统乡村文明中找到一条既有助于人类社会发展又有助于城乡互鉴共融、取长补短的新型城乡发展道路，即城乡融合发展，对此，第2章已有深入讨论，这里不再赘述。接下来，着重探讨一下基于城乡融合发展的城乡社区养老服务协同发展问题。

从城乡融合发展视域来看城乡社区养老服务协同发展，需要考虑两个层面的问题，即同一行政区域内城乡社区养老服务的协同发展和跨行政区的城乡社区养老服务协同发展。原因是，不同行政区域内的城乡社区因行政管辖权不同及中国地方行政长期存在的条块分割问题，在城乡社区养老服务协同发展中所面临的问题也可能不同，这突出地表现在不同行政区域政府间的权责和利益协调等方面，而且，这种不同行政区域政府间的关系协调甚至可能成为城乡社区养老服务跨行政区域协同发展的主要障碍。

6.2.1 同一行政区域内城乡社区养老服务的协同发展

1）同一行政区域内城乡养老服务协同发展的三个层次

从中国目前的行政区划看，同一行政区域的城乡社区养老服务协同发展涉及县域、地市域（含副省级市域）和省域（含自治区和直辖市）三个层次。不同层级政府因行政管辖范围及政府财政能力和可调配的资源不同，因此具有的"以城带乡"能力也不同。

---

① 从人类演进和社会发展角度看，从乡村出现到城市诞生，再由18世纪中叶至今的工业化和城市化，城乡发展关系主要经历了乡村主导时期和城市主导时期两个阶段，特别是以西方先行工业国为主体的国家，因其工业化和城市化取得的巨大成功而备受推崇，甚至被视作当今世界发展中国家由贫穷落后走向富裕发达的唯一道路。今天看来，以工业化和城市化为主导的经济社会发展道路虽有诸多优势和可取之处，但因其存在的诸多问题和弊端，如资源耗竭、环境破坏和污染、城市地价飞涨、贫富差距拉大、交通拥堵，以及农村资本和劳动力大量流失、村庄荒芜、耕地撂荒、人口老龄化加剧等，亦十分突出，对发展中国家来说，其可行性备受质疑。鉴于此，若将"乡村主导型城乡关系"和"城市主导型城乡关系"分别称为人类社会发展的"第一条道路"和"第二条道路"，那么，城乡协同与互利共赢道路则可称为处理城乡发展关系的"第三条道路"，亦即城乡融合发展道路。

县域范围县级政府可调配的主要是县域内资源，因此，同一县域内城乡社区养老服务协同发展通常在辖区内城镇社区与农村社区间展开[①]。不过，县域范围内城乡社区养老服务的协同发展往往受制于城镇社区发展水平和养老服务能力，及县域内城镇与乡村资源环境的近似性，因此，不仅城镇社区对农村社区养老服务的带动力有限，而且二者间的彼此互补性和吸引力也较差，进而导致相互间交流合作的意愿不强、动力不足。这是县级政府在推动县域城乡社区养老服务协同发展时可能遇到的问题。

地市域范围内地市级政府通常具有较强财政能力，同时可调配的资源也较多，种类也较丰富，它既可推动市域内相近城乡社区开展养老服务交流合作，也可推动辖区内跨县域城乡社区的养老服务交流合作[②]，从而使城乡社区彼此间有更多选择机会与合作可能，特别是跨县域交流合作，因可能带给城市社区或农村社区更多新奇感和取长补短的机会，因此，城乡社区养老服务的交流合作更易达成。当然，在地市域城乡社区养老服务交流合作中，坚持市场主导原则尽管重要，但在市场机制不够完善、政府行政权力仍然起重要作用的情况下，地市级政府在跨县域城乡社区养老服务交流合作中的领导、协调和积极推动作用，就显得格外重要和必要，这是由中国现行行政体制[③]和国情决定的。相比于县域范围内城乡社区合作与协同，地市域范围内的城乡社区合作与协同既有其优势，也有其问题和难点，这其中，地市域范围广、各县（区）情况不一、协调难度大，即是其最突出的问题和难点。

在省域范围内，省级政府因其行政管辖范围较广、具有更强财政能力、掌握更多资源，因此，可以在更大范围内推动城乡社区间的交流合作和优势互补，这使得城市或农村社区有更多按自身需求和偏好匹配资源及开展合作的机会与可能，有助于养老服务资源的优化组合与合理配

---

① 中国县域范围内（包括县级市）的城市社区主要为城镇社区，因此，县域范围内的城乡社区养老服务协同主要发生在城镇社区与农村社区之间。

② 这里的跨县域城乡社区交流合作，既包括地市所属县与县之间的城乡社区交流合作，也包括市辖区的城市社区与地市域内农村社区的交流合作。

③ 目前中国实行的是省直管县和市管县并行的行政管理体制。市管县是中华人民共和国成立之初即实行的政府行政体制，但因这种体制造成了显著的"市强县弱"问题，直接影响了农村和农业发展，因此，进入21世纪后，从做强县域经济、促进农村和农业发展着眼，国家开始在一些省实行了省直管县试点工作。在试点过程中，由于遇到了一些新情况、新问题，因此，时至今日，省直管县行政体制并未在全国推广实施。

置。然而，与地市域范围内情况类似，省域范围的城乡社区养老服务合作与协同也面临统筹难度大、配置效率低等问题，因此，省域范围的城乡社区养老服务协同发展，同样需要省级政府在国家制度和政策框架下积极做好城乡社区养老服务协同发展规划及制度和政策建设工作，在遵循市场配置资源规则前提下，通过激励性政策和促进性措施等的建设，助推省域范围内城乡社区养老服务优势互补与协同发展。

2）同一行政区域内城乡社区养老服务协同发展应着重处理和解决好的几个问题

城乡社区养老服务协同发展既是城乡基本公共服务均等化和城乡融合发展的客观要求，也是统筹城乡发展、发挥城市对农村、城市社区对农村社区的带动作用，加快弥合城乡社区养老服务差距、促进城乡互学互鉴、互助共赢的重要举措。从城乡社区养老服务发展情况和态势看，目前国内多数城市的社区养老服务已基本成型，社区养老服务能力在政府财力支持下得到了显著加强，但在农村，从多地调研了解到的情况看，多数农村的社区养老服务仍处于起步或初期发展阶段，不仅服务类目少、服务质量差、水平低，而且受制于地方政府财政能力、村集体经济能力及村级组织管理能力和服务能力，社区养老服务很难持续发展；还有的农村社区养老服务纯粹为了"应付上面检查"（被调查村民言），根本就没有开展起来。这些情况表明，农村社区养老服务目前在一些地方仍未受到政府和农村基层社会重视，更未将其放在"解民忧、排民难、暖民心"的民生工程位置来真抓实干。进一步，这也使得多数农村老年人和准老年人不敢将养老服务"压宝"于社区，进而这又制约了农村居民参与社区养老服务能力建设的积极性和主动性，成为村民对农村社区养老服务参与度不高的重要致因。

基于中国农村现实，从助推同一行政区域内城乡社区养老服务协同发展着眼，地方政府应着重处理和解决好如下几方面问题：

（1）行政区域内城乡社区养老服务协同发展规划的制定。"凡事预则立，不预则废"，城乡社区养老服务协同发展也是如此。就同一行政区域而言，城乡社区养老服务要想协同发展，首先就必须科学制定城乡社区养老服务协同发展规划，也就是说，必须在全面调查和了解行政区域内各城市社区和农村社区养老服务发展及其养老资源（本）状况前提下，分析、了解和把握各城乡社区在养老服务方面具有的优劣势及各自面临的困难和问题，在全域"一盘棋"框架下，科学制定城乡社区养老服务协同发展规划，分类施策，分情况、分阶段指导，合理调配公共养老服务资源，同时通过"以强带弱"及优势互补、互利共赢，来谋求辖区内城乡社区养老服务协同发展，逐渐缩小城乡社区养老服务能力差距。

（2）地方性法规和政策体系建设。中国是一个法治社会，"依法治社，依法兴社"，是城乡社区治理、社区养老服务能力建设及养老服务协同发展中必须坚持的基本原则。在目前国家相关法律法规和政策体系仍不健全、不完善情况下，各级地方政府应从助推辖区内城乡社区养老服务健康、协同和可持续发展着眼，积极调查研究下辖社区特别是农村社区治理及其养老服务能力和体系建设方面遇到或存在的问题，在不违背法治及党和国家治国理政原则前提下，探索和制定有助于城乡社区养老服务协同发展的地方性法规政策，确保城乡社区治理及其养老服务协同发展有法可依、有章可循。

（3）辖区内养老服务资源整合与合理配置。目前多数农村在社区养老服务发展中遇到的问题，一是资金短缺或经费不足，二是养老服务管理能力和服务能力欠缺。由此就需要地方政府充分整合、集聚及合理调配辖区内养老服务资源（本），根据城乡及不同农村社区情况，分类、分层次和分情况予以资金、物质、技术和信息等支持；同时通过建立健全社区养老服务人才培养培训机制及人才"柔性"引进和使用机制，为农村社区治理能力和养老服务能力建设提供可靠的人才保障，帮助农村社区特别是贫弱农村社区增强社区管理能力、服务能力及学习成长和创新能力，促进城乡社区养老服务协同发展。

（4）辖区内城乡社区养老服务联动发展问题。联动发展是指由高能级事物所引发的较低能级事物的顺次变化和发展过程①。联动与互动不同，联动是指一事物的运动变化对与其相联系的其他事物的连锁式带动

---

① 赵秋成，孙佳伶，杨秀凌. 中国城乡联动发展：基于现实城乡关系的理论研究［J］. 东北财经大学学报，2018.（4）：63-70.

作用，在这一过程中，先动事物发挥的是动力牵引作用，后动事物的运动则是在先动事物牵引下顺次做出的反应。联动的各事物间一般存在一定能级差，动力传导顺序一般由高能级事物向低能级事物传送，进而引起低能级事物的运动和变化。互动则指一事物与其他多事物间的相互影响和作用过程，它一般发生在处于相同能级的两事物或多事物之间，其信息和能量传递及物质交流具有平等性和交互性。目前中国城乡社区发展的巨大差距，决定了促进城乡社区联动、发挥城市社区对农村社区的"以强带弱"作用的客观必要性。在同一行政区域城乡社区养老服务协同发展中，充分利用和发挥城市社区对农村社区在资源配置、人才培训及信息、技术和管理服务等方面的带动作用，"对口帮扶""结对帮扶"，通过城乡社区联动取长补短、互利共赢，非常必要。

（5）农村社区养老服务智能智慧化信息平台建设问题。在互联网时代，特别是近些年大数据、云计算、人工智能和区块链等高新技术的快速发展及广泛应用，为社区养老服务智能智慧化带来了新机遇。在这种趋势下，重视并积极推进农村社区养老服务智能智慧化，是各级地方政府和社会面临的紧迫任务。社区养老服务智能智慧化，不仅可以使农村老年人享受到细致周到、无时不在的身心关怀，而且可使农村老年人有机会享有城市及大的医疗机构和康养机构远程的高质量医疗和康养保健服务，并可大大降低医疗康养服务成本，是今后农村社区养老服务发展的重点方向。而为了推进农村社区养老服务智能智慧化，各级地方政府迫切需要立足本地区实际，一方面加大对农村互联网基础设施建设和日常维护的财力、物力和人力投入，在确保"村村通"的同时，加快互联网技术和设施设备的换代升级；另一方面，积极推进农村社区养老服务信息平台建设，以互联网、大数据和人工智能等高新技术在农村的推广普及，来促进城乡社区养老服务智能智慧化水平同步提高及城乡社区养老服务协同发展。

6.2.2　跨行政区域城乡社区养老服务的协同发展

跨行政区域城乡社区养老服务的协同发展，是指由两个或两个以上处于不同行政区域的城乡社区在养老服务方面所开展的、通过交流合作和优势互补来谋求互惠互利和共同发展的活动。跨行政区域的城乡社区养老服务协同发展因涉及不同行政区的政府，因此，其城乡社区养老服务协同发展问题要远比同一行政区域复杂，不过，只要相关地方政府部门按照"重市场，尊意愿""多服务，少干预"原则依法行政，实际上，情况也并非如想象的那么复杂。

城市社区与农村社区的跨行政区域交流合作主要包括跨县域、跨地市域和跨省域三种类型，而在这三种类型下，又可划分出同省域的跨地市域合作和跨县域合作、同地市域的跨县域合作，以及跨省跨地市域合作和跨省跨县域合作等几种情况①。虽说跨行政区域的城乡社区养老服务交流合作和协同发展存在上述诸多类型或情况，但现实中跨行政区域的政府间协调主要有两类，即跨县域政府间协调和跨地市域政府间协调。原因是，从行政权属角度讲，目前中国的城市主要分县级市、地级市（包括副省级市）和省级市三类，而且城市社区和农村社区为分属城市和乡村的基层群众性自治单位，城市社区和农村社区所属政府的归属链条依次为：城市社区→城市街道政府→城市辖区（县或县级市）政府→地级市（含副省级市）政府→省级政府（包括自治区和直辖市）；农村社区→乡（镇、城市辖街道）政府→县（县级市、城市辖区）政府→地级市（州、盟）政府→省级政府（包括自治区和直辖市）②；而且，通过对城市社区和农村社区政府归属链的分析，可以发现，省级政府（包括自治区和直辖市）与城乡社区的行政管辖距离较远，城乡社区的发展和运营状况与省级政府管理绩效的关联性较弱，因此，除非特殊情况，否则，省级政府一般没有意愿和动力去直接管理或干预所辖区域城乡社区的发展和运营，而地市级政府和县级政府则不同，因为他们通常是城市社区或农村社区的直属上级政府③，而且其所辖城乡社区的建

---

① 需要指出的是，按照排列组合法则，同省域的城乡社区养老服务交流合作还包括跨地市域的地级市下辖城乡社区与县辖城乡社区的交流合作，以及不同省域地级市下辖城乡社区与县辖城乡社区的交流合作等，但考虑到无论同省域内的地级市下辖城乡社区与县辖城乡社区的交流合作，还是跨省域的地级市下辖城乡社区与县辖城乡社区的交流合作，只要跨县域，大多都会跨地市域，因此，这里未做更细分类。另外，这里提及的跨省跨县域的交流合作，实际是一种跨省且跨地市的跨县域交流合作，只是为了便于表述，这里做了简化。
② 国家统计局资料显示，2020年全国共有地级行政区划333个（包括地级市、州和盟），其中，地级市293个（含15个副省级市）；县级区划2 844个，其中，市辖区973个（含4个直辖市的下辖区）、县级市388个、县1 429个（含自治县）；乡镇级区划38 741个，其中，市辖街道8 773个、镇21 157个、乡8 809个。
③ 地级市城乡社区的直属上级政府是地级市政府，县级市城乡社区的直属上级政府为县级市政府，县属城乡社区的直属上级政府则为县政府。

设、治理和发展状况与他们的管理绩效较密切关联，因此，地市级政府和县级政府更有意愿和动力管理或干预下辖城乡社区的发展和运营状况。当然，考虑到政府间交流合作的行政等级的对等性，这种跨行政区域的城乡社区养老服务协同发展的政府间协调，更可能发生在不同行政区域的同一层级政府部门之间，即地市级政府与地市级政府之间、县级政府与县级政府之间，或者县级政府与地市级政府下辖区政府之间。当然，如遇地市级政府无法沟通协调时，沟通协商层级也可能上升至省级政府层次。

另外，相比于同一行政区域内城乡社区养老服务交流合作的多方面和多领域性，跨行政区域的城乡社区养老服务交流合作通常只发生在一个或少数个方面或领域，呈现出明显的选择性特征，而且，这种交流合作一般遵循互利共赢的市场法则，"以强带弱"的"奉献"帮扶性成分远弱于同一行政区域内城乡社区间的交流合作。

综上分析可见，城乡融合发展视域下的城乡社区养老服务协同发展是一项涉及多层面、多领域的彼此交互过程，这一过程虽然遵循着市场法则，但亟需各级地方政府和社会的积极推动，引导城乡社区在交流合作中优势互补、互学互鉴、互利共赢、共谋发展，从而达成城乡基本养老服务均等化及城乡融合发展之终极目标。

6.3 城乡融合发展视域下促进和加强农村社区养老服务能力建设的对策措施

城乡融合发展视域下的农村社区养老服务能力建设是在党的领导和政府主导下，以农村基层社会为主体，通过农村社区治理体系和治理结构重构及治理机制创新，来提升农村社区治理能力，以组织振兴带动产业振兴，以产业振兴促进人才、文化、社会和生态振兴，同时带动农村社区养老服务能力建设和城乡融合发展，从而解决农村老年人和家庭急难愁盼的养老服务问题，切实增强农村居民的获得感、幸福感和安全感。为此，政府、社会和农村社区应着力加强和做好如下几方面工作。

6.3.1 建立和完善农村社区及其建设和治理的相关法规制度

　　法规制度既是法治社会人们一切行为的基本准则，也是现代组织建设、治理行为和行动的法律准绳。从1987年11月《中华人民共和国村民委员会组织法（试行）》颁布实施，到1998年11月第九届全国人民代表大会常务委员会第1次修订，再到2010年10月第十一届全国人民代表大会常务委员会第2次修订时首次提及农村社区建设，其间历经22年时间，在这22年间，农村社区在中国从学术议题走向实践和试点，其间掺杂着诸多"摸着石头过河"的味道。党的十六大后，随着"农村社区服务""农村社区建设"，以及"城乡社区自我管理、自我服务""全面提升农村社区功能，努力建设富裕、文明、民主、和谐的新型农村社区"等表述陆续和频繁地出现在中央政府文件中，以落实城乡基本公共服务均等化为目标的农村社区建设开始从民间自发阶段逐渐走向政府推动阶段。2006年7月，国家民政部首次提出"开展农村社区建设试点"的意见，并于同年9月印发《民政部关于做好农村社区建设试点工作推进社会主义新农村建设的通知》，到2008年4月，全国已有296个县（区、市）被民政部确定为农村社区建设实验县①。然而，应该讲，具有广泛意义的中国农村社区建设和治理热潮发生在党的十八大，特别是2015年5月中共中央办公厅、国务院办公厅印发《关于深入推进农村社区建设试点工作的指导意见》之后，对此，前文已有讨论。不过，值得注意的是，时至今日，国家仍未出台任何有关农村社区及其建设和治理的法律法规，目前可见的相关规定只有中共中央、国务院及其下属部门印发的通知、意见和条例，这些通知、意见和条例虽然具有一定行政和规制效力，却不具有国家法律法规的法治效力。而且，更为重要的是，即便已有相关制度规定，仍未对农村社区的性质、地位、组织结构

----

　　① 中华人民共和国中央人民政府网站.http://www.gov.cn/govweb/gzdt/2008-04/13/content_943524.htm.

及其与行政村关系等基本问题做出明确界定和规定，从而导致实践中农村社区与行政村因角色不清、定位不明而难以融合，甚至相互掣肘，既影响农村社区建设和治理的效率和效果，也造成了严重的资源和资本浪费。因此，从整合与凝聚农村基层社会治理力量和公共资源、提高农村公共资源配置和利用效率、统一城乡基层社会治理的组织形态着眼，迫切需要出台专门规范农村社区及其建设和治理的相关法律法规，一方面明确农村社区在农村基层社会治理中地位、性质、权责、义务，及其与政府组织和其他村级组织等的关系，明晰农村社区的角色和职责定位；另一方面，应尽快推动农村社区与行政村的组织和权责整合，通过出台基于《村民委员会组织法》的"农村社区居民委员会组织法"，及撤销农村村民委员会、设置农村社区居民委员会，来整合农村基层社会治理组织及其权责、义务，根本解决农村基层社会治理的组织重复设置及权责分散、相互掣肘等问题，切实将农村基层社会治理权力归还农村居民，以推动真正意义上的农村社区自治，适应城乡户籍改革和城乡融合发展的需要。

6.3.2　科学制定农村社区养老服务能力建设中长期规划

基于城乡融合发展视域的农村社区养老服务能力建设，是一项事关各级政府、各个区域以及全国所有农村社区的庞大、复杂的系统工程，需要按照全国"一盘棋"和各地区"一盘棋"要求的共同推进、协同发展。为此，中央政府首先应立足全国经济社会中长期发展目标及城乡基本公共服务均等化和城乡融合发展目标，科学研判农村经济社会及养老服务发展状况，尽快制定全国农村社区养老服务能力建设中长期规划，以配合全国农村养老服务体系中长期发展规划。全国层面的农村社区养老服务能力建设中长期规划，在内容上应包括但不限于指导思想、基本原则、中长期目标和阶段性目标、建设任务、建设方式、实现手段、实现机制和保障措施等。各省（自治区、直辖市）、地级市（州、盟）和县（县级市、地级市辖区）应在国家或上一级地方政府制定的农村社区养老服务能力建设中长期规划基础上，结合本地区实际，从区域和城乡融合发展角度，分类、分情况制定本地区农村社区养老服务能力建设中长期规划及其实现路径和具体措施。各级地方政府结合本地区实际制定的农村社区养老服务能力建设规划应务求实效及可操作性，而且，上级政府应将各下级政府制定的地区农村社区养老服务能力建设规划的阶段性目标和保障措施等，作为考评该下级政府绩效的指标之一，督导其贯彻落实。

各级政府制定农村社区养老服务能力建设规划时，均应把农村计划生育家庭中无子女和少子女的孤寡老年人、失能半失能老年人和贫困老年人等作为优先服务对象，并通过合理规划布局，尽快建立起以农村社区为基础的县、乡（镇）和村（社区）三级农村社会养老服务体系。

（1）在县级层次建设社区养老服务指导中心及老年人医护康养服务中心。其主要职能或职责：一是负责县辖行政区域内城乡社区养老服务咨询、业务指导、技术和信息服务、人才培训及开展社区养老服务经验交流等活动；二是代理县级政府部门开展跨县域的城乡社区养老服务合作和协同发展协调，及本县域内跨乡镇的城乡社区间、农村社区间的社区养老服务交流合作等工作；三是依托县域拥有的医疗护理资源，组织开展县域内医疗护理服务下乡活动，帮助农村老年人诊病治病及宣传医疗护理和保健知识，同时为县域内特殊群体老年人（如革命伤残军人、因公致残老年人、因公牺牲人员配偶和无其他子女的父母、复员退转老军人、农村"五保"老人、农村计划生育家庭中无子女或子女不在身边老年人、孤寡伤残和贫困老年人等）提供医疗诊治、医疗护理等服务；四是负责对乡镇和农村社区医疗护理人员进行专业指导、技术技能培训、组织社区医疗护理和康养服务交流等活动，同时对乡镇和农村社区医疗护理等工作实施监督。

（2）在乡镇层次建设农村社区养老服务中心和老年人医护养服务中心。其主要职能或职责：一是接纳和收养辖区内人口居住分散区（如山区、牧区、林区、渔业区等）的农村老年人，开展乡镇层次的集中化养老；二是为辖区内农村社区提供养老服务指导及开展农村社区养老服务人才培训、技术和信息服务，及组织农村社区养老服务经验交流等；三是依托乡镇医疗卫生院（所）等医疗护理资源，为农村老年人提供大病救护、小病诊治和医疗护理等服务，同时负责医疗卫生、疾病护理和康养保健知识的宣传普及、对农村社区卫生站（点）医护人员进行业务指导和技术技能培训等活动；四是为下辖农村社区特殊群体老年人提供医疗护理和康复保健等服务。

（3）在农村社区规划建设农村社区养老服务平台（站）。其主要职能或职责：一是负责农村社区老年人的文化娱乐、康养保健，以及为辖区老年人提供医疗康养咨询、疾病诊疗、居家照护、日间照料和托管等服务；二是负责承接和配置政府购买的基本养老服务、志愿者提供的养老服务，以及家庭借助农村社区养老服务平台购买的市场化养老服务，并负责上述养老服务供给的监督考评等工作；三是负责农村居民长期护理保险的申请评估、监督和检查，以及对农村社区养老服务设施设备进行日常管理和维护；四是负责农村社区养老服务信息管理及辖区老年人养老信息登记、传送，以及辖区老年人智能智慧化设施设备的日常维护和管理等工作。

农村社区养老服务能力建设中长期规划一定要立足各地农村实际，因地制宜，科学规划和布局分散式社区养老（如社区居家养老）、互助式社区养老、集中式社区养老（像托老所、养老服务中心等）及混合式社区养老等不同社区养老服务形式，并将"以城带乡"、城乡互利互促的城乡社区养老服务协同发展理念贯穿到各级政府的农村社区养老服务中长期规划之中，以规划落实助推城乡社区养老服务协同与融合发展。

6.3.3 以社区治理创新助推农村集体经济振兴和农村社区养老服务能力建设

从中国大多数农村情况看，目前最重要和紧迫的任务，一是农村基层组织和农村社区治理能力建设，二是农村产业和集体经济振兴。就这两项任务的主次关系而言，农村基层组织和社区治理能力建设乃重中之重，原因是，若没有一个坚强有力、与时俱进、勇于开拓创新及愿意带领农村居民共同致富的农村基层组织，农村产业振兴和集体经济发展将无从谈起；同样，农村社区若无强劲治理能力，也不可能将社区治理好、发展好，农村社区养老服务能力建设将成为无本之木。因此，要想振兴农村集体经济、建设和增强农村社区养老服务能力，首先就必须在加强农村基层组织建设的同时，不断完善农村社区治理体系和治理结构，强化农村社区治理能力，以组织振兴带动产业振兴，以产业振兴促进人才振兴、文化振兴、社会振兴和生态振兴，进而改善和提高农村社区集体经济能力、管理能力和服务（供给）能力等。

要全面改善和增强农村社区治理能力，首先就需要加强党对农村基层组织和农村基层社会工作的领导，根本解决农村基层党政组织软弱涣散问题，以党建引领农村基层组织建设，以党组织的影响力和嵌入力巩固党在农村基层社会的群众基础、组织基础和执政基础，强本固基，切实提高农村社区党组织的号召力、凝聚力、组织力和战斗力，发挥党员干部在农村基层社会治理及农村产业振兴和集体经济发展中的先锋模范作用。其次，加快推进农村社区治理体系和治理结构重构及治理机制创新工作，按照"简政放权"及多元治理和权责对等原则，对农村基层社会现行管理体制机制进行改革改造，弱化政府对农村基层社会治理的管控和行政干预，还农村村级组织应有的自主权和自治权，培养农村社区的自治能力。为此，就需要在加强农村社区组织及其建设和治理立法工作的同时，大力推进行政村的社区化改造，按照"一核一轴双轮"的思路，建立以农村社区党组织为领导层（"一核"）、以农村社区居民会议、农村社区居民代表会议和农村社区议事会为决策层、以农村社区居民委员会为执行层、以农村社区居民事务监督委员会为监督层（"一轴"）、以农村基层党建引领和社区利益相关者参与为"双驱动轮"的"五位一体"农村社区治理体系和治理结构，形成相互依赖、相互促进和相互制衡的现代农村社区治理结构关系，共同推动农村社区公共事务、经济建设及社区治理和服务等的开展，维护农村社区居民合法正当权益，促进农村社区居民政治权力和社会福利最大化。

农村集体经济振兴的前提是促进农村产业振兴。改革开放40多年来，农村经济社会面貌虽然发生了翻天覆地变化，农村居民收入水平、生活水平和消费能力得到了显著提高，但与此形成鲜明对比的是，全国多数农村的集体经济却陷入长期衰弱境地。仅以农村社区养老服务为例，在全国多地农村调研时发现，那些村集体经济较强、基础较雄厚的村庄，已经建立起了比较完善、高质量、高水平的社区养老服务体系，老年人从日常生活照料、失能半失能照护、疾病预防、治疗和康复保健，到平时的精神娱乐和慰藉等，村里均能提供较好的服务和保障，农村集体较好担负起了家庭无力担负的社会养老服务责任。那些集体经济发展一般、算不上富裕的村庄，虽然有的也建起了社区养老服务设施，并能提供一些种类的养老服务，比如"老年餐桌"、组织文体娱乐活动、节日慰问，以及为居家老年人提供简单的照料服务等；然而，一方面服务设施比较简陋、服务项目较为单一，服务质量和水平也不高，另一方面，由于政府提供的养老服务经费有限，村集体经济又无力长期负担。因此，村干部普遍反映："虽然办了，但能支持多久说不清""只能过一天算一天""村里想办好，但确实没那个经济实力，只能走着瞧了"。而那些集体经济发展不好甚至基本或完全衰落的村庄，根本无力也无心开展社区养老服务工作，有的即便开展了，或者是为了应付上级政府部门的检查，或者处于"三天打鱼，两天晒网"状态。上述情况表明，农村发展社区养老服务最大的难题还是"钱"，是集体经济能力。而农村社区治理体系和治理结构重建及治理机制创新的目的之一，即是以此振兴和激活农村集体经济，一方面通过挖掘、整合和盘活农村集体资源、资本和资产，积极开展多种经营，大力发展农村特色优势产业，同时，通过农村三次产业融合和城乡产业融合，着力培育农村新兴产业和新型业态，转变农村产业结构和经济发展方式，拓宽农村集体经济发展空间；另一方面，通过推动农业产业化、集约化、适度规模化和现代化，延伸农村产业链，培育和提升农业产品和服务品牌，增加农副产品的附加值，同时通过发展农村农业合作经济及推广"互联网+""人工智能+"农村农业生产经营模式，增强农村和农业经济抵御市场风险的能力，多渠道、多手段增加农民和农村集体经济收入，富村民、强集体，在做实做强农村集体经济能力的同时，为农村社区养老服务能力建设提供可靠的经济保障。

6.3.4 建立稳定的财政投入和经费保障制度

农村社区养老服务能力建设虽然提倡和鼓励以农村集体经济能力建

设和集体经济保障为主导，但基本养老服务作为基本公共服务的重要内容，从政府应担负责任角度讲，稳定的资金投入和经费保障则是十分必要的。前文曾论及农村社区养老服务资金或经费的三个来源：一是政府财政拨款和补助；二是社会捐助捐赠及辖区居民和受益企业捐款；三是从农村社区所属集体经济收入中提取社区养老服务费用。这其中，作为中央和各级地方政府主导和推广落实的基本公共服务项目，政府财政投入和经费划拨具有二次分配和保障社会公平正义的性质，对农村社区养老服务均衡发展具有保基本的"兜底"作用，是那些经济欠发达地区和集体经济贫弱农村发展社区养老服务的必要经济保障。

2021年全国有行政村49.0万个，这些行政村中，多数农村的集体经济能力处于贫弱或"虚弱"状态，从而严重制约社区养老服务的开展，迫切需要政府给予必要资金或经费支持。农村社区作为社区养老服务的基础平台和重要的社区养老服务主体，一方面承担着通过发展农村集体经济、壮大集体经济实力，来为辖区居民提供必要社区养老服务的责任，另一方面又承担着承接和配置政府购买的基本养老服务、社会提供的义务或免费养老服务，以及在家庭与养老服务市场或企业间发挥"桥梁"和"纽带"作用的责任，由此就需要农村社区首先必须处理好"村务"与"政务"的关系，转变观念，整合和利用好来自村集体及来自政府和社会的两种养老服务资源，凝心聚力，切实做好农村社区养老服务工作。当然，对于政府，首先应担负起自身责任，通过建立稳定的财政投入和经费保障制度，一方面确保全国及各地区农村社区养老服务均衡发展，"不漏一村，不落一人"，另一方面，通过建立激励机制，鼓励和激发企业、社会组织、志愿者组织和个人（包括农村居民）积极参与到农村社区养老服务能力建设中来，将农村社区养老服务能力建设转变为集体和社会活动，扩大农村社区养老服务的影响力及其对社会资本和资源的吸附力。而为了建设稳定的政府财政投入和经费保障制度，一方面中央及各级地方政府应设立农村社区基本养老服务能力建设专项经费，将其纳入中央和各级地方政府年度财政预算，并建立按地区经济发展水平、承负能力及农村老年人口规模、服务标准（可根据当地近年来农村平均消费水平确定）等动态调整的社会养老服务经费增长机制，确保社会和社区养老服务经费及时、足额拨付到位；另一方面，应在考虑各地经济发展水平和财政支付能力基础上，建立中央与地方、上级政府与下级政府按比例分担农村社会和社区养老服务经费的机制。中央与地方、上级政府与下级政府分担社会和社区养老服务经费的比例，可视各地区经济发展水平、财政能力及所负担农村老年人口规模等，在动态监测评估基础上确定，并适时调整，以改变长期以来按东、中、西部地区简单、"一刀切"式确定中央与地方、上级政府与下级政府分担经费比例的做法。视地区经济发展水平、财政能力和基本养老服务经费负担轻重，以及农村社区养老服务能力变化情况，进行动态监测、评估和调整，有进有出，以确保各地各农村社区基本养老服务顺利开展。当然，中央和地方政府也可通过建立社会养老服务公益基金，以及将社会福利彩票公益金中一定比例用于农村社会和社区养老服务等办法，确保农村社区养老服务资金或经费供给的可持续性。

6.3.5 建立人才培养培训机制，尽快推行农村社区养老服务者持证上岗制度

一定数量和质量的专业技术和管理人员及其持续供给，是农村社区治理能力和养老服务能力建设的人力基础和技术保障。从国内外社区养老服务发展实践看，没有一定数量和质量的专业人才作为基础，不仅农村社区治理工作难以做好，而且社区养老服务工作也很难发展好，为此，一些国家和地区在建设社区治理和社区养老服务能力过程中，专门建立起了与社区治理和社区养老服务能力建设相配套的人才培养培训体系和机制。日本通过鼓励福祉类院校和养老护理企业自办职业院校，及倡导普通高等院校在相关院系和专业开设老年心理学、老年社会学和老年护理学等课程，来培养具备养老服务和医疗护理知识的人才，助力社会和社区养老服务发展。美、英、德、韩等国也均提倡在大学和职业类院校开展社会工作者及营养师、护理师、心理咨询师等类专业和课程，以满足社会和社区对养老服务专业人才的需求。在中国，随着20世纪90年代以来人口老龄化背景下社会养老服务需求持续、快速增长，专

业化养老服务人才供求矛盾日益突出并持续尖锐化。近20多年来，尽管国内一些普通高校及中等和高等职业技术院校陆续开设了诸如社会工作、老年护理、养老服务、智慧健康养老服务与管理等相关专业，及在大学和职业技术院校开设了养老服务类课程，培养了大批社会和社区工作、养老服务管理及护理类专门人才，但从目前及今后较长时期社会需求看，养老服务管理和服务人才的供求缺口很难弥合。做出上述判断的原因有三：一是中国快速且不断深化的人口老龄化态势，及日趋弱化和淡化的家庭养老观念，使人们对市场化养老和社会养老服务的需求持续增加；二是经济社会发展、城乡居民收入和消费水平提高及老年人平均受教育程度上升，导致养老服务需求日益多样化、个性化和高层次化，社会养老服务供求的数量、质量、结构和分布不合理矛盾愈加凸显，养老服务专门人才同时面临数量、质量、结构和分布等多方面压力；三是由大学及职业技术院校培养出来的社会和社区工作及养老服务类人才，绝大多数均留在了大中城市或者改行从事其他工作，即便那些被分配到农村基层的，也大多留在了乡镇政府部门，下沉到农村社区的寥寥无几。鉴于此，从切实为农村社区培养培训人才着眼，需要政府和社会尽快建立起农村社区治理及养老服务专门人才培养培训机制：一是引导和鼓励中、高等职业技术院校和普通高等学校通过设置社区管理和治理、养老服务和老年护理等专业，进一步加大专门应用型人才的培养力度；二是各级地方政府，特别是地市、县和乡级政府，应尽快建立起专门针对农村社区治理及社区养老服务能力建设的人才培训制度，委托大专院校、教育培训机构及医疗机构、康复护理和养老机构等，对农村社区治理及养老服务管理和服务人员等进行定期或不定期培训和实训，同时，建立对临时参与社区养老服务但不具备相应知识技能人员，如志愿者、义工、护工等的短期或临时性上岗培训制度，确保养老服务供给质量；三是各级政府部门应在养老服务经费中单列专项经费，用于农村社区养老服务人员专业技能培训和人才培养，专款专用，务求人员培训培养见真章、收实效。

另外，应尽快建立并推行农村社区养老服务人员持证上岗制度。在对农村社区养老服务人员进行培训基础上，通过专业考评和技能鉴定，来确定和认证养老服务人员专业技能等级，并颁发职业技能等级证书，同时建立持证上岗制度，以推动农村社区养老服务的规范化和标准化。而为了激发农村社区养老服务人员参加专业技能培训的积极性和主动性，还应建立基于专业技术等级及工作实绩（包括服务态度、服务质量、客户满意度等）的绩效考评机制，并将个人工作绩效与薪酬待遇和评奖晋级等挂起钩来，以激励农村社区养老服务人员不断提高专业技能水平和服务质量。

6.3.6 大力推进和提升农村社区养老服务的网络化、信息化和智能智慧化水平

养老服务网络化、信息化和智慧智能化，是今后中国农村养老服务体系建设和发展的必然趋势。作为农村养老服务体系重要组成部分的农村社区养老服务，虽然目前在国内多数农村刚刚起步，但通过网络化、信息化和智能智慧化助力农村社区养老服务能力建设，并以此提升农村社区养老服务平台集聚、整合、处理、配置和利用社区内外养老服务资源的能力，满足农村老年人对养老服务的多样化、个性化和层次化需求，对农村社区养老服务能力建设来讲，既重要，又必要，而且这也是农村社区养老服务走向现代化、实现与城市社区养老服务协同发展与融合发展的必由之路。

农村社区养老服务的网络化、信息化和智能智慧化是通过建立基于互联网、物联网的大数据信息平台，借助大数据、云计算、人工智能和区块链等现代高新技术，依托线上养老服务供需数据关联及线下养老服务合作与供需对接，来满足农村社区老年人养老服务需求的过程。农村社区养老服务的网络化、信息化和智能智慧化，一是需要政府和社会加大对农村地区互联网、物联网等基础设施设备的投入和建设，将"村村通（宽带），户户联（网）"落到实处，打通信息互联的"最后几十米"，同时也需要农村社区及居民家庭和个人积极配合，做好电脑、智能手机、数字电视及其他智能智慧化设备等数字和智能终端的入网与联网工作。二是加强对农村社区养老服务平台管理人员和服务人员的技术

技能培训及使用指导和辅导工作，以确保农村社区养老服务数据的及时、准确录入和上传，以及社区养老服务信息平台的持续、良好运行和设施设备的正常使用。三是借助农村社区养老服务信息平台，开展定期和不定期的城市优质医疗、护理及保健资源和服务下乡活动，在使广大农村居民共享城市优质医疗、护理及保健资源和服务的同时，增强农村居民对社区养老服务信息平台的认知和认同，激发他们参与农村社区养老服务能力建设的积极性和主动性。四是通过建设农村社区养老服务信息系统和微信群，将农村老年人与社区养老服务人员联系起来，发挥农村社区养老服务信息系统和微信群在农村老年人日常生活照料、疾病诊疗、护理、康养保健、患病和生活困难救助，以及精神慰藉和服务咨询等方面的作用，拉近社区养老服务人员与辖区老年人的心理距离，切实发挥农村社区养老服务的"保基本、兜底线、织密网"作用。

除此之外，尽快研究、制定和出台农村社区养老服务规则和服务标准，让农村社区养老服务有章可循、有据可考，以及通过建立激励机制，激发农村居民、企业、社会组织等参与农村社区养老服务能力建设的积极性和主动性，培养人们的共同体意识，引导人们树立"大家的事，大家管，共同办"的"主人翁"价值观，同样必要。

农村社区养老服务能力建设是一项以政府为主导、以农村社区为主体的系统性民生工程，它需要在中国共产党领导下，农村基层组织、各级政府与农村居民、企业、社会组织等齐心协力，各司其职，各尽其责，同时通过城乡社区联动互动和协同发展，来共谋农村社区治理能力和养老服务能力的建设与发展，以满足农村老年人日益增长的对养老服务的多样化、个性化和层次化需求，化解地区间、城乡间社区和社会养老服务供给不平衡不充分矛盾，助推城乡社区养老服务协同与融合发展，最终实现城乡基本养老服务均等化目标。

参考文献

[1] 奥斯特罗姆，帕克斯，惠特克. 公共服务的制度建构 [M]. 宋全喜，任睿，译. 上海：上海三联书店，2000.

[2] 班涛. 社区主导、多元主体协同参与：转型期农村居家养老模式的路径探讨与完善对策 [J]. 农村经济，2017（5）：91-96.

[3] 包宪康. 农村养老服务协同供给模式建构研究 [J]. 社会科学辑刊，2016（5）：38-46.

[4] 贝克尔，莫里森. 转型经济中的城市化 [M] //切希尔，米尔斯.区域和城市经济学手册（第3卷）. 安虎森，等译. 北京：经济科学出版社，2003：343-345.

[5] 蔡继明，李蒙蒙. 中国城乡融合发展的制度障碍及政策建议 [J]. 河北学刊，2019，39（4）：139-145.

[6] 曹海林. 农村社区治理：何以可能与何以可为？[J]. 人文杂志，2009（4）：159-165.

[7] 陈姣姣，陈家泽，廖祖君. 城乡融合发展的流动性困局与改革重点 [J]. 农村经济，2022（4）：9-15.

[8] 陈赛权. 中国养老模式研究综述 [J]. 人口学刊，2000（3）：30-36.

[9] 陈伟东，许宝君. 社区治理责任与治理能力错位及其化解——基于对湖北12个社区的调查 [J]. 华中农业大学学报（社会科学版），2016（1）：101-107，131.

[10] 陈锡文. "中国城市化：农民、土地与城市发展"序 [M] //楼培敏.中国城

市化：农民、土地与城市发展．北京：经济科学出版社，2004.

[11]　陈显友．乡村振兴背景下农村养老服务供给问题研究［J］．广西社会科学，2021（11）：8-16.

[12]　成德宁．城市化与经济发展——理论、模式与政策［M］．北京：科学出版社，2004：57-61.

[13]　崔立群，刘红．论农村社区保障之于农民社会保障权的实现［J］．湖南社会科学，2013（5）：132-135.

[14]　崔亚凝．集体土地增值收益分配研究综述［J］．改革与开放，2016（1）：73-74.

[15]　丁志宏，王莉莉．我国社区居家养老服务均等化研究［J］．人口学刊，2011（5）：83-88.

[16]　丁志宏，曲嘉瑶．中国社区居家养老服务均等化研究——基于有照料需求老年人的分析［J］．人口学刊，2019，41（2）：87-99.

[17]　杜鹏，安瑞霞．乡村振兴与农村养老服务：阶段性特征与治理路径——基于情景互动理论的视角［J］．中国农业大学学报（社会科学版），2023，40（1）：213-222.

[18]　杜鹏，孙鹃娟，张文娟，等．中国老年人的养老需求及家庭和社会养老资源现状——基于2014年中国老年社会追踪调查的分析［J］．人口研究，2016，40（6）：51-63.

[19]　杜鹏，王永梅．乡村振兴战略背景下农村养老服务体系建设的机遇、挑战及应对［J］．河北学刊，2019，39（4）：172-178；184.

[20]　杜智民，康芳．农村社区居家养老服务供给精准化的实践困境与优化路径［J］．重庆社会科学，2020（9）：130-141.

[21]　樊杰，陶普曼．中国农村工业化的经济分析及省际发展水平差异［J］．地理学报，1996（5）：398-407.

[22]　樊丽明，石绍宾，解垩，等．城乡基本公共服务均等化研究［M］．北京：经济科学出版社，2010.

[23]　樊雅丽，马沁芳．走向治理：农村基层社区能力建设的问题与策略——河北经验与有效路径探讨［J］．河北学刊，2013，33（3）：150-153.

[24]　方静文．从互助行为到互助养老［J］．中南民族大学学报（人文社会科学版），2016，36（5）：132-136.

[25]　方明．新农村建设背景下村民自治的困境与思考［J］．江苏社会科学，2016（6）：133-138.

[26]　冯海发，李微．我国农业为工业化提供资金积累的数量研究［J］．经济研究，1993（9）：60-64.

[27] 冯雷. 从城乡割裂到城乡融合 从分割发展到统筹发展 [J]. 中国人口·资源与环境, 2010 (S2): 207-210.

[28] 冯晓娟. 以社区照顾理念发展农村养老服务事业 [J]. 重庆师范大学学报 (哲学社会科学版), 2014 (3): 86-90.

[29] 傅歆, 孙米莉. 马克思主义城乡融合发展理论的逻辑演进 [J]. 浙江学刊, 2019 (6): 82-87.

[30] 甘晓成, 娜仁高娃, 艾力飞热·阿不都古力. 基于政策网络理论的社区养老服务能力研究 [J]. 人口与社会, 2022, 38 (2): 58-66.

[31] 高灵芝. 农村社区养老服务设施定位和运营问题及对策 [J]. 东岳论丛, 2015, 36 (12): 159-163.

[32] 耿国阶, 王亚群. 城乡关系视角下乡村治理演变的逻辑: 1949—2019 [J]. 中国农村观察, 2019 (6): 19-31.

[33] 桂萍, 黄学贤. 论服务型政府语境下的"政社互动" [J]. 云南行政学院学报, 2013 (4): 34-48.

[34] 郭建军. 我国城乡统筹发展的现状、问题和政策建议 [J]. 经济研究参考, 2007 (1): 24-44.

[35] 郭晓鸣, 张鸣鸣. 治理视角下的新型农村社区: 现状、挑战和展望——基于河南省农民集中居住区的调查 [J]. 东岳论丛, 2014 (12): 110-115.

[36] 郭占锋, 付少平. 西部地区城镇化进程中新型农村社区建设现状、困境与出路——以陕西省Z镇幸福社区为例 [J]. 南京农业大学学报 (社会科学版), 2014, 14 (4): 9-16.

[37] 国务院发展研究中心农村部课题组. 从城乡二元到城乡一体: 我国城乡二元体制的突出矛盾与未来走向 [J]. 管理世界, 2014 (9): 1-12.

[38] 韩江风. 农村社区治理中居民参与的现状及其影响因素——基于河南省部分农村社区的调查 [J]. 湖北经济学院学报, 2019, 17 (6): 68-76; 128.

[39] 韩沛锟, 程瑶瑶. 农村养老服务: 需求、政策实践与发展展望 [J]. 学习论坛, 2021 (2): 96-103.

[40] 韩艳. 中国养老服务政策的演进路径和发展方向——基于1949—2014年国家层面政策文本的研究 [J]. 东南学术, 2015 (4): 42-48; 247.

[41] 蒿慧杰. 城乡融合发展的制度困境及突破路径 [J]. 中州学刊, 2019 (11): 49-52.

[42] 何红. 城乡融合发展的核心内容与路径分析 [J]. 农业经济, 2018 (2): 91-92.

[43] 贺雪峰. 论半熟人社会——理解村委会选举的一个视角 [J]. 政治学研究,

2000 (3): 61-69.

[44] 贺雪峰. 互助养老: 中国农村养老的出路 [J]. 南京农业大学学报 (社会科学版), 2020, 20 (5): 1-8.

[45] 黄宏磊. 老龄化背景下农村多元化居家养老服务体系建设研究——以湖北省为例 [J]. 农业经济, 2012 (3): 61-62.

[46] 黄俊辉. 农村养老服务供给变迁: 70年回顾与展望 [J]. 中国农业大学学报 (社会科学版), 2019, 36 (5): 100-110.

[47] 黄俊尧. 农村社区化: 基层治理结构的转型与调适 [J]. 新视野, 2015 (6): 46-52.

[48] 黄云凌, 武艳华, 徐延辉. 社区能力及其测量——以深圳市为例 [J]. 城市问题, 2013 (3): 20-27.

[49] 侯守杰. 新时代城乡融合发展的绿色困境与路径 [J]. 理论导刊, 2021, 1 (1): 91-97.

[50] 贾生华, 陈宏辉. 利益相关者的界定方法述评 [J]. 外国经济与管理, 2002 (5): 13-18.

[51] 江燕娟. 论社区养老服务资源的整合 [J]. 社会福利 (理论版), 2014 (3): 21-25.

[52] 姜长云. 建立健全城乡融合发展的体制机制和政策体系 [J]. 区域经济评论, 2018 (3): 114-116.

[53] 姜向群, 郑研辉. 社区养老服务的供需失衡问题及对策研究——以北京市为例 [J]. 社会建设, 2015 (4): 67-76.

[54] 姜玉贞. 社区居家养老服务多元供给主体治理困境及其应对 [J]. 东岳论丛, 2017, 38 (10): 45-53.

[55] 姜玉贞, 宋全成. 社会养老服务福利治理的局限性及其成因分析——基于RHLJ社区养老服务中心案例的分析 [J]. 山东社会科学, 2019 (11): 110-117.

[56] 蒋永穆, 胡筠怡. 从分离到融合: 中国共产党百年正确处理城乡关系的重大成就与历史经验 [J]. 政治经济学评论, 2022, 13 (2): 13-28.

[57] 景天魁. 创建和发展社区综合养老服务体系 [J]. 苏州大学学报 (哲学社会科学版), 2015, 36 (1): 29-33.

[58] 金华宝. 农村社区互助养老的发展瓶颈与完善路径 [J]. 探索, 2014 (6): 155-161.

[59] 金三林, 曹丹丘, 林晓莉. 从城乡二元到城乡融合——新中国成立70年来城乡关系的演进及启示 [J]. 经济纵横, 2019 (8): 13-19.

[60] 克鲁泡特金. 互助论 [M]. 李平沤, 译. 北京: 商务印书馆, 1982.

[61] 雷玉明．曹博，李静．公共服务型政府视野中城市社区养老合作共治模式——以南京市玄武区为例 [J]．华中农业大学学报（社会科学版），2013（4）：113-118.

[62] 李海舰．农村社区治理困境及其变革路径——基于河南585名村干部对农村社区养老服务认知的调查 [J]．河南牧业经济学院学报，2022，33（5）：29-33.

[63] 李明强，王一方．多中心治理：内涵、逻辑和结构 [J]．中共四川省委省级机关党校学报，2013（6）：86-90.

[64] 李璠．外出打工人员的规模、流动范围及其他——中国农村劳动力流动研究之二 [J]．中国农村经济，1994（9）：31-35.

[65] 李俏，郭凯凯，蔡永民．农村养老供给侧改革的结构生态与可能路径：一个文献综述 [J]．广西社会科学，2016（7）：149-153.

[66] 李俏，李久雄．回归自主与放权社会：中国农村养老治理实践 [J]．中国农业大学学报（社会科学版），2016，33（3）：93-100.

[67] 李俏，刘亚琪．农村互助养老的历史演进、实践模式与发展走向 [J]．西北农林科技大学学报（社会科学版），2018，18（5）：72-78.

[68] 李实．中国农村劳动力流动与收入增长和分配 [J]．中国社会科学，1999（2）：16-33.

[69] 李诗悦．农村社区治理创新的现实困境与对策研究——基于湖南23个实验区的调查 [J]．江西社会科学，2017，37（10）：236-243.

[70] 李小胜，陈珍珍．如何正确应用SPSS软件做主成分分析 [J]．统计研究，2010（8）：105-108.

[71] 李勇华．联村社区治理的若干问题论析 [J]．中州学刊，2014（3）：5-11.

[72] 李勇华．农村"社区"与"行政村"辨析 [J]．探索，2014（5）：80-85.

[73] 李增元．"社区化治理"：我国农村基层治理的现代转型 [J]．人文杂志，2014（8）：114-121.

[74] 李增元，李洪强．农村社区化治理：现状、问题及对策 [J]．中州学刊，2016（4）：66-72.

[75] 李增元，姚化伟．农村社区协同治理体系建设：地方实践及经验启示 [J]．社会主义研究，2016（3）：115-122.

[76] 李兆友，郑吉友．我国农村社区居家养老服务协同供给探析 [J]．东北大学学报（社会科学版），2016，18（6）：616-621.

[77] 李志明．中国养老服务"供给侧"改革思路——构建"立足社区、服务居家"的综合养老服务体系 [J]．学术研究，2016（7）：99-104.

[78] 林宝. 养老服务供给侧改革: 重点任务与改革思路 [J]. 北京工业大学学报 (社会科学版), 2017, 17 (6): 11-16.

[79] 林海明. 如何用 SPSS 快速计算主成分的结果 [J]. 统计与决策, 2011 (12): 152-154.

[80] 林密. 马克思恩格斯泛分工论视域中的城乡发展观研究 [J]. 当代经济研究, 2019 (9): 62-71.

[81] 刘保中, 邱晔. 新中国成立70年我国城乡结构的历史演变与现实挑战 [J]. 长白学刊, 2019 (5): 39-47.

[82] 刘二鹏, 韩天阔, 乐章. 县域统筹视角下农村多层次养老服务体系建设研究 [J]. 农业经济问题, 2022 (7): 133-142.

[83] 刘合光. 城乡融合发展视域下的乡村产业发展新方向 [J]. 人民论坛·学术前沿, 2022 (15): 62-68.

[84] 刘妮娜. 欠发达地区农村互助型社会养老服务的发展 [J]. 人口与经济, 2017 (1): 54-62.

[85] 刘妮娜. 互助与合作: 中国农村互助型社会养老模式研究 [J]. 人口研究, 2017, 41 (4): 72-81.

[86] 刘妮娜. 中国农村老年人互助养老服务参与状况及影响因素研究 [J]. 老龄科学研究, 2018, 6 (12): 63-74.

[87] 刘守英, 龙婷玉. 城乡融合理论: 阶段、特征与启示 [J]. 经济学动态, 2022 (3): 21-34.

[88] 刘先江. 马克思恩格斯城乡融合理论及其在中国的应用与发展 [J]. 社会主义研究, 2013 (6): 36-40.

[89] 刘玉雯, 聂玉霞. 有限理性视域下农村互助养老服务供需问题研究——基于鲁西X村幸福院的个案分析 [J]. 理论观察, 2022 (2): 90-94.

[90] 刘奕. 从资源网络到数字图谱: 社区养老服务平台的驱动模式研究 [J]. 电子政务, 2021 (8): 40-51.

[91] 柳云飞. 合理构建乡村社会未来的治理模式 [J]. 社会主义研究, 2005 (1): 103-105.

[92] 卢海元. 制度的并轨与定型: 养老保险制度中国化进入崭新阶段 [J]. 社会保障研究, 2014 (3): 14-22.

[93] 卢宪英. 紧密利益共同体自治: 基层社区治理的另一种思路——来自H省移民新村社会治理机制创新效果的启示 [J]. 中国农村观察, 2018 (6): 62-72.

[94] 马克思, 恩格斯. 马克思恩格斯文集 (第1卷) [M]. 中共中央马克思恩格斯列宁斯大林著作编译局, 译. 北京: 人民出版社, 2009.

[95] 马克思，恩格斯. 马克思恩格斯文集（第2卷）[M]. 中共中央马克思恩格斯列宁斯大林著作编译局，译. 北京：人民出版社，2009.

[96] 马克思，恩格斯. 马克思恩格斯全集（第3卷）[M]. 中共中央马克思恩格斯列宁斯大林著作编译局，译. 北京：人民出版社，1974.

[97] 马克思，恩格斯. 马克思恩格斯全集（第20卷）[M]. 中共中央马克思恩格斯列宁斯大林著作编译局，译. 北京：人民出版社，1974.

[98] 毛铖. 农村基层党组织在村集体经济发展中的关键性引领作用——基于南街村、周家庄与官桥八组的典型调查 [J]. 中共福建省委党校学报，2019（4）：81-88.

[99] 毛丹，王萍. 英语学术界的乡村转型研究 [J]. 社会学研究，2014，29（1）：194-216.

[100] 毛满长，阿尔达克. 农村社区养老：模式、问题与对策 [J]. 社会工作，2010（4）：44-46.

[101] 孟燕，方雷. 动员型治理：党建引领城市社区治理的内在机理与实现机制 [J]. 探索，2022（6）：85-97.

[102] 穆光宗. 中国传统养老方式的变革和展望 [J]. 中国人民大学学报，2000，14（5）：39-44.

[103] 潘屹. 优化整合城乡资源，完善社区综合养老服务体系——上海、甘肃、云南社区综合养老服务体系研究 [J]. 山东社会科学，2014（3）：30-39.

[104] 彭华民，黄叶青. 福利多元主义：福利提供从国家到多元部门的转型 [J]. 南开学报（哲学社会科学版），2006（6）：40-49.

[105] 乔成邦. 新型城镇化背景下农村社区治理：功能、困境与转型 [J]. 中共成都市委党校学报，2017（4）：77-81.

[106] 邱东. 多指标综合评价方法 [J]. 统计研究，1990（6）：43-51.

[107] 曲延春. 从"二元"到"一体"：乡村振兴战略下城乡融合发展路径研究 [J]. 理论学刊，2020（1）：97-104.

[108] 邵德兴. 农村居家养老服务供给模式研究——以杭州为例 [J]. 中共宁波市委党校学报，2013，35（2）：58-63.

[109] 石园，纪伟，张智勇，等. 基于差异化服务内容的社区养老服务需求与供给协调机制研究 [J]. 人口与发展，2019，25（3）：47-56.

[110] 宋洪远，黄华波，刘光明. 关于农村劳动力流动的政策问题分析 [J]. 管理世界，2002（5）：55-65；87.

[111] 宋言奇. 居家养老中资源整合问题——基于苏州的实践 [J]. 苏州大学学报（哲学社会科学版），2015，36（1）：40-45.

[112] 孙立平，郭于华. "软硬兼施"：正式权力非正式运作的过程分析——华北

B 镇收粮的个案研究 ［M］//清华大学社会学系. 清华社会学评论 特辑. 厦门: 鹭江出版社, 2000.

[113] 孙刘平, 钱吴永. 基于主成分分析法的综合评价方法的改进 ［J］. 数学的实践与认识, 2009, 39 (18): 15-20.

[114] 谭明方. 城乡融合发展促进实施乡村振兴战略的内在机理研究 ［J］. 学海, 2020 (4): 99-106.

[115] 唐晓英, 周溥瑕. 社区养老: 解决我国农村养老问题的崭新模式 ［J］. 学术交流, 2010 (4): 142-144.

[116] 滕玉成, 牟维伟. 农村社区建设和治理研究述评 ［J］. 东南学术, 2010 (6): 85-94.

[117] 田野, 叶依婷, 黄进, 等. 数字经济驱动乡村产业振兴的内在机理及实证检验——基于城乡融合发展的中介效应 ［J］. 农业经济问题, 2022 (10): 84-96.

[118] 童星. 发展社区居家养老服务以应对老龄化 ［J］. 探索与争鸣, 2015 (8): 69-72.

[119] 涂圣伟. 城乡融合发展的战略导向与实现路径 ［J］. 宏观经济研究, 2020 (4): 103-116.

[120] 汪波. 需求—供给视角下北京社区养老研究——基于朝阳区12个社区调查 ［J］. 北京社会科学, 2016 (9): 73-81.

[121] 王继云, 王金元. 社区主位视角下农村居家养老联动供给探析 ［J］. 忻州师范学院学报, 2020, 36 (3): 126-129.

[122] 王进文. 迈向合作生产的农村养老服务供给: 模式转型与路径优化 ［J］. 理论月刊, 2022 (4): 89-99.

[123] 王美艳. 城市劳动力市场上的就业机会与工资差异——外来劳动力就业与报酬研究 ［J］. 中国社会科学, 2005 (5): 36-46.

[124] 王树新, 亓昕. 社区养老是辅助家庭养老的最佳载体 ［J］. 南方人口, 1999 (2): 29-33.

[125] 王向阳, 谭静, 申学锋. 城乡资源要素双向流动的理论框架与政策思考 ［J］. 农业经济问题, 2020 (10): 61-67.

[126] 王晓亚. 农村社区居家养老服务之合作供给策略探究 ［J］. 山东农业大学学报 (社会科学版), 2017, 19 (2): 96-100.

[127] 王秀花. 农村社区居家养老服务长效发展机制研究——以山西省为例 ［J］. 山西农业大学学报 (社会科学版), 2014 (9): 919-924.

[128] 王义保, 李宁. 社会资本视角下新型农村社区治理秩序困境与能力创新 ［J］. 思想战线, 2016 (1): 141-146.

[129] 魏后凯. 深刻把握城乡融合发展的本质内涵 [J]. 中国农村经济，2020 (6)：5-8.

[130] 文丰安. 农村互助养老：历史演变、实践困境和发展路径 [J]. 西北农林科技大学学报（社会科学版），2021，21（1）：105-113.

[131] 文丰安，王星. 新时代城乡融合高质量发展：科学内涵、理论基础与推动路径 [J]. 新视野，2020（3）：39-44.

[132] 吴丰华，韩文龙. 改革开放四十年的城乡关系：历史脉络、阶段特征和未来展望 [J]. 学术月刊，2018，50（4）：58-68.

[133] 吴国卿. 社区养老服务——时代的呼唤 [J]. 中国社会保障，1999（3）：35-36.

[134] 舒尔茨. 改造传统农业 [M]. 梁小民，译. 北京：商务印书馆，2006.

[135] 项继权. 从"社队"到"社区"：我国农村基层组织与管理体制的三次变革 [J]. 理论学刊，2007（11）：85-89.

[136] 项继权. 中国农村社区及共同体的转型与重建 [J]. 华中师范大学学报（人文社会科学版），2009（3）：2-9.

[137] 向运华，李雯铮. 集体互助养老：中国农村可持续养老模式的理性选择 [J]. 江淮论坛，2020（3）：145-150；159.

[138] 熊必俊. 发展社区助老事业为老人提供居家养老服务 [J]. 市场与人口分析，1999（3）：36-37.

[139] 熊海强. 农村社区养老的文化合理性 [J]. 重庆社会科学. 2015（1）：42-47.

[140] 许爱花，甘诺. 转型社会中农村社区治理困境及对策 [J]. 青海社会科学，2011（6）：165-169.

[141] 许彩玲，李建建. 城乡融合发展的科学内涵与实现路径——基于马克思主义城乡关系理论的思考 [J]. 经济学家，2019（1）：96-103.

[142] 徐志文，谢方. 农村社区养老合理性分析及实施对策 [J]. 农村经济，2005（11）：75-77.

[143] 闫文秀，李善峰. 新型农村社区共同体何以可能？——中国农村社区建设十年反思与展望（2006—2016）[J]. 山东社会科学，2017（12）：106-115.

[144] 杨宝强，钟曼丽. 农村养老服务供给能力的测度与提升策略——基于海南省18个市县的实证研究 [J]. 湖北民族大学学报（哲学社会科学版），2020，38（4）：69-76.

[145] 杨励. 推行社区服务型居家养老模式，逐步完善新农村社会化养老服务体系 [J]. 社会纵横（新理论版），2007（1）：37-39.

[146] 杨立春. 农村空巢老人参与互助养老的现实困境与实施路径 [J]. 农业经济, 2019 (8): 81-83.

[147] 杨铭, 蒋军成. 欠发达地区农村治理能力提升助推乡村振兴研究——基于三省四地的典型案例 [J]. 云南民族大学学报 (哲学社会科学版), 2021, 38 (3): 100-106.

[148] 杨善华, 吴愈晓. 我国农村的"社区情理"与家庭养老现状 [J]. 探索与争鸣, 2003 (2): 23-25.

[149] 杨晓光, 樊杰. 20世纪90年代中国乡镇企业变革及其地方效应 [J]. 地理学报, 2008, 63 (12): 1268-1276.

[150] 杨勇, 叶志鹏, 殷存毅. 财力配置与农村治理成效研究——4地4村案例比较 [J]. 北京行政学院学报, 2016 (1): 26-31.

[151] 杨宇航. 农村社区养老服务体系构建初期多元主体责任探析 [J]. 新西部, 2019 (13): 68-70.

[152] 姚毓春, 梁梦宇. 新中国成立以来的城乡关系: 历程、逻辑与展望 [J]. 吉林大学社会科学学报, 2020 (1): 120-129, 222.

[153] 叶超, 高洋. 新中国70年乡村发展与城镇化的政策演变及其态势 [J]. 经济地理, 2019, 39 (10): 139-145.

[154] 叶菲菲. 乡村振兴背景下城乡融合发展的困境与出路 [J]. 农业经济, 2020 (10): 94-95.

[155] 叶军. 农村养老社区照顾模式探析 [J]. 中国农业大学学报 (社会科学版), 2005 (1): 37-40.

[156] 叶双峰. 关于主成分分析做综合评价的改进 [J]. 数据统计与管理, 2001 (2): 52-56.

[157] 郁建兴, 瞿志远. 公私合作伙伴中的主体间关系——基于两个居家养老服务案例的研究 [J]. 经济社会体制比较, 2011 (4): 109-117.

[158] 俞可平, 徐秀丽. 中国农村治理的历史与现状——以定县、邹平和江宁为例的比较分析 [J]. 经济社会体制比较, 2004 (2): 13-26.

[159] 俞可平, 徐秀丽. 中国农村治理的历史与现状 (续) ——以定县、邹平和江宁为例的比较分析 [J]. 经济社会体制比较, 2004 (3): 22-42.

[160] 俞可平. 治理与善治 [M]. 北京: 社会科学文献出版社, 2000.

[161] 于秀林, 任雪松. 多元统计分析 [M]. 北京: 中国统计出版社, 2011.

[162] 袁界平, 柴俊英, 徐向阳, 等. 江苏乡镇企业集约化规模经营状况评价 [J]. 中国农村经济, 1998 (10): 26-30.

[163] 张志元. 乡村振兴战略下农村养老服务高质量发展研究 [J]. 广西社会科学, 2021 (11): 1-7.

[164] 张敬民，韩俊峰．探索城乡融合发展的路子［J］．学习论坛，1995（10）：40-41．

[165] 张举国．"一核多元"：元治理视阈下农村养老服务供给侧结构性改革［J］．求实，2016（11）：80-88．

[166] 张克俊，杜婵．从城乡统筹、城乡一体化到城乡融合发展：继承与升华［J］．农村经济，2019（11）：19-26．

[167] 张锐昕，陈冠宇，于锦文．"互联网+养老"主体合作：模型框架与思路进路［J］．吉林大学社会科学学报，2021，61（6）：161-169；234-235．

[168] 张艳霞，刘远冬，吴佳宝，等．中国农村养老保障资金供给现状及多元化探析［J］．中国农业大学学报（社会科学版），2021，38（4）：78-90．

[169] 张云英，张紫薇．农村互助养老模式的历史嬗变与现实审思［J］．湘潭大学学报（哲学社会科学版），2017，41（4）：34-38．

[170] 张忠根，李华敏．农村村级集体经济发展：作用、问题与思考——基于浙江省138个村的调查［J］．农业经济问题，2007（11）：30-34；110．

[171] 章元，高汉．城市二元劳动力市场对农民工的户籍与地域歧视——以上海市为例［J］．中国人口科学，2011（5）：67-74．

[172] 赵强社．农村养老：困境分析、模式选择与策略构想［J］．农业经济问题，2016（10）：70-82．

[173] 赵秋成．中国农村养老服务体系建设研究［M］．北京：清华大学出版社，2016．

[174] 赵秋成，孙佳伶，杨秀凌．中国城乡联动发展：基于现实城乡关系的理论研究［J］．东北财经大学学报，2018（4）：63-70．

[175] 赵秋成．城乡融合是对城乡共赢发展的最好诠释［J］．国家治理，2020，（21）：24-26．

[176] 赵秋成，林雪，杨秀凌．农村失能老人长期照护困境与破解——基于山东省聊城市农村的调查［J］．东北财经大学学报，2020（1）：80-88．

[177] 赵晓峰．乡村振兴中的社会治理共同体建设——基于理论资源、隐形陷阱与现实路径的思考［J］．社会科学辑刊，2023（2）：104-111；F0002．

[178] 赵志虎，陈晓枫．加强自治，鼓励多元主体参与大力推进农村社区治理转型升级［J］．人民论坛，2019（33）：62-63．

[179] 赵志强，王凤芝．文化社会学视角下的农村互助养老模式［J］．农业经济，2013（10）：24-26．

[180] 赵志强，杨青．制度嵌入性视角下的农村互助养老模式［J］．农村经济，2013（1）：89-93．

[181] 郑军，秦妍．政府财政补贴与农村养老服务供给：作用渠道与差异效应

[J]. 贵州财政大学学报，2021（6）：99-108.

[182] 郑文换. 构建以基层社区组织为依托的农村养老服务体系——从制度整合和社会整合的角度 [J]. 人口与发展，2016，22（2）：108-112.

[183] 钟仁耀，王建云，张继元. 我国农村互助养老的制度化演进及完善 [J]. 四川大学学报（哲学社会科学版），2020（1）：22-31.

[184] 周鹏. 以互助养老补齐农村养老短板 [J]. 人民论坛，2019（29）：92-93.

[185] 周湘莲，梁建新. 服务型政府视角下农村居家养老服务发展研究 [J]. 湖南社会科学，2013（5）：124-127.

[186] 邹华，马凤领. 中国城乡社区养老服务比较研究 [J]. 社会福利（理论版），2015（2）：31-35.

[187] 邹一南. 从二元对立到城乡融合：中国工农城乡关系的制度性重构 [J]. 科学社会主义，2020（3）：125-130.

[188] 朱火云，丁煜. 农村互助养老的合作生产困境与路径优化——以X市幸福院为例 [J]. 南京农业大学学报（社会科学版），2021，21（2）：62-72.

[189] 朱战辉. "互联网+"农村社区居家养老的实践路径与机制 [J]. 人口与社会，2022，38（2）：67-74.

[190] ANSARI H. Who cares for the extremely disabled elderly? An examination of their condition in rural Bihar [J]. Indian Journal of Gerontology, 2015, 29（3）: 307-321.

[191] BAYLEY M. Mental handicap and community care [M]. London: Routledge & Kegan Paul, 1973.

[192] BOWLES S, GINTIS H. Social capital and community governance [J]. The Economic Journal, 2002, 112（483）: 419-436.

[193] CHAPPELL N, BLANDFORD A. Informal and formal care: Exploring the complementarity [J]. Ageing and Society, 1991, 11（3）: 229-317.

[194] CHASKIN R J, BROWN P, VENKATESH S, et al. Building community capacity [M]. New York: Aldine De Gruyter, 2001.

[195] CONNELLY S. Constructing legitimacy in the new community governance [J]. Urban Studies, 2011, 48（5）: 929-946.

[196] DAVIES A. Understanding local leadership in building the capacity of rural communities in Australia [J]. Geographical Research, 2009, 47（4）: 380-389.

[197] SOLINGER, DOROTHY J. Citizenship issues in China's internal migration: Comparisons with Germany and Japan [J]. Political Science Quarterly,

1999, 114 (3): 455-478.

[198] ELLISON C, WHITE A, CHAPMAN L, et al. Avoiding institutional outcomes for older adults living with disability: The use of community-based aged care supports [J]. Journal of Intellectual & Developmental Disability, 2011, 36 (3): 175-183.

[199] JONSEN N.The warefare state in transition: The theory and practice of warefare pluralism [C]. Amherst: University of Massachusetts Press, 1987.

[200] FREMAN R E.Strategic Management: A stockholder approach [M]. Boston: Pitman Publishing Inc, 1984.

[201] ESPONDA G M, LARRIETA J, HARTMAN S, et al. What factors influence engagement with primary mental health care services? A qualitative study of service user perspectives in rural communities of Mexico [J]. SSM-Mental Health, 2022, 2: 1-9.

[202] GRUDINSCHi D, KALJUNEN L, HOKKANEN T, et al. Management challenges in cross-sector collaboration: Elderly care case study [J]. Innovation Journal: The Public Sector Innovation Journal, 2013, 18 (2): 1-23.

[203] HLEBEC V, SRAKAR A, MAJCEN B.Care for the elderly in Slovenia: A combination of informal and formal care [J]. Revija za Socijalnu Politiku, 2016, 23 (2): 159-179.

[204] HORNING D G, BAUER B O, COHEN S J.Watershed governance for rural communities: Aligning network ntructure with stakeholder vision [J]. Journal of Rural and Community Development, 2016, 11 (2): 45-71.

[205] HUMM J.Why are the capacity builders? [M]. London: Community Development Foundation, 2005.

[206] JOHNSON N.The Welfare State in Transition: The theory and practice of welfare pluralism [M]. Amherst: University Massachusetts Press, 1987.

[207] JOHNSON N.Mixed economies of welfare: A comparative perspective [M]. London: Prentice Hall, 1999.

[208] KAJONIUS P J, KAZEMI A.Structure and process quality as predictors of satisfaction with elderly care [J]. Health & Social Care in the Community, 2016, 24 (6): 699-707.

［209］ KAMBERI F.Cooperation between community and local governance： A comparative study of municipalities of Pristina region ［J］. Balkan Social Science Review，2021，18：263-282.

［210］ KESSY F L.Improving health services through community participation in health governance structures in Tanzania ［J］. Journal of Rural and Community Development，2014，9（2）：14-31.

［211］ KUSEI J.Assessing well-being in forest dependent communities ［C］// GRAY G J， KUSEL J. In understanding community-based forest ecosystem management.New York， London and Oxford：The Haworth Press，2001.

［212］ LINDEMAN M A. Assessment staff in home and community care services：Issues of learning and professional identity in Australia ［J］. Health and Social in the Community，2009，17（4）：406-414.

［213］ LONGO F， SALVATORE D， TASSELLI S.The growth and composition of primary and community-based care services：Metrics and evidence from the Italian National Health Service ［J］. BMC Health Services Research，2012，12（1）：393.

［214］ LUSTHAUS C， ADRIEN M H， ANDERSON， G.Enhancing organizational performance：A toolbox for self-assessment ［M］. Montreal：Universalia，1999.

［215］ MAYNE J.Building evaluation culture in community services：Caring for evidence ［J］. Evaluation and Programme Planning，2020，80：1-5.

［216］ MIRZA N， BROWN E， HULKO W.Service users' views on the restructuring of primary and community care services for older adults：A scoping review ［J］. Journal of Rural and Community Development，2022，17（3）：82-104.

［217］ MITCHELL C， TAZZYMAN A， HOWARD S， et al. More that units us than divides us？ A qualitative study of integration of community health and social care services ［J］. BMC Family Practice，2020，21（1）：96.

［218］ MORAN A， NANCARROW S A， ENDERBY P.Mechanisms to enhance the effectiveness of allied health and social care assistants in community-based rehabilitation services：A qualitative study ［J］. Health and Social Care in the Community，2015，23（4）：389-398.

［219］ MORE M. Political economy and the rural-urban divide，1967-1981 ［J］. Journal of Development Studies，1984，20（3）：5-27.

[220] MUNOZ S-A, BRADLEY S.We've got what the NHS ultimately intended for us: Experience of community engagement in rural primary care services change [J]. Social Science & Medicine, 2021, 280: 1-8.

[221] NORMANN R H, Vasström M. Municipalities as governance network actors in rural communities [J]. European Planning Studies, 2012, 20 (6): 941-960.

[222] OSTROM E, SCHROEDER L, WYNNE S. Institutional incentives and sustainable development: Infrastructure policies in perspective [M]. Boulder: Westview Press, 1993.

[223] RADERMACHER H, KARUNARATHNA Y, GRACE N, et al. Partner or perish? Exploring inter-organizational partnerships in the multicultural community aged care sector [J]. Health and Social Care in the Community, 2011, 19 (5): 550-560.

[224] ROSE R, SHIRATORI R. In The welfare state east and west [M]. Oxford: Oxford University Press, 1986, 1: 13-39.

[225] SKINNER S.Building community strengths: A resource book on capacity building [M]. London: Community Development Foundation, 1997.

[226] TAUBMANN W, JIE F. Die roller der Indunstrie im transformationsprozes des laendlichen China [J]. Geographische Zeitschrift, 1995, 83: 3-4.

[227] WALSH K, CALLAN A. Perceptions, preferences, and acceptance of information and communication technologies in older adult community care settings in Ireland: A case study and ranked care program analysis [J]. Ageing International, 2011, 36 (1): 102-122.

[228] FENG W, XUEJIN Z.History's largest labor flow: Understanding China's rural migration—Inside China's cities: Institutional barriers and opportunities for urban migration [J]. The American Economic Review, 1999, 89 (2): 276-280.

[229] WOLFENDEN. The future of voluntary organizations: Report of the wolfenden committee [M]. London: Croom Helm Press, 1978.

[230] WOLLSCHEID S, ERIKSEN J, HALLVIK J. Undermining the rules in home care services for the elderly in Norway: Flexibility and cooperation [J]. Scandinavian Journal of Caring Science, 2013, 27 (2): 414-421.

索引